極夜行

目次

旅のルート

2016年12月6日～2017年2月23日

北緯79度
カナダ・
エルズミア島
北緯78度

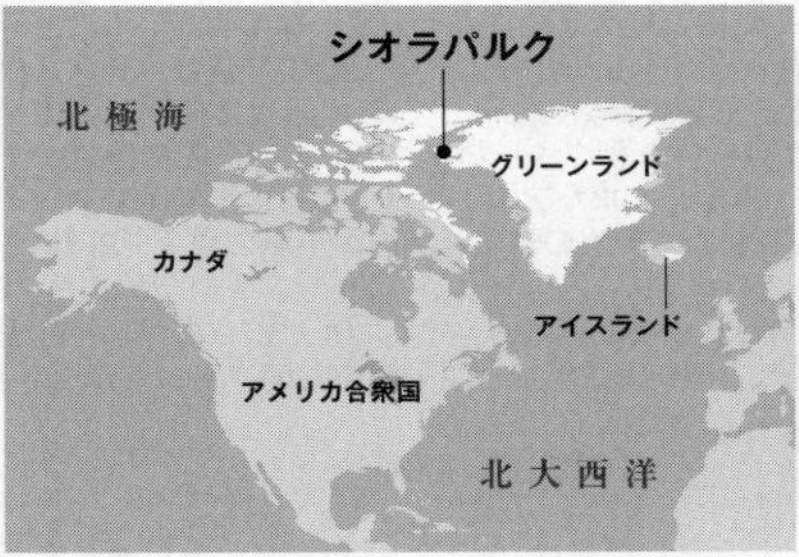
シオラパルク
北極海
グリーンランド
カナダ
アイスランド
アメリカ合衆国
北大西洋

極夜の探検に至るまでの経緯

2012年12月～2013年1月　カナダ　実験行

北緯69度07分にあるカナダ・ケンブリッジベイの集落を中心に、極夜の時期に長期の旅行が可能か確かめるため実験的な偵察行をおこなう。位置の決定は六分儀に竹竿を併用した簡素な天測システムを開発して挑んだが、誤差が大きく実用レベルに達せず苦労した。ケンブリッジベイから北西の集落を目指して出発後、コンロが故障し一度撤退。その後、南のケント半島を周遊し、1月15日に太陽が昇るのを目撃して1月18日に約1カ月間の旅行を終えて村に帰着した。

2014年1月～4月　グリーンランド　偵察行

ケンブリッジベイでは極夜期間が約1カ月と短く、また日中はかなり明るくなることに極夜的な物足りなさを覚えたため、本格的な闇の舞台をもとめて先住民集落としては世界最北にあたる北緯77度47分グリーンランド・シオラパルクに根拠地を移した。

妻の出産に立ち合った直後の1月9日に出国し、シオラパルクで犬（ウヤミリック）を購入して2月11日に村を出発した。イキナ氷河を登り、氷床を北東に進みセプテンバー湖に下りた。氷床越えのナビゲーションには水平出しのための特殊な気泡管をとりつけた六分儀を使用した。湖からイヌイットのオールドルートとされる川を下ってイヌアフィシュアクに出て、海岸線をアウンナットまで歩き、ツンドラと氷床を越えて40日後に村へもどった。この旅でグリーンランド北西部の地理的概念や自然の特徴を把握できたため、この地を舞台に本格的な極夜探検をおこなうことを決めた。

2015年3月～10月　グリーンランド　デポ設置行

当初の予定ではこの年の春と夏に極夜探検に必要なデポを運び、冬に入ってそのまま本番の探検に突入するつもりだった。3月下旬に出国し、再びシオラパルクの村へ向かった私は、まず4月11日から犬とともに橇を引いてイヌアフィシュアクの古い小屋まで1カ月分の食料・燃料を運んだ。

6月21日に日本から応援に来た山口将大君と二人でカヤックによるデポ設置行へ出発し、アウンナットの手前のアノイトーと呼ばれる土地まで運び、7月8日に村へ一度帰還した。7月22日に2度目のカヤック・デポ行へ出発。途中で浮き氷に閉じこめられ約2週間停滞を余儀なくされたが、アノイトーで前回運んだ物資を回収し、アウンナットまで運んだ。またアウンナットから徒歩でイヌアフィシュアクに向かい、春に小屋に備蓄したデポの無事と英国隊デポの場所を確認し、8月31日に村へもどった。

そのまま村に残り、11月下旬から極夜探検に出発するつもりだったが、行政当局から在留資格の不備を指摘され、強制退去命令と1年間の入国禁止命令が出て、10月下旬に日本に帰国することになった。

2016年4月　日本

シオラパルクの大島育雄さんから電話があり、前年、アウンナットに運んだデポが白熊に食い荒らされていたことが判明した。

東京医科歯科大学附属病院分娩室

「うぎゃあ！　痛い！　もう、いやだっ！」

分娩室で妻の絶叫が響いた。

妻は寝台に横たわり、顔を真っ赤に染め、猛烈な陣痛に耐えていた。出産間近となった彼女の腹は見事なまでにまん丸と突き出し、巨大な毬《まり》でも呑みこんだようだった。

妻のその毬腹には電流がスムーズに流れるように透明なゲル状の物質が塗られ、感知パッドが接着されてコードで陣痛計につながっている。どうやら妊婦の毬腹は陣痛の波に襲われるとぱんぱんに膨張し、逆に波が去ると収縮するらしい。感知パッドはその毬腹の膨張と収縮の一連の流れをとらえて、数値と折れ線グラフに変換してモニターに表示する仕組みになっていた。

毬腹はゲル状物質で妖しくてらてらと光っていた。毬腹の中には私たちの赤ん坊がいるのだが、どうやら赤ん坊は暗い羊水の中で外の世界に出生することを躊躇《ためら》っているようで、なかなか出てこようとしない。

「うぎゃあ！　痛いいい！　もう、いやだっ！」

陣痛の波がくるたびに妻は同じフレーズをくりかえして絶叫した。

私は妻の出産に立ち会っていたものの、その痛みを共有することはできなかった。

というより、目の前でこれほど狂乱し、ただ暴れまくる人間を、私はかつて見たことがなかった。あまり近寄るとこっちまで殴られるんじゃないかという危険を感じるぐらい妻は暴れており、私はその狂態にただ圧倒されていた。

とはいえ私は彼女の夫である。圧倒されるだけで、ただ呆然と立ち尽くしているわけにもいかない。夫婦というのは二人で一人、すなわち一心同体。その二人の染色体が子宮の中で絡みあってできるのが子供である。つまり私たちの一心同体性そのものだといえる子供が今、生まれ出んとしている以上、一心同体の半分たる私も妻の分娩事業になんらかのかたちで参画しなくてはならないはずである。それが出産に立ち会うことを決めた男の理念だと、私は考えていた。

「大丈夫か！　がんばれ！」

参画するため私は励ましのエールを送った。機会があれば腕や足をマッサージした。テニスボールを持っていくといいと聞いていたので、それを腰に押しつけて揉む等もした。

しかし、その私の介助行為は、妻にとってはただ迷惑なだけだったらしい。陣痛の波が去ったタイミングで、たびたび参画をこころみようとする私に、妻は疲れはてた顔で言った。

「お願い……。二酸化炭素をこっちに向けて吐きかけないで……」

私は言葉を失い、立ち尽くした。もはや何もやることがなくなってしまったのだった。

妻の出産は二〇一三年十二月二十七日のことだった。

本来、私はその冬、グリーンランド北部で極夜の探検のプレ活動をおこなう予定にしていた。ところが妻が妊娠して腹がどんどん膨らみ毬のようになっていくのを見るにつれ、私の考えも次第に変わっていき、結局、予定をあらため、プレ活動は出産に立ち会ってからおこなうことにした。

立ち会うのを決めたのは、一応、夫婦は一心同体云々という理念の問題もあったが、それよりももともと私自身が出産行為に強い関心を抱いていたから、という理由のほうが大きかったかもしれない。

学生時代から私はしばしば探検や冒険に出かけてきたが、そのため人からは、何で冒険なんてするんですか、とよく訊かれた。はっきり言って冒険とは生きることと同じなので、その質問はあなたは何で生きているんですかと訊かれるのに等しく、ほとんど回答不能なのだが、そんなことを言って野暮な人間だと思われるのも嫌なので、冒険の意義は自然のなかで死の可能性に触れて、死をとりこむことで生の実感を得ることにあります、などともっともらしいことを言ったり書いたりしてきた。

しかし、本音を言えば、そんなものは子供を産んだ女なら誰もが経験していることじゃないかという醒めた考えもある。

妊娠したら女は子供という別個の生命を自分の腹の中にかかえこむ。自然を生と死の基盤であり、自分に制御できないどうしようもないものだと考えるなら、胎児という己の意思ではどうにもならない存在を内側に宿し、それを生み出す妊娠出産過程は、まさに究極の自然体験型活動だといえる。おそらくその生の経験のあり方は冒険などの比ではあるまい。極地などで私がやっているような冒険活動は、言ってみれば外側の自然を一時的に経験しているだけ、極論すれば皮膚一枚で自然と接触しているだけであり、肉体の内側で胎児という自然をかかえこみ、自然そのものと融合して一体化する妊娠出産行為にくらべれば、じつに皮相なことこのうえない。えてして男という生き物は外側の自然に冒険やロマンを求め、そこに人生の意味等を投影しがちだが、それも結局は女のように妊娠出産を通じて肉体の内側でリアルな自然、リアルな生と死を経験できないからではないか。

男にできることはせいぜい射精どまり、本質的に究極の生命活動、自然体験型活動を経験することはできない。そんな実存的認識があったので、妻の出産が近づくにつれて、私は予定通りグリーンランドに行くのではなく、むしろ出産に立ち会って、可能なかぎりそれにかかわるべきなのではないかと考えるようになった。出産は一心同体の半分たる妻の、いわば人生最大の冒険であり、生命普遍の神秘。それをスルーするのはちょっと考えられないことに思えてきたのだ。

ところが実際に立ち会ってみると、出産の現場で男にできることなど何もなかった。

正直言って、かかわることなど不可能。頑張れと励ましたところで、それを言っている私は痛みを感じないところできれいな身体のまま無責任に声を発しているだけである。当事者である妻は、私の吐く息の二酸化炭素が鬱陶しいと感じるほど必死なのだ。二酸化炭素を吐くなというのはCO2排出量を削減しろということと同じであり、今の世の中、たしかにそれはやってはいけないことである。私は無力感にとらわれた。彼女の行為に私はかかわれない。己の無力さに言葉を失い、無力さを痛感することが出産に立ち会った男が唯一できることなのではないかと思うぐらい、できることは何もなかった。

しかし、ぼーっと立ち尽くしているわけにもいかない。あ、そうだ、と私はいいことを思いついた気になった。病院の一階にセブンイレブンがあったので昼飯の弁当でも買いに行くことにしよう、そう思った。

「何か食べる？」

「……ゼリー飲料買ってきて……」

妻が消え入りそうな声で言ったので、セブンイレブンに行きウィダーインゼリーとカツカレーを購入した。

分娩室にもどると、たった十分ほど留守にしただけだったのに、妻の悶絶絶叫ぶりはそれまでよりはるかにひどくなっていた。三倍ぐらいになっていたかもしれない。妻は狂ったように泣き喚《わめ》いていた。

じつは妻の出産はなかなかうまく進んでいなかった。前日の夕方に陣痛がはじまり深夜に入院したが、それから子宮口がなかなかひらかなかったのだ。子宮口というのは全開になると十センチぐらいに開くらしいが、妻は一晩痛みに悶《もだ》えたにもかかわらず早朝になっても四センチにしかならない。その後も膠着状態はつづき、七センチまで開口したところでぴたりと動きは止まった。もちろん子宮口の開きが止まっても、陣痛の波はとどまることなく押し寄せる。陣痛がはじまりすでに二十時間ほど経っており体力的にも心配になってきたため、担当医の判断で昼すぎに陣痛促進剤を投入することとなった。だが、後から知ったのだが、促進剤を投入されると陣痛の痛みは半端ではないレベルになるらしい。セブンイレブンからもどったときに私が見たのは、陣痛促進剤で痛みが数倍となった妻の悶絶だったのである。

出産間際の最強の陣痛が訪れた。それからの一時間、分娩室の中には嵐のような混乱が巻き起こった。

「ぎゃあああ！　腰が砕けるうっ！」

妻は顔を真っ赤にして、大型トラックに背中から轢断されているかのような絶叫をあげつづけた。手足を激しくばたつかせ、勢いあまって何度も拳で寝台の柵を殴りつけ、コードでつながっている陣痛計の台車も蹴っ飛ばした。もちろん何を殴っても蹴っ飛ばしても陣痛が痛すぎて本人はそのことに気付いていない。陣痛計を見てみると、毬腹の膨張度、すなわち彼女の痛みの数値は尋常ではない値を記録しており、プリントアウトされてくるグラフの線も山の部分がふりきれて平らになっていた。計測不能である。凄い、と私は目を見張った。これ以上、数値があがったら妻の毬腹は膨張しすぎて爆発する恐れがあり危険だと思った。

明らかに昼飯を食う状況ではなかったが、しかしともかく買ってきたので私は部屋の隅っこでがさがさと急いでカツカレーを食べた。

部屋にカレーの臭いが充満した。

カレーを食べて妻の寝台の横にかけつけた。

「ウィダーインゼリー飲む？」

「い、いらない……」

妻はまた、ぶぎゃああと絶叫し暴れた。

陣痛の波が去り、一時的に苦しみから解放されると、妻は上気した顔ではあはあと息を荒げてつぶやいた。

「大丈夫かな、私、産めるかな……」

なかなか開かぬ子宮口に彼女もついに弱気になりはじめていた。波が押し寄せ腹が膨張するたびに、「うぎゃあ、腰が砕けるっ！　もう無理っ！」と苦痛で顔面を大きく歪め、叫喚する。それを何度も何度もくりかえす。そんなことがつづくうちに、室内にはまるで風速三十メートルの爆風が荒れ狂っているかのような場の乱れが生じていた。私は隣で「大丈夫、がんばれ」と声をかけるが、しかし、私という存在がもはや彼女の格闘に何らかの寄与をしているとは思えない。私は隣にいるが、いないに等しい。彼女はこのうえもなく孤独な行為に取り組んでいるのだ。それは北極点単独行とか冬期エベレスト登山とかより、はるかに果てしない道のりに見えた。

妻の絶叫と悶絶と混乱の隣にいたせいで私もまた混乱していた。それまでの無力感は吹き飛ばされ、ただ感情の渦のなかに放り出された。と同時に自分の中にあった過去の探検や冒険のすべても一緒になって吹き飛ばされた。これまで目にしてきた遠大な風景、自然に対して抱いた畏怖、肉体的な限界や死を目前に感じたときの無念、何より冒険をつうじて認識したと臼々しく書いてきた観念的な事柄等々、そうしたことの一切合切が目の前の子供を産み／子供が生まれるという普遍的な営為とくらべると、ひどく浅薄で独りよがりなもののような気がした。

自分は果たしてこれほどまでに命をかけて何かに取り組んだことはあっただろうか、いやない、と思った。反語だった。

暴虐的な混沌が部屋を覆いつくし、苦しみ喚く声が乱れ飛んだ。寝台を中心に時空は歪み、感覚は捻じれ、見たことのない重力場が発生し、ぐるぐると渦を巻き、私たちは巻きこまれた。

そのとき、混沌の極みの中を、担当の女医がつかつかと靴音をたてて入ってきた。

それまでこの女医は、このまま子宮口が開かないと帝王切開するしかないと明言しており、このとき来たのはその最終判断のためだった。私たちは八十パーセントぐらいの確率で帝王切開を覚悟していたし、おそらく女医のほうも帝王切開しましょうと宣告する気満々だったはずである。ところが、部屋に入ってきた女医は妻の狂乱ぶりを見た途端、「あ、これは今までとちがう……」と何やら妙な手応えらしきものを感じた様子でつぶやいた。そしてそそくさと衝立で周りを囲って診察をはじめ、それが終わると私のところにやって来て笑顔を見せた。

「大丈夫です。下から産みましょう」

女医によると、この最終局面でついに妻の子宮口は九・五センチに開いたのだという。まるまる全開、そこまで開く必要はないぐらい開いていたのだ。その瞬間の喜びたるや、今はもう言葉にすることも難しい。妻はひと言、よかった……と漏らし、そのまま、あれよあれよという間に隣室にはこばれていった。そして、その場では妻が自然分娩できることに安堵しすぎて見逃してしまっていたが、じつは毬腹の中の赤ん坊もこのとき自分の力で外の世界に出生できることとなったのである。

隣の部屋に移ると、妻はすでに分娩台に乗り、股を大きく広げ、いわゆるM字開脚の体勢に入っていた。そのあられもない格好を見て、私はインリン・オブ・ジョイトイのことを思い出した。分娩自体はそれまでの陣痛の嵐にくらべると、じつにスムーズに事がはこんだ。妻の股の前にイトーちゃんと呼ばれる若い助産師が陣取り、子供を取り出す準備をはじめた。

そのまま打ち合わせとか練習とかもとくになく、ぶっつけ本番で分娩作業ははじまった。

「痛みがきたら大きく深呼吸して、息を吸ったらそこで止めて、ウンチを出すように気張って！」

イトーちゃんに言われるまま、妻は深呼吸して、すっと息を止め、それからうーんと顔を真っ赤に染めて息んだ。幸運なことにウンチは漏れていないようだ。

「こっちを向いて、横向いちゃ駄目！　真っ直ぐな体勢にならないと産道も真っ直ぐにならないよ。顔をこっちに向けて目を開いて！」

イトーちゃんの言葉にしたがって妻は何度も息む。やがてそのリズムにあわせてじわじわと赤ん坊の頭が出てきた。

「上手、上手。もう頭が見えてますよ。髪がふさふさですよ」

妻のすぐ横にいる私の目にも赤ん坊の頭が見えてきた。頭髪はべっとりとした粘液に濡れて金属的な光沢をはなち、生物的な生々しさに満ちている。ぬらぬらと光る赤ん坊の頭部をイトーちゃんは手袋をはめた手でやわらかく包みこみながら、じつに手慣れた手つきで旋回させるようにして引っ張り出していく。まるでハンドパワーを操っているかのように、イトーちゃんの手の平には赤ん坊の頭が吸いついており離れない。妻が息み、イトーちゃんがハンドパワーしてつつみこみ、赤ん坊も小さな力でじりじりと少しずつ外に出てくる。三位一体の努力で小さな命が生まれ出ようとしているその女たちの営為を、私は脇で傍観した。

頭の一番大きな部分にさしかかったとき、妻が嗚咽《おえつ》をもらした。

「うう、痛いよぉ」

「がんばれ、もう少しだぞ。頭が出てきたぞ」

頭の一番大きな部分が抜けた、と思った瞬間、胎児の身体と一緒に羊水がどばっとあふれ出し、すこし鬱血した感じの紫がかった白い物体が、ぬるりという滑らかな擬態語を発して飛び出してきた。

「出た！　生まれたぞ！」

赤ん坊の泣き声が分娩室に響きわたった。あまりの感動で私の顔はくしゃくしゃになり、臍の緒とか胎盤とかがどうなったのか見る余裕はなかった。妻もぐったりと脱力して、ただ安堵の微笑をうかべているだけだった。

「かわいいですよ。すごいお目めくりくりですよ〜」

別の助産師の手により、赤ん坊がおくるみに包まれはこばれてきた。

そうして私は娘を抱いた。

生まれたての娘の皮膚はかさかさしていた。不安な様子で眉をひそめ、不思議そうな顔をして瞬きをくりかえした。新しく飛び出した世界に怯え、ただ当惑しているようだった。

　その黒目がちな眼には、分娩室の電灯の白い光が点となって映っていた。

　娘の目にはまだ視力がなく、ほとんど何も見えていないにちがいない。目の前に開かれたのは、ただの光の空間だったはずだ。子宮の中の暗闇から狭い産道をくぐりぬけた瞬間、彼女の視界の全面に眩《まばゆ》いばかりの光がひろがった。娘はその見たことのない明るい世界に飛びだして、ただ戸惑っていた。

　この世に存在してはじめて見る光。たとえ天井のＬＥＤ電灯だとしても、それは信じられないほどの明るさだったにちがいない。

最北の村

地球上には極夜《きよくや》という暗闇に閉ざされた未知の空間がある。

それは太陽が地平線の下に沈んで姿を見せない、長い、長い、漆黒の夜である。そしてその漆黒の夜は緯度によっては三カ月も四カ月も、極端な場所では半年間もつづくところもある。

私がシオラパルクの村を訪れたとき、村はもう二週間以上前から太陽が昇っていなかった。

極夜となり太陽が不在となったせいで、村の風景は全体的にどす黒く染まっていた。海はどす黒く、空もどす黒かった。正確にいえば、どす黒いというより、色調を通常の紺色から数段階黒に近づけた濃紺という感じなのだが、極夜という太陽不在の暗鬱な季節の心象が、私に村の色合いを濃紺ではなくどす黒いと感じさせた。雪や氷も全体的なトーンの影響を受けて、うっすらどす黒く、人々の顔も生気が喪《うしな》われるせいか、気持ちどす黒く見えた。わずかに染み出してくる太陽の光が、地表や海にすべて吸収されてしまい、もうあまり残っていないのだった。

その青黒い闇の中で、村の一角だけが橙色《だいだい》の街灯や家々の室内灯の朧気《おぼろげ》な光につつまれていた。

極夜の闇の端っこで、ポツンと寂しそうな感じで光が灯る村の様子は、どこか物悲しかった。人々は肩をよせあい、小さな電球を灯して、闇に塗りこめられようとしている世界の淵で儚《はかな》い抵抗をしているように見えた。人間の無力、滑稽さ、悲哀、虚しさ。そうした人間存在の儚さを徴す一切が、そのか弱い光からは滲み出しており、見ていて妙にせつなかった。村は闇の中で完全に孤絶していた。

村に到着したのは二〇一六年十一月七日だった。成田空港で妻と三歳になる娘に見送られて日本を出国したのはその九日前。欧州を経由してグリーンランドに入り、シオラパルクから五十キロ離れたカナックという空港のある隣町までは順調にやってきた。だが、気圧の谷の影響か、カナックでは大気の湿った視界の悪い状態がつづき、ヘリはなかなか飛ばなかった。シオラパルクに入ることができたのは、五日間足止めをくらった後だった。

村に来るのはこれで三回目だ。ヘリを降り、風圧で飛び散る粉雪の中を待合小屋のほうに歩いていくと、前年の旅で世話になったヌカッピアングアという髭をたくわえた五十すぎの中年男とその家族が、もこもこの防寒着に身をつつみ迎えにきてくれた。

「イッディ・ナウマット（お前、元気だったか）」

われわれは声をかけあい、がっちりと再会の握手を交わした。

シオラパルクは北緯七十七度四十七分という北極圏の中でも北も北、超極北エリアにある小さな猟師村である。グリーンランド最北であるばかりか、先住民が住む集落としては世界最北でもある。

この地域——シオラパルクをふくめたグリーンランド北西部——に住むイヌイットが外の世界に住む人間とはじめて接触したのは、ちょうど二百年前にあたる一八一八年、北極探検における最大の課題であった北西航路探索の過程でのことだ。北西航路とは北米大陸の北側をまわって欧州からアジアへと抜ける航路のことで、十六世紀から著名な探検家による探索がつづけられてきたにもかかわらず、三百年かけても全然見つからなかった、いわば幻の海の道である。この年、北西航路発見を命じられた英国海軍のジョン・ロスは、二隻の帆船を率いて大西洋からグリーンランド西側に広がるバフィン湾を北上していた。

北緯七十五度五十五分、西経六十五度三十二分の未知の海上で、ロスの軍艦の乗組員が見知らぬ人間に気付いたのは八月九日のことだ。朝靄《あさもや》の向こうに八人の謎の人々が海の浮氷に立っている。船からの距離は七、八海里。難破した捕鯨船の乗組員だろうかと、ロスの隊員たちは最初そう思ったという。まさかこんな高緯度地方に人間が住んでいるとは想像すらしていなかったのだ。

翌日もその謎の人たちはロスの船の近くに現われ、犬橇《いぬぞり》で迂回しながら探検隊の様子をうかがっていた。彼らは三百メートル近く離れたところから「アロー、アロー」と大声をあげ、警告を発して極めて慎重な態度で近づき、ナイフを振りかざして「ここから立ち去れ！」と叫んだ。グリーンランド南部出身のロス隊の通訳と、この謎の未接触イヌイットとの間で会話が成立したのは、その後だった。ロスの通訳が大きなナイフを放り投げると、未知の人々はそれを拾い矢継早に質問をあびせかけてきた。ロスの通訳は彼らが何を言っているのかほとんど分からなかったが、ただ、この人たちが次のようなことを訊いていることは理解できたという。彼らは探検隊の船を指さしてこう訊ねていたのだ。

「お前は太陽から来たのか。月から来たのか」

ロスの通訳は答えた。

「俺もあんたたちと同じように人間だ。父親も母親もいる。南のほうから来たんだ」

だが未知の人々は「ここから南には、氷しかない」と言い張り通訳の言うことを信じなかった。二隻の帆船を木でできた人工物だと説明しても、羽の生えた巨大な飛行動物にちがいないと言ってゆずらなかった。どこから来たのか尋ねると、彼らは北を指さし、俺たちは人間（イヌイット）だ、もっと向こうに住んでいると答えたという。

太陽から来たのか、月から来たのか——。

この名も知らぬイヌイットが二百年前に不用意に発した言葉は、今になって思えば私という人間の人生に大きな意味をもつものとなった。というのも、私が冬のシオラパルクというこの北の最果ての暗黒の地に来たのは、彼らが見ていたような本物の太陽や本物の月を私も見てみたかったからだ。

たとえば本物の太陽。それはひと言でいえば、万物をそこにあらしめる究極の光のことであろう。何億キロワットとか何兆ルーメンなどといった科学的に計測される無味乾燥な単位では断じて表現することのできない、もっと私たちの存在を直に刺激する根源的なパワーのことである。人間の肉体と精神に規律と脈動をあたえるダイナミックな光のことであり、たとえて言えばお釈迦様の背後から世界を照らす後光。過去の苦難や困窮がすべて洗い流され、一人の新しい人間としての再生を感じることができる、そんな希望に満ちた光である。

二百年前のイヌイットにかぎらず、先史人や古代人はこうした本物の太陽をリアルに、あるがままに皮膚と五感で感じとっていたはずだ。世界中の創世神話は太陽や月の話で満ちている。シュメール人はウトゥと呼ばれる神を太陽神として崇め、エジプト人は人間は太陽神ラーの涙から生まれたと考えていた。創世記においても神がまず「光あれ」と言葉を発することで世界ははじまり、日本の神話でも太陽神アマテラスが天の岩戸に引きこもったせいで、アメノウズメがエロチックな踊りを見せるまで世界は闇に閉ざされた。ストーンヘンジやティオティワカンのピラミッドなど数多くの古代遺跡も太陽や月の運行をもとに建設されたといわれる。このように原始時代や古代においては太陽が人間の生命や生活と直結しており、日々地平線から顔を出す太陽を見るたびに人々は神聖な何かを感じとっていた。毎日地平線の下の闇の奥底をめぐり、そのあとに必ず世界を光で満たす太陽は、死と再生のシンボルとして、雄々しく、猛々しく、世界をあまねく喜びの光で満たしていた。

というか、たぶん、そんな大昔の話ではなく、百年前、いや、つい数十年前のわれわれの祖父、祖母たち世代の、日々の生活が自然と直に結びついていた時代の猟師や農民にとっても、太陽は人間の実存にかかわる本質的な力をもって降りそそいでいたことだろう。太陽の運行を知ることが世界を知ることであった時代が、つい最近までたしかにあったのだ。

ところが今では太陽は人間にとってそうした本質的な存在ではなくなった。人工的な照明、LED、ウランやプルトニウムを利用した人工的な疑似太陽ともいえる核分裂装置等々で発生させたエネルギーに生活を依存した現代人にとって、こうした本物の太陽は決して見ることのできない存在となってしまった。私たちは普段、太陽を見ているようで、じつは見ていない。私たちが毎朝、会社に通勤するときに見ている太陽、あれは太陽の姿をしたニセモノだ。物理的な火の玉としての太陽は昔から何もかわらない灼熱のエネルギーを地球に送りとどけているのに、受け取り手である私たちの側がテクノロジーに頼りきり、自然から切り離され、知覚能力が著しく減退したせいで、そのあるがままの姿を見ることができなくなってしまったのである。

その結果、今となっては太陽のパワーなど、猛暑日に新聞やテレビのニュースが熱中症に気を付けてくださいと注意喚起するのがせいぜいで、少なくとも私たちの世界を構成する主要な登場人物にはなりえていない。フェイスブックやツイッターで今日の朝の太陽について語る者は少数派だろうし、もし毎朝、日の出を見て祈りを捧げている人がいたら少し風変わりな人物だとみなされるだろう。友人だって離れていくかもしれない。古代人は太陽に生かされ、太陽に殺され、太陽に感謝し、太陽を呪うことができたが、私たちは——少なくとも私は——所詮太陽の光によって生かされている有機化合物の集合体にすぎないくせに、その産みの親ともいえる太陽にたいして気の利いた言葉のひとつかけたことさえなかったのだ。そして太陽と同じように私たちは月を喪い、星を喪い、闇をも喪ったのである。

極夜の世界に行けば、真の闇を経験し、本物の太陽を見られるのではないか——。

そんなことを考えたのは、もうずいぶん前のことになる。

幸運なことに、極夜という現象そのものを未知なる空間ととらえて、それを洞察するために探検した人間は過去にほとんど例がなかった。もう未知など存在しないと思われているこの乾ききった高度情報化社会であるが、極夜世界だけは比較的手軽な謎の空間として、ほぼ手つかずで放置されたままだった。暗くて寒いだけの極夜など多くの人にとって関心の対象ではなかったのだろう。そのような、どう考えても面白味のない環境のなかで旅をしようと考える酔狂な人間など、長い人類史上ほとんど存在しなかったのである。

しかし私は極夜にひきつけられたのだった。気になってしょうがなかった。太陽のない長い夜？　いったいそこはどんな世界なのだろう。そんな長い暗闇で長期間旅をしたら気でも狂うのではないか。そして何よりも最大の謎、極夜の果てに昇る最初の太陽を見たとき、人は何を思うのか——。

太陽があることが当たり前になりすぎていて、太陽のありがたみすら忘れ去られてしまった現代社会。人工灯におおわれて闇を駆逐し、闇の恐ろしさすら分からなくなってしまった現代社会。そんな日常を生きるわれわれにとって、太陽のない長い夜の世界には、まさに想像を絶する根源的な未知がねむっているように思えた。もし、この数カ月におよぶ暗黒世界を旅して、そしてその果てに昇る太陽を見ることができれば、私は夜と太陽、いや、それを突きぬけて闇と光の何たるかを知ることになるのではないか。私が世界最北の村シオラパルクにやってきたのはそんな思いがあったからだった。

＊

到着した日から私は極夜世界を探検するための準備をはじめた。食料や燃料を調達し、装備を整え、木橇を組み立て、天測の精度をあげる日々がつづいた。

世界最北の村であるシオラパルクは同時に世界で一番暗い村でもある。

極夜は極地圏ならどこでも起きる現象だが、すべてフラットに等しく暗くなるわけではない。その暗さには濃淡があり、北極の場合なら北に行けば行くほど期間が長くなる。たとえば北極圏の南限である北緯六十六度三十三分であれば、極夜といっても太陽が昇らないのは冬の間の一日だけだし、太陽が昇らないその一日も、南中時刻になると太陽は地平線のすぐ直下まで昇るので日中はわりと明るい時間がつづく。一方、地球の最北地である北極点になると極夜は六カ月もつづき、いわば究極極夜状態となり、太陽の位置も地平線のかなり下にとどまるので一日中真っ暗な期間が長くなる（北極点では夏は反対に太陽の沈まない白夜が半年つづく。北極点とは半年が極夜で半年が白夜、つまり日の出と日の入りが年に一度ずつしかない極端な場所のことである）。

このように一口に極夜といっても北極圏の北から南までその暗黒状況には大きなちがいがあり、当然、私のように極夜の闇をもとめて旅をしようという人間にとっては、できるだけ北のより暗い地域を旅の舞台としたほうがベターということになる。

実際、私は二〇一二～一三年冬に北緯六十九度七分にあるカナダのケンブリッジベイ周辺で最初の極夜旅行を試みたことがあった。しかし、ケンブリッジベイ程度の緯度だと極夜期間は一カ月程度しかつづかず、その間も太陽はかなり地平線の近くまで昇ってくるので、日中の四、五時間は十分視界のきく明るさが得られる。ケンブリッジベイでは極夜的に物足りないと思った私は、翌冬からシオラパルクに根拠地を移すことにした。北緯七十七度四十七分にあるシオラパルクなら十月下旬から二月中旬までの四カ月近くも極夜がつづき、極夜的にみてかなりグレードの高い場所だといえる。私はこの世界最北かつ最暗の村を足場に準備をすすめ、そしてさらなる深い闇をもとめて、北へ旅をはじめることにしていた。

もちろんシオラパルクは世界最暗の村なので、極夜は私だけの問題ではなく、ここに住む村の人にも大きな生活の障碍《しょうがい》として横たわっている。

私が到着したのは十一月七日、その頃はまだ極夜がはじまったばかりの時期で、太陽は南中時に地平線の近くまで昇ってきて昼間はうっすらとした明るさにつつまれる。しかしそれもまもなく終わりになる。冬至に向かうにつれて太陽はじわじわと地平線の下へ下へと沈みこんでいき、そのうち村は二十四時間の闇に閉ざされる。そうなったら狩猟はいちじるしく制限を受ける。そのため村の男たちはまだ残るわずかな光量を頼りに、浮き氷の危険があるにもかかわらず、最後の追いこみとばかりにモーターボートで海象《せいうち》を追いかけていた。極夜という長い夜を乗りこえるために、最後の食料の備蓄にはげんでいるのだった。

村に来て数日後、全身羽毛服で身を固めたヌカッピアングアの奥さんが私の借家にやってきた。

「ヌカッピアングアが帰ってきたよ。海象を獲ったってさ」

私は急いで防寒衣を着こんでカメラをもって浜に向かった。浜辺ではねっとりと粘つく重苦しい闇の中で、ヘッドランプの白い光だけが激しく交錯している。ヌカッピアングアはこの日、同世代の村人とコンビを組んで狩りをおこない、首尾よく二頭の海象を仕留めたという。

男たちは興奮しながら縄で船を浜に揚げていた。猟をしていない男たちも家から出てきて手伝っている。陸揚げは単なる力仕事なので私にもできる。過去に村に長期滞在した経験のある私は、この作業を手伝えば自分も狩りの共同作業の一端の、そのまたかなり隅っこの際のあたりを担ったとみなされ、肉のおこぼれに与《あずか》る可能性がでてくることを知っていた。

「せいの、よいしょー」

私は精いっぱい虚勢の声を張り上げ、渾身《こんしん》の力をこめている姿勢をよそおいつつ、ロープを引っ張った。

揚船作業が終わると、今度は海象の引き揚げ作業がはじまった。海象は体重一トンにも達する巨獣で、彼らは仕留めた獲物をロープでボートにくりつけて村まで引っ張ってきていた。

「イン、トゥ、サイ!」

海象の陸揚げも単純な肉体労働である。みんなで声をあわせて引っ張った。海象を浜に揚げると、男たちはまず皮を剝ぎ、そして骨と骨の間に巧みに大きなナイフを入れて矢継早に肉の塊を切りわけていった。男たちの口や鼻から荒い息が立ちのぼり、解体される海象の肉からも白い湯気が湧きあがる。その白い湯気がヘッデン（ヘッドランプ）や街灯の灯りに照らされ闇に浮かびあがり、まわりでは女子供が男たちの作業に熱い視線をおくる。肉を切り刻む男たちの表情のなかに皺が刻まれ、浜は血と脂と、巨大な獲物を仕留めたときに特有の、人間の精神の原始的な部分に根差す奇妙な熱気につつまれ、昂揚した。

足元にメス海象の頭部がごろんと転がった。閉じた目は優しくも眠たげで、人間の表情と何も変わらないようにも見えた。力仕事を手伝った私は犬の餌用に大きな背骨とあばら肉をもらい、目論見通りおこぼれに与ることに成功した。

今回の旅ではフリーの映像ディレクターである亀川芳樹さんとカメラマンの折笠貴さんという二人の取材班がシオラパルクまで同行して、出発までの準備を撮影した。亀川さんは三十歳になって京大に入学した変わり種で、アメフト部出身。顔はプロレスラーの髙田延彦に似ており、いつも腕立て伏せをして無駄な筋肉をつけることに余念がなく、身体つきも髙田延彦のそれに近いものがある。「ぞくぞくした」が口癖で、本を読んで気の利いた言い回しをみつけては「ぞくぞくした」、極夜の幻想的な光景を見ては「ぞくぞくした」、四六時中ぞくぞくしては私を閉口させた。折笠さんは二〇〇八年に私がヒマラヤの雪男捜索隊に参加したときに一緒だったカメラマンで、旧知の関係である。亀川さんとは対照的に寡黙で落ち着いた雰囲気の人で、アウトドア経験も豊富だ。

村に着き、私はまず自分の犬を引きとりにいった。犬の名はウヤミリック。地元の言葉で〈首輪〉という意味で、全体的にうす茶色の体毛におおわれるなか、首のまわりだけ白い毛が生えているところが名前の由来だと思われる。人懐っこいことにかけては村一番であるこの犬は、暗闇のなかから私がライトをつけて近づいてきたことに気が付いた途端、尻尾をぶるんぶるん揺らし、再会の喜びで白く長い毛を震わせて、推定体重四十キロ近い巨体ごと私によりかかり顔をべろべろと舐めまわそうとした。

「デカいですね」亀川さんが犬を見て言った。どうやらまたぞくぞくしているようだった。「それにもののけ姫の狼みたいに凜々しい」

そういわれると気のせいか一年前より身体がひとまわり大きくなったように見える。ちょうど三歳の働きざかりなので筋肉が以前より盛りあがったのかもしれない。

犬は今回の探検ではいろいろな意味で頼りにしているパートナーだった。まず極夜という異常環境下では白熊対策の番犬として犬は絶対に必要だ。今回の探検予定地であるグリーンランドとカナダの間の海峡近辺は白熊の棲息頭数が多く、幕営中だけでなく暗闇の中を歩いている最中にも接近してくる可能性がある。視界を奪われた状態で近づいてこられたら、犬が吠えてくれないかぎり絶対に分からず、犬なしで極夜の旅をするのは目隠しで地雷原を歩くようなものである。それに運搬能力も頼りになる。同じ北極圏でもカナダの犬橇文化は事実上滅びているが、シオラパルクのあるグリーンランド北西部では今も犬橇が村人の生活の足として機能しているため、犬の橇引き能力は非常に高い。個人的な感覚だと一頭につき七十キロから八十キロは引いている感じがする。普段は私と一緒に橇を引くが、残り十日ほどになって荷物が軽くなると犬だけに引かせたほうが速いぐらいだ。

私がこの犬と最初に旅をしたのは二〇一四年二月から三月、はじめてシオラパルクに来たときのことだったが、当時、一歳だったこの犬はまだ犬橇を引いたこともなければ、村の外に出たこともなかった。私のほうもまともに犬の世話をした経験がなく、私と犬の間には童貞と処女がセックスに初挑戦するときみたいなぎこちなさが漂っていた。旅をはじめてからしばらくは厳冬期の寒い氷床でいつまでたってもうまく橇を引けない犬に、私は何度も怒りを爆発させた。しかし、旅の終盤になるとようやく私たちの息もあってきて旅はスムーズになり、そうなるとなまじっか可愛い顔をした犬だけに、逆に私の愛着は高まって、最後はもうこの犬なしで極地を歩く気はしないとさえ思うほどになっていた。

犬が元気なことにひとまず安心したが、出発までにやらなければならないことは山ほどあった。最大の仕事は氷河の荷揚げである。

今回の探検ではシオラパルクを出発してグリーンランドとカナダの国境付近の海を四

カ月以上、旅するつもりでいたが、そのためにはまず村の奥にあるイキナ氷河を登らなければならない。だが、このイキナ氷河は所々傾斜がきつく、標高差も千メートルもあり、しかも今回は二台の橇に推定百五十キロほどの荷物を載せなければならず、かなり時間がかかることが予想された。氷河のクレバスの位置やルートについては過去に何度も上り下りして知り尽くしていたので不安はなかったが、登っている途中でブリザードに吹かれることが怖い。そのリスクを避けるためにも、事前にできるだけ荷揚げし、本番では登る時間を短縮してスピーディーに行動したいと考えていた。

村の小さな雑貨店で灯油や食料、弾丸、ドッグフードなどを買い足し、村人から海豹《あざらし》の脂を売ってもらい、日本から持ってきた食料と一緒にスポーツバッグやプラスチックの樽につめこんだ。それを自作したグリーンランド型の木橇二台に載せた。

氷河の荷揚げ作業に出発したのは十一月十一日、村に到着してから四日後のことだった。私は犬と一緒に二台の木橇を引いて村を出た。

この冬は気温が高いのか、海はまだまったく凍結する気配を見せず、表面がゆらゆらと波立っていた。海氷を歩けない以上、陸地側にできる氷の上を歩かなければならない。沿岸には潮の干満作用により定着氷と呼ばれる氷ができあがるが、ただ、その定着氷もまだ十分に発達したとは言えない状態だった。氷がこれではいったいどれぐらい時間がかかるか分からず、私はこの荷揚げ作業に往復一週間の日程を組んだ。

村を出発してしばらくは真っ平らな氷だったが、すぐに定着氷の状態は最悪になった。

定着氷は満潮時に沿岸の岩場やよせあつまった氷の塊のうえに潮がかぶって、それが何度もくりかえされることでできあがる氷なので、発達すれば舗装道路のように真っ平らになる。だが、このときはまだできはじめの状態で岩や海氷がボコボコと突きだして予想以上にひどい状況だった。おまけに橇は絶望的に重たく、とてもではないが二台連結して引くことはできない。氷もできあがったばかりのカリカリの裸氷で、犬も爪がかからず力が入らない。しょうがないので一台ずつ橇を分割して進んだが、それでも重たい橇がいちいち岩や氷の隙間にはさまったり落ちこんだりして動かなくなる。私はそのたびごとに犬を叱咤し、うぐわぁあああ！　と絶叫をあげて引っぱった。

氷点下十三度、気温もまたこの重労働をこなすには暑すぎ、すぐに汗みどろになった。この探検のために自作した海豹の毛皮ズボンを脱ぐと、全身からもうもうと湯気が立ちのぼる。こんなときこそ筋トレマニアのアメフト男、かつ引っ越し屋の仕事の経験も長いフリー映像作家亀川芳樹氏のふくらんだ二の腕の筋肉が役に立ちそうなものだが、亀川さんは「ぼくらはあくまで取材者。角幡さんの単独行をけっして邪魔しませんから」みたいな、この状況ではクソの役にもたたない潔癖な取材倫理を持ち出して傍観者を気取った。私はムカついた。もちろん一人で旅をはじめたらすべて自分でこなすが、隣に人がいるのに手伝ってもらえないのは、ちょっと滑稽だし、頭にくるだけである。というか、お前の一週間分の荷物もこの橇に積んでいるんだよと思い、ブチ切れた。

「くだらんこと言ってないで、後ろから押してくださいよ！」

夕方になると日中に地平線の下まで近づいてきていた太陽の影響力が失われ、空は本格的に黒ずんだ。それと入れかわるように、東の空にはあと数日で満月となる丸い月がまばゆい光をはなって昇った。定着氷の青氷が月光を照りかえし、海が、氷河が、すべての雪の斜面がうすい光をあびて明るくなった。

だが、世界が美しく照り映えても、どんなに亀川さんがあつい胸筋をプルプル震わせても、われわれのペースはいっこうにあがらなかった。何度も海までせりだした岩場に遮られては橇の荷をほどき、両手で向こう側に持ちはこぶということをくりかえした。満月が近づき潮位もあがっていたせいで、満潮時になると定着氷のうえに潮がかぶり、至るところに落とし穴さながらのシャーベット状の水溜まりができて、靴がずぶ濡れになった。

遅くても二日目には氷河に到着したかったのに、その日にキャンプをした場所はちょうど中間地点にある別の氷河の河口だった。そして三日目、ついに行き詰まった。氷河の手前のイキナと呼ばれる岩壁帯の途中で定着氷が完全に崩壊しており、橇を引くためのルートが途絶えてしまったのだ。前進が無理となった以上、氷河の荷揚げは断念せざるを得ない。仕方なく岩壁帯の途中の少し広くなった場所に運んだ物資を置き、狐に荒らされないように岩石をつみあげて村にもどることにした。

海は完全に開けて黒々としており、小刻みに揺れる波が月光を反射していた。まったく凍りそうな気配は見られず、いつ出発できるのか想像もつかなかった。

村にもどってから三日後の十一月十八日に亀川&折笠両氏の撮影班がヘリで帰国の途についた。

＊

二人は村で月に照らされた美しい極夜の北極を映像にうつし、実際の橇引き現場も目の当たりにし、長老格の村人に昔のイヌイットの極夜旅行の話を聞いたという。村には長年北極圏で犬橇活動をつづけている極地探検家の山崎哲秀さんも滞在していたが、彼にも私の探検についての見解をたずねたらしい。出発前の私のインタビューも終わり、もう十分に取材はし尽くしたということのようだった。あるいはこんな暗いところはもううんざり、ということだったのかもしれない。

私へのインタビューは村の海岸の前に腰をおろしておこなわれたが、亀川さんの質問にたいし、私は持論である脱システムの観点から今回の探検の目論見を次のように強調した。

「探検というのは要するに人間社会のシステムの外側に出る活動です。昔の探検は地図の空白部を目指すのが目的で、当時の地図というのはその時代のシステムがおよぶ範囲を図示化したメディアだったわけです。でも今はもう地図の空白部なんて存在しない。

じゃあこれからの探検はどういうかたちが考えられるのか。それで考えついたのが極夜の探検でした。今回の探検は別に地理的に未踏の地に行くわけではなく、ルートは昔から何人もの探検家が歩いた場所だし、伝統的なイヌイットの人たちの狩猟のフィールドでもある。つまり地理的には人跡未踏でも何でもなくて手垢のついた場所です。でも冬の太陽が昇らない長い極夜という観点で見れば、そこには新しい未知が生まれる。北緯八十度近辺だと四カ月ほど極夜の時期はつづくんですが、その長い夜に何カ月も旅した記録はほとんど見当たらない。ぼくらの普段の日常では太陽があるのが当たり前だし、普段、太陽のことなんて意識もしないですが、それだけに太陽が昇らない世界というのは想像を絶するわけで、そこにぼくは根源的な未知の可能性を感じるんです。だって四カ月もつづく夜の世界なんて考えられなくないですか？　たぶん極夜の世界に出たら、現代人が失ってしまった自然との基本的な結びつきを再発見できると思います。人間存在にとって星とは何か、月とは何か、あるいは闇の怖さや光のありがたさとか。もしかしたらそれは古代人の世界に舞いもどるということなのかもしれない。とにかく極夜という想像を超えた空間状況こそ、ぼくらが普段暮らす現代社会システムの外側にある世界なわけで、それこそ従来の地図の空白部にかわる新しい脱システム的な探検の対象領域になると思います。一応、最終的にカナダにわたって北極海まで行ければいいかなと思っていますが、真の目的はどこかに到達することではなくて、極夜という特殊環境そのものを探検することです。そして極夜が明けてはじめての太陽が昇ったときに自分が何を感じるか。そのぼくの最後の感情の中にこそ、たぶん極夜という世界のすべてが表象される。だからあえていえば極夜明けの最初の太陽を見ることが今回の旅の目的ですかね」

二人と別れるときは自分でも驚くぐらい悲しくなった。今回は成田空港で家族と離れるときでさえ涙が出なかったというのに、なぜか二人と別れの握手をしたときはグッとくるものがあったのだ。でもたぶんそれは、二人が私にたいして優しかったからではなく、単純に私が〈極夜病　Arctic Hysteria〉にかかり気分が塞ぎこみがちになっていたからだろう。

じつはこの極夜の村に着いてから私はずっと眠れない夜をすごしていた。時差ボケがつづいているのかと思ったが、しかしいくらなんでも長すぎる。寝袋に入ると妙に目が冴えて、やむなくヘッドランプをつけて本をしばらく読み、早朝（といっても暗いままだが）の時間帯になってやっと数時間眠れるという、そんな日がつづいた。

撮影班の二人と別れた日の晩には、原因不明の腹痛にもおそわれた。べつに生肉や脂を食べすぎて腹をくだしたわけではない。腹痛というより胃痛、あるいは強烈な胸やけのようで、腹と胸の中間部あたりが巨大な万力でしめつけられるような痛みと圧迫感がつづき、私は寝袋の中で苦悶しつづけた。どこが悪いのか分からず、ひたすら呻《うめ》いて耐えるしかない。今まで経験したことのない部位と痛みだっただけに、胃か肺に穴でも開いたんじゃないかと不気味な恐怖をおぼえるほどだった。

だが、その不眠と腹痛もどうやら〈極夜病〉の一種だったらしい。それが分かったのは数日後に、この村に永住している〈エスキモーになった日本人〉こと大島育雄さんの家で雑談をしていたときだった。大島さんは日大山岳部出身で、一九七二年に極地での生活技術を覚えるため冒険家の植村直己と一緒に村での住みこみをはじめて以来、イヌイットの狩猟文化にすっかり魅了され、シオラパルクで猟師として生きてきた人物である。この村にすでに四十五年も暮らし、毎年長い長い夜を経験している大島さんでさえ、冬になると体調を崩すことがあるという。

「長年住んでいても初冬の時期になると気分が落ちこんで、夜眠れないのね。夏とか春なんか朝まで熟睡できるんだよ。でも冬になると必ず夜中に目が覚めて、本なんか読みはじめちゃうのね」

俺と同じだ……と私は思った。

「こっちに来たばかりの頃は胃が痛んだりして体調も悪くなった」

それも俺と同じだ……とまた思った。

「グリーンランド南部の明るい地域から来る人なんか冬の暗さに精神的発作を起こす人もいる。クリスマスの頃が冬至で一番暗いんだけど、村の人もその頃まではふさぎこみがちだよね。年が明けて明るくなっていくと気分も前向きになっていく」

カナダ・エルズミア島や北西グリーンランドの地誌や歴史を網羅したライル・ディックの『マスクオックス・ランド』という本にこの症状のことが詳しく記されているが、

それによると、〈極夜病〉は地元の言葉で〈piblokto q〉と呼ばれ、関心の欠如や不眠、癇癪《かんしゃく》などの心理的な症状を特徴としているという。当たり前だが、人間はあまりに暗い環境が長々とつづくと憂鬱になり何もする気が起きなくなるため、極夜は昔の探検家にとってても活動の大きな障碍として恐れられていた。外からやってくる探検家ばかりでなく、現地のイヌイットも秋になると陰気、憂鬱の〈極夜病〉を再発し、とりわけ太陽が沈むのが間近にせまり、なおかつ強烈な嵐が吹き荒れることの多い十月にそれはピークをむかえたという。〈デンマーク人とイヌイットの混血探検家であるクヌッド・ラスムッセンは、極夜病で錯乱状態におちいった地元の男から襲撃をうけている。外で鋭い叫び声をきいたラスムッセンが、皮張りの窓から外をのぞきみると、突然小刀が窓をやぶってさしこまれ顔面に傷を負った。つづけて雨のような投石攻撃がはじまり、小屋からあわてて逃げ出すと、月のない暗闇のむこうから半狂乱の男が走って追いかけてきたという。男は村人たちに取り押さえられた。〉（ジャン・マローリー『チューレの最後の王』）

イヌイットの間で〈極夜病〉が発生するのは暗黒の闇だけに理由があるのではなく、暗くなって狩りができなくなり飢餓が発生することへの不安感もその背景にあったらしい。昔のある著名な狩猟家は、狩りからもどってきた夫の様子を見て狂い叫ぶ二人の女を見たと報告している。男たちは狩りに出たはいいもののうまくいかず、結局自分たちの犬のうちの三頭を殺して食べなければならない事態に陥った。それを聞いた女はあらんかぎりの大声で絶叫し、金切り声をあげ、気が触れたように飛び上がったという。冬の間に餓死することが決まったような気持ちになったのだろう。

たしかに十一月中旬もすぎると、村に来た頃にくらべ空は段ちがいに暗くなってきた。二週間前にカナックに着いた頃はまだ昼間の五、六時間は十分に明るく生活に支障は感じなかったが、その明るい時間も徐々に短くなっていき、そして太陽の光量もあきらかに落ちてきた。しかも朔望も満月から新月にむけて月の欠けていくサイクルにはいり、やがて月までも姿を見せなくなった。この地域では新月を境にした九日間は、月は地平線の下に沈み出てこない。つまり太陽と月の両方が消えるいわば〈極夜の中の極夜〉とでも呼ぶべき状況となり、おまけに冬至まであとひと月という一年でもっとも暗い期間にさしかかったのである。

さすがに外部からの来訪者である私にも、闇の力が徐々に影響力をつよめ、その支配領域をひろげていく様子が肌で感じられた。暗くなるのと並行して冷えこみも厳しくなった。海は、つい先日まで絶望的なまでに凍結する気配がなかったのに、いつのまにか海水が凍結しはじめるときに特有の蓮の葉氷がひろがり出している。闇が濃くなり海も凍って、村の男たちもさすがに海象狩りに出ることをやめた。人々はほとんど家の外に出なくなり、いつのまにか村からは活気と生気が失われた。誰も何もしない。少なくとも何かをしているように見えない。何かをしようとする意思も感じられない。笑顔が少なくなり、気のせいか歩く速度も遅くなったように感じられる。そんなふうに、闇と沈黙だけがのしかかるような空気が村の中に漂い出し、人間心理を圧迫する極夜世界が本格的に稼働しはじめたのだった。

撮影班の二人が帰国し、自分一人しかいなくなった家の中は急に寂しげな沈黙につつまれた。テレビやラジオの雑音でも聞こえれば少しは気がまぎれるのだが、この借家にはそれもない。おまけに室内の黄色い薄暗い照明が、沈んだ雰囲気に拍車をかけた。私は日本から明るいLED電球を持ってこなかったことを激しく悔やんだ。そのうち私の内部から前向きな感情が削げていき、やる気が欠如していくのが自分でも分かった。朝方眠りに落ちて昼まで熟睡できた日もあったが、昼に起きても全然明るくないので何をする気も起きない。ずっと暗くて一日に朝昼晩というけじめが存在しないので、何かやらなければならないことがあっても、それを昼の間に終わらせなければならないという義務感が生じない。精神がぼわーっとだらけてメランコリーな感じになり、今日やらなければならないことは特に何もないような気がしてくる。あ、でも三時に店が閉まるのでストーブの灯油だけは買っておかないと、とその程度のやる気しか起きないのである。

浮遊してしまいそうな意識を現実世界につなぎとめるには何かの作業をしつづける必要があった。天測の訓練、橇の補修、毛皮靴や毛皮ズボンのサイズ直し、細かな装備の修繕、万が一のときに食料を確保するための兎の罠作りや海豹猟の道具作りなどなど、幸か不幸か出発までに残された作業は山ほどあった。せわしなく作業をすることで一時的に脱力症状から逃避することはできたが、それでも仕事が終わって薄ぼんやりとした電灯の下でコーヒーを飲んでいると、猛烈な物悲しさに襲われ、ドーンと気分が重たくなった。

とりわけ、確実に近づきつつある出発の日のことを思うと途轍もなく気分がふさぎこんだ。

四カ月以上も一人で北極を旅する？　そのうち二カ月以上は太陽のない極夜の暗闇？何で俺はそんな探検を思いついたんだ？　そんなことをして何の意味があるんだ？

私はこの旅の準備に四年間もの歳月をかけていた。その四年の間、ほとんどこの旅のことしか考えてこなかったのに、いざ出発が現実味をおびてくると、気分はひたすら重苦しくなるだけだった。近づけば近づくほどそれが正気の沙汰と思えず、これから自分がそんな孤独な世界に入りこむことが、とてもではないが信じがたいことのように思えてくる。できることなら旅の出発から逃れたかった。最低でも先延ばしにしたい……。海氷が凍らないという理由で私は出発の日付を当初の予定の十一月下旬から十二月上旬に変更していたが、もしかしたらそれは言い訳にすぎず、単に私は出発の気鬱から逃れていただけなのかもしれない。

唯一の慰めは家族の声を聞くことだった。毎朝午前九時になると待ちきれず家族に電話をかけ、娘の声を聞き、妻に愚痴をこぼした。

「もう憂鬱だよ。何もする気が起きないんだ。出発したくないよ、本当に」

「大丈夫？　帰ってきて人格が変わっていたら、嫌だよ」

時々、闇の中で家族のことを考えると涙が出そうになった。というか、よく分からないが本当に涙が出てくることもあった。
ある日、犬の訓練のために定着氷で一緒に橇を引いていたとき、私は星をみながらアン・ルイスの「グッド・バイ・マイ・ラブ」を口ずさんだ。特に好きな歌ではないし、思い入れがあるわけでもない。ただなんとなく思い出しただけだったのだが、それなのに、
「グッバイ・マイ・ラブ　この街角で
グッバイ・マイ・ラブ　歩いてゆきましょう
あなたは右に　私は左に
ふりむいたら負けよ」
と、そこまで歌うと、もう二度と家族と会えないのではないかという途轍もなく悲しい思いに襲われ、目に涙がにじんだ。もちろんこんなことははじめての体験で、私は自分の身体の不可解な生理的反応に戸惑った。そしてこの反応の正体がいったい何なのか確認するため、涙をぬぐってさらにもう少し歌ってみた。
「忘れないわ〜　あなたの〜声　やさしい仕草　てのぬく〜もり」
涙がどばどばあふれてきた。どうやら極夜というのは人を異常なまでに感傷的にさせるらしい。

シオラパルクは犬の村でもある。村人は今でも雪のある間は日常的に犬橇を移動の手段としているので、各家庭で犬を十頭から二十頭近く飼っている。当然、人間の人口より犬の頭数のほうがはるかに多い。この猟師村では犬を愛玩犬として飼っているわけではなく、労働犬、つまり家畜として飼っているので、人間と犬との間には日本や欧米諸国とは異なる価値観をもとに関係が築かれている。犬は厳しく訓練され、ときには殴られたり蹴られたり鞭を打たれたりするし、高齢や病気で労働犬として役に立たなくなるとあっさり首を絞められて始末されたりするので、われわれの感覚だと残酷に思えなくもない。

しかし、村にしばらく滞在するとそうした見方が表層的なものだと感じられてくる。この村で築かれている人間と犬との関係は残酷だとかそんな短絡的な感情で価値判断できるものではなく、もっと深いものがあるのではないかと思えてくる。つまり人間は労働犬として犬を支配しているように見えるが、人間のほうも歴史的に犬橇がないと狩猟旅行に出られなかったわけで、その意味では犬のほうが人間の生を支配しているともいえる。要するに、どちらが支配しているとか、そういうことではなく、いわば相互依存

＊

で暮らしており、人間と犬がお互いに協力することで両者はこの極寒の世界を生き延びてきたんだなぁということが、村にいるとひしひしと伝わってくるのだ。先史時代のユーラシア大陸では狼が犬に進化して人間と協力することで洞穴熊《ほらあなぐま》やネアンデルタール人など強力なライバルとの生存競争を勝ち抜いたともいわれるが、シオラパルクには人間と犬とのそうした原初的な関係が残っているような雰囲気が感じられる。

とりわけ、その人間と犬との原初的関係をしのばせるのが、時折、闇の中で響きわたる犬たちの遠吠えだ。

その晩の遠吠えの大合唱は、私の犬のひと声がきっかけだった。夜中に私の犬が家の横で突然、裏返った悲鳴のような声を出しはじめると、その声に反応して村のまわりの犬たちも鳴きはじめた。そして、それが一気に拡散して、村にいる全犬の鳴き声が極夜の暗闇にひびきわたった。鳴き声は一様ではなく、太い声もあれば、細い金切り声もあるし、女児の絶叫のような声もあり、要するに雑多なものの寄せ集めだった。だが、その全体的なトーンは哀切さによってつらぬかれている。この村で聞く犬の遠吠えはいつ聞いてもどこか物悲しいが、それが極夜の沈鬱な雰囲気のもとで発生すればなおさらだ。犬というのは過酷な生存競争を生き抜くために自発的に人間に取り入るように進化した種だともいわれるが、村の犬たちの遠吠えからは、太古に狼から分化して人間との繁栄と引き換えに自由を売りわたした犬族全体の運命を呪っているかのような嘆きが感じられた。

闇夜の合唱は次第に鎮まっていき、最後にまた私の犬がビブラートをきかせた裏声の美声で独唱をひびかせて終わった。

なかなか凍らなかった海も、十一月末になるとようやく凍結して上を歩けるようになってきた。村人の何人かが氷に海豹猟の罠をしかけ、山崎さんも海上で犬橇を走らせるようになった。定着氷も発達したので、私も訓練のために毎日犬を連れて真っ黒な海氷や定着氷の上を歩くようにしていたが、その途中でヘッドランプをつけて海豹を載せた橇を引く村人や、狐の罠を見に行く大島さんとよくすれちがった。装備関係の準備もほぼととのい、天測も慣れて誤差が少なくなりようやく実用の目途がたった。いよいよ出発の期日が近づいてきた。

ただ、出発のタイミングを見極めるのは簡単なことではなかった。その最大の要因は月である。

極夜期間中は月明かりを頼りに動くことになるので、月の暦にあわせて予定を立てなければならない。しかし月は太陽とちがって動きが複雑だ。前述したように、シオラパルクぐらいの高緯度地域になると新月前後の九日間は地平線の上に月が姿を現わさず、〈極夜の極夜〉といった真っ暗な期間に入る。その一方で、満月前後の一週間は反対に月が一日中沈まない〈極夜の白夜〉といった比較的明るい状態が現出する。できれば氷河の登高や氷床の縦断、途中にある無人小屋への到着時など、長い旅程の要所では月が高く昇る明るい期間を利用したい。今はちょうど月が出ない一番暗い時期だが、暦では十二月六日から月がふたたび昇りはじめ、それから十八日間は月光をあてにできる。全体の長い行程を考えても、月が出はじめるタイミングで氷河にとりついて、その後につづく氷床とツンドラ縦断という難所は、この月が出ている期間内に一気に越えてしまいたいと私は考えていた。

それに月だけでなく、というか、月よりも厄介なのが海氷の状況だった。初冬のこの時期は海氷ができはじめたばかりで、先日山崎さんが計測したところだと十六センチから二十一センチの厚さしかない。歩くには十分な厚さだが、怖いのは北風が吹きはじめ、氷河からブリザードが吹きおろしてきた場合だ。最悪の場合、海氷がばらばらに崩壊して流出してしまうおそれがあり、そうなるとまたいつ出発できるか分からなくなる。一番恐ろしいのは氷河まで行く途中で氷が壊れて海に落ちてしまうことで、その場合待っているのは百パーセントの死である。

予報だとしばらくは平穏な天気がつづきそうだが、それもあまりあてにはならない。海はもう結氷したので、嵐が来て海氷が崩壊する前に、なるべく早く氷河に取り付いてしまう必要がある。氷河に取り付いてしまえば、あとは陸地を移動するだけなので海氷が崩壊しても関係ない。私は十二月五日には村を出発して、月が昇りはじめる同六日から氷河に取り付くという予定を決めた。

ところが十二月三日の段階になり急に心配な情報がよせられた。朝方、大島さんから、天気が荒れる予報が出ており村人が海豹狩りの罠を引き上げるらしいとの話を聞いたのである。さらに夕方になると村の若者が私の出発を心配して家にやってきて、詳しい天気情報を教えてくれた。それによると六日から村より北方の地域で強風が吹き荒れ、その影響で沖からうねりが村のフィヨルドに入ってきて海氷が崩壊するかもしれないという。

厳しい北極の自然のなかで生き抜いてきたイヌイットは長年の経験知により、観天望気だけでかなり正確に天気を予報できる、というわけでは特にないようで、今では彼らもわれわれと同じようにインターネットで情報を得ており、この若者はとある風予報専門サイトで情報を仕入れているらしい。アドレスを教えてもらった私は翌日朝一番でネットの使える山崎さんの家をたずねて若者の情報を確認したが、やはり五日昼すぎから風が強まり、三、四日は吹きつづけるとの予報になっていた。

「くそ、タイミングが悪いな。あと一日後だったらなんとかなるのに」

「明日吹きはじめても、うねりが入ってくるまでにタイムラグがあるから明日は大丈夫かもしれないよ」と山崎さんが言った。「でも沖に出ないで沿岸を歩いたほうがいい。みしみし軋《きし》みだしたら定着氷にあがったほうがいいと思う。海氷が崩壊するときは沿岸から割れていくけど、風が強いときは全体の氷が一気にバラバラになることもあるから」

山崎さんは冬の北極に長年通いつづけるベテランで、初冬の時期に海氷を犬橇で移動中に氷が崩壊し命からがら助かった経験もあるだけに、その言葉には無視できない重みがあった。

その日の晩から風が強まりはじめた。寝袋に入っていると時折、山のほうから突風が吹きおろし、家がぎしぎしと軋む。出発前の高揚と海氷崩壊の心配から眠ることなどとてもできない。寝袋から出て窓から外の様子をながめると、赤い街灯に照らされて激しい地吹雪が吹き荒れている。何ということだ、と私は思った。予報では風が強まるのは昼すぎからとのことだったのに、すでに吹きまくっているではないか。我慢できなくなった私は外に飛びだして海氷の様子を確かめた。氷は沖からのうねりで上下に揺れ、ギシーギシーと不気味な軋み音をたてていた。

山崎さんの家を訪ねると、彼は開口一番、「角ちゃん、今日は出ないほうがいいよ」と言った。

「海を見てきたけど、うねりで揺れてましたね」

「そりゃ絶対に海氷に乗らないほうがいい。古い氷でもまだ二十五センチぐらいしかないから」

山崎さんが風速計を確認したところ、風は瞬間的に十メートルを超えていたという。十メートルなら行動できないほどの風ではない。下手に待ってこのまま本格的な嵐に突入すると確実に海氷は壊れてしまい、しばらく出発できなくなるだろう。そうなると探検の期間は短くなり、可能なかぎり長期間極夜の闇の中で旅をして、極夜そのものを身体的に洞察したいという、今回の探検でやりたいことができなくなってしまう。私としてはそれが何より怖かったので、十メートル程度の風なら出発して氷河まで行ってしまいたかったが、しかしこのうねりを見ると歩いている最中に海氷崩壊して溺死、という可能性も考えられなくない。出発でいきなりそんな勝負をかけても仕方がないので、やむなく様子をみることにした。

午後になると少し風が弱まってきた。何度かネットの天気予報を確認したが、どうやら今日の夜から明日にかけては一時的に風が落ちつくらしい。だが、その後ふたたび本格的な嵐となり、かなり強烈な風が吹くようだ。もしかしたらその嵐で海氷は崩壊するかもしれない。もし明日の朝起きて風もうねりも小さいようなら、その隙をねらって村を離れ、氷河の麓で嵐をやり過ごすしかないだろう。氷床からの風は吹きおろして勢いを増すため、氷河の下が一番危険だとされる。正直言ってそんな場所で停滞することに不安がないわけではなかったが、この四年間の目的であった極夜探検を実行するためには、その程度のリスクは受け入れるしかなかった。

出発は十二月六日となった。気温氷点下十八度、天気は快晴、風は四、五メートルでかなり落ちついた。うねりもなく、氷は軋んでいない。もう今しかなかった。山崎さんのところに行き、今日出発することを告げ、慌ただしく準備をととのえ、家族に最後の電話をした。大島さんやヌカッピアングアなど出発までに世話になった村人のところにも挨拶に行き、すべてを終えると荷物を橇に積みあげ、腰を下ろして毛皮靴に滑り止めのチェーンスパイクをとりつけた。

まだ月は昇っていなかった。真昼間にもかかわらず、ヘッドランプを点けないと足元が見えないぐらい世界は闇に沈んでいる。村はもうすっかり極夜のど真ん中に入っていた。

ディレクターの亀川さんに頼まれたのだろう、私が最後の準備をする横で、山崎さんがカメラを片手に持ちその様子を撮影していた。

「ついに出発の日が来たけど、どういう気持ち？」

「……怖いですよ。……四カ月もこの暗闇のなかを一人ですごすなんて。何でこんな旅を思いついちゃったのかなって思いますね」

口をついて出た答えを反芻《はんすう》しながら、本当にその日というのはやって来るのだなと、私はそんなことを考えていた。われながら半ば信じられない思いだった。この四年間、私はつねに極夜を旅することだけを考えてきた。その間、一人の女と結婚し、子供が生まれ、家庭を持ち、別のテーマで本を書いたりもしたが、その日常的な時間の流れの中でも極夜の探検が意識から抜け落ちることはなかった。だが、心のどこかでそんな日は、自分の人生において最も重要な旅になるであろうそんな決定的な出発の日など永遠に来ないものだとも思っていた。しかし、たしかにその瞬間は今、目の前にある。

犬が興奮して橇を引っ張ったまま先に村の坂道を下りていった。見送る村人に手を振って、私は犬の後を追いかけた。定着氷を歩きながら何度か村のほうをふりかえった。ほんのりと周囲を照らす橙色の街灯がしばらく見えたが、それも徐々に遠ざかり、小さな岬を回りこんだところで暗黒の向こう側に消えてなくなり、風景は完全に闇にのみこまれた。

風の巨瀑

村を離れるとすぐに風が強くなった。これほど風の強い日に村を出発したのははじめてだったので知らなかったが、シオラパルクの村のある位置はある程度風から守られる地形になっているのだろう。

先日の荷揚げのときより定着氷はずいぶんと発達していたが、まだ所々で凸凹がのこっており、途中で海氷に下りた。だが、海上のほうが陸地から吹きおろしてくる風の影響が強く、橇があおられて重たく感じる。形成されたばかりの新氷は表面が塩分でざらざらしており摩擦も大きい。気温は氷点下十八度とたいした寒さじゃないが、風が強いので頬が痛くなって指先も冷えてきた。ただ、沖からのうねりは小さいのか、海氷の揺れや軋みはなく崩壊の不安は感じなかったので、そのまま一気に海氷上を氷河まで進むことにした。

月光がないのでヘッドランプの赤色灯をつけて足元を照らす。明るい主灯のほうをつけると足元の照明があたっているところしか見えないが、弱い赤色灯なら足元も分かるうえ、暗闇にも目が慣れてまわりの地形や氷の全体的な様子も何となくつかめてくる。足元だけを見るより、暗さに目を慣らしてぼんやりとでもいいから周囲の全体的な地形が分かったほうが歩きやすい。

途中で亀川・折笠コンビと運んだ食料と燃料を回収した。狐に荒らされるんじゃないかと村人から心配されたが、岩で頑丈に覆っておいたのですべて無事だった。回収した荷物を載せると橇は本格的に重たくなった。

イキナ氷河の麓に到着したのは、ほぼ予定通り村を出発して七時間後のことだった。定着氷のまわりは、どこもそうだが、潮の圧力で海氷が割れたり積みあがったりしてひどい乱氷になっている。ぼこぼことした氷の中に強引にルートを切り拓き、苦労して橇を一台ずつ定着氷のうえに運び、アイススクリューと氷用の釘ペグを打ちこんでがっちりとテントを固定した。

予報通りだと明日は強風が吹き荒れるはずだが、氷河まで来ると不気味なほど風がなかった。

完全な無風だった。薄気味悪いほど風がなく、完璧なまでの静寂が立ちこめている。天気は人間の心理に決定的な影響をおよぼす。人間、というか私の場合、その時点の天候状態をもとに翌日の見通しをたてたりしがちで、ときに暗い気持ちになったり、変に楽観的になったりしてよく失敗する。たとえばGWに北アルプス登山に行く場合など、自宅のある東京はもうすでに真夏みたいに暑いから服装も寝袋も薄いのでいいや、と判断するものの、山のほうはまだ冬山に近い状況で死ぬほど寒い思いをして悔やむ、といった失敗を毎年のようにくりかえしている。探検や登山を二十年つづけても治らないところをみると、こういう判断は性格的なもので一生改善しないわけだが、このときも空には星が輝いているし、無風だし、もしかしたら予報は外れるんじゃないか、たぶん外れるな、いやーよかったよかった、などと妙に楽観的になっていた。

そういえば犬に挨拶するのを忘れていた。

「これから長い旅になるな。よろしくな、ウヤミリック」

そう声をかけて頭を撫でると、犬はいつものように寝っ転がって、気持ちいいのでもっと腹をさすってくださいよ、旦那、という甘えた姿勢をとった。

そう、たしかに私は長い旅をするつもりでいた。それは四カ月以上におよぶ壮大なものだった。

今回の極夜探検はまずシオラパルクを出発して目の前にあるこのイキナ氷河を登ることからはじまる。氷河は標高差にして約千メートル、傾斜がきつくて村人も敬遠する非常に厄介な氷河だ。この氷河を登りきると、内陸氷床に出る。氷床は多少のアップダウンはあるものの、のっぺりとした平坦な雪面がつづく雪と氷の沙漠とでも形容できる区間である。この氷床を北に向かって越えると、今度はイングルフィールド・ランドという名のツンドラの荒野がつづくが、そこもまた地形的な起伏にとぼしい、ほぼ真っ平らな二次元平面空間である。そしてこのツンドラを突っ切るとようやくグリーンランドとカナダ・エルズミア島間にひろがる海に到着する。

海に出ると、まずは海岸のアウンナットという場所にある、地元民が白熊狩りにつかう無人小屋に向かう。小屋までは村から約百二十キロほどで、二週間から遅くても二十日間、おそらく月が新月になる前の沈むか沈まないかぐらいのタイミングで着くはずだ。小屋に着いたら月が出るまで少し休憩して、一月上旬にふたたび出発する。小屋から海岸を北東に進んで約五十キロの地点にイヌアフィシュアクというボロボロになった昔の小屋があり、そこまでが旅の前半戦である。

私はアウンナットとイヌアフィシュアクの二つの無人小屋に、今回の極夜探検をおこなうために十分な量のデポ（事前に配置した食料や燃料）を運んでおいた。私はここまで四年間かけて極夜探検のために準備してきたと書いたが、その準備の大部分はこの事前デポを運ぶ旅のことをさしている。

デポ設置旅行はおもに二〇一五年春から夏にかけて実施した。この年の四月から五月にかけてまず犬と一緒に橇を引いて、今回の計画と同じルートで氷河を登り、氷床を越えて、一カ月分の食料や燃料の灯油、弾丸などをイヌアフィシュアクの無人小屋に貯蔵した。この一回目のデポ設置旅行に一カ月近くかかった。

だが、一カ月分のデポでは長い極夜探検には十分ではないので、さらに夏になって海氷が解けると今度はカヤックでデポをもって行くことにした。このカヤック行では日本から山口将大君というカヤッカーが手伝いに来てくれて、二人で三カ月分近くの物資をアウンナットの小屋に運んだのだが、この旅も中々の苦難の連続だった。

カヤック行でなんといっても恐ろしかったのは海象の襲来《せいうち》である。海象というのはその愚鈍そうな顔と、愛嬌のあるキャラクターから心優しき海の巨獣みたいなイメージでとらえている人が多いと思う。私の妻なども、大分の実家の近くにある水族館できわめて平和な感じの海象ショーを娘と一緒に見物した経験から、私がいくら、海象というのは場合によっては人間を襲う猛獣になるんだよと説明しても、「ええ、あんな可愛い動物をそんなふうに言うなんて、ひどい」などというばかりで全然とりあってくれない。それればかりか、いつのまにか私は動物愛護に理解を示さない前近代的な植民地主義者みたいに扱われており、何なのこれ？　みたいな状態になるという、そういう動物が海象である。

海象は例えてみればアフリカの河馬《かば》に近い存在だ。人々の心の中では鈍くて無害なイメージが醸成されているが、現実には獰猛な一面があり、それを示すように北極の海ではカヤックで鯨狩りをしている猟師がしばしば海象に海に引きずりこまれて行方不明になる。海象が人間を襲って何をするのか、肉でも食っているのか、それともわれわれ人間が蟻んこを踏んづけるのと同じ感覚で何となく殺しちゃうのか、それは誰も知らない。大島さんに話を聞くと、北極の海岸では海象に襲われて死んだ海豹《あざらし》の死骸がたまに見つかるらしくて、そういう死体は牙で穴があけられて脂肪が吸い尽くされているので、人間の場合も同じように海に引きずりこまれて、その巨体で抱きつかれて、ぶすっと牙を刺しこまれ、強靭な肺活量によってダイソンみたいにぶおーっと脂肪や肉を吸引されてしまうのではないかということだが、それも事実かどうかは判然としない。現実としては海象に襲撃されても海が血で染まるだけで、引っ張りこまれた人間はもどってこないので海面下で何が起きているのか分からないのだ。

運の悪いことに私と山口君がカヤックで出発する直前、シオラパルクからかなり南にある二つの村で海象絡みと思われる海難事故が発生した。いずれもカヤックに乗っていた猟師が海に引きずりこまれて死亡したものだ。当然のことながら村人の間ではカヤックでデポを運ぶという私の計画を危ぶむ声があがり、危険だからやめろ、モーターボートで行けと散々勧告された。しかし、こっちとしては自分の力でデポを運ぶというところに旅の面白味や冒険の醍醐味みたいなのも感じていたし、この旅のために五十万円以上の大金をはたいてカヤックを買ったという引くに引けない事情もあって、村人たちを振り切るように出発した。

だが結局、村人たちの意見は正しかった。村を出て四日目の夕方にそれは起きた。そのとき海は完全に凪《な》いでいて、油面のように光をきらきらと反射していた。平和で、普段と何もかわらない時間が流れており、何かが起きる予兆はまったく感じられなかった。しかし、そのがっちりとした枠組みによって守られ、安定しているように見えた世界は、山口君の叫びによって亀裂が入り、もろくも崩壊した。

「やられた！」

突然、彼はそう叫んだ。ふりかえると、彼のコックピットのすぐ後ろで土気色した若い海象が、目をどろんとさせた海坊主みたいな薄気味の悪い姿で牙を突き立てていた。それを見た瞬間、私はついさっきまでのがっちりとして安全だった世界ががらがらと音を立てて崩れ落ちるのを感じた。私の心の中には、山口君を助けなければという殊勝な考えは露ほども思い浮かばず、気付くと凄まじい勢いでパドルを回転させて逃げ出していた。白熊のように陸上で遭遇するならライフルで威嚇する等、こっちにも対処の動きがとれるが、なにぶん海上では動きが封じられるし、海象は海中に潜って見えないところからボゴーンと突然現われるので逃げるほかどうしようもないのだ。とにかく瞬間的な恐怖で私の身体は勝手に反応し、必死で漕いだ。しかし闇雲に漕いでいると、後ろから大きな追い波が私を追い越していることに気付いた。まさか……とおそるおそる背後をふりかえると、山口君のところにいたはずの海象が標的を私に変えて、龍のように巨体をうねらせながら、海面に不自然なうねりを巻き起こして追いかけてきているのだ。私はさらなる恐怖にすくみあがった。胸に牙をぶちこまれ、脂肪を吸引された海豹の死体や、海に引きずりこまれ海面に血だけが浮かんだという猟師の末路が思い浮かんだ。殺される、殺される、死にたくない。ただその一念で私は全力でパドルを漕ぎまくった。そして五百メートルぐらい漕いだときだろうか、ふと背後を振り返ると海象はどこかに去っており、海にはふたたび静寂がもどっていた。結果的には山口君のカヤックの一部が牙で切り裂かれていたが、なんとか修理して私たちは旅をつづけることができた。

そんな海象襲来事件や、ほかにも二週間以上浮き氷に閉じこめられたり、氷海の中でまたしても海象が目の前にボゴーンと現われたりといった、そういったスリリングな状況がつづいたので、このときのカヤックデポ行はかなりハードな旅となった。ただ、最終的には春と夏の二度のデポ設置旅行によって、二〇一五年の旅が終わった段階で約四カ月分の物資をこの二つの小屋に運ぶことには成功していた。

ところがその後、信じがたい事実が判明する。デポ設置旅行から帰国して約半年がたった二〇一六年四月、シオラパルクの大島さんから次のような国際電話があったのだ。

「角幡君、大変なことが起きたよ。角幡君がアウンナットに運んだデポね、全部、白熊に食い荒らされちゃったって」

この知らせには言葉の真の意味で愕然とした。

デポが襲撃されたのを見つけたのはシリウス隊というデンマーク軍の特殊犬橇パトロール隊で、警備の途中でアウンナットの小屋に立ち寄ったところ、小屋の扉がぶち壊されており、なかの食料が見る影もなく食い荒らされていたという。あの海象に襲われて死ぬ思いをした海の旅は何だったのか。苦労して運んだデポだっただけに、このときばかりはさすがに私もショックでしばらく元気が出なかった。

シリウス隊の発見者に連絡をとり詳しい状況を訊ねたところ、食料は外に運び出されてほとんど雪の下に埋まっており、弾丸と乾電池以外は見つからなかったらしい。その後、たまたま友人の冒険家荻田泰永君が春にカナダ・エルズミア島からシオラパルクまで徒歩旅行をするというので、小屋に立ち寄って状況を確認してもらったが、やはり灯油や一部の装備は見つかったものの食料は駄目だったという。カヤックで氷海を漕ぎすすみ、海象に襲われ、浮き氷に閉じこめられて、のべ六十日もかけて何とか苦労して運んだ三カ月分のデポが、気まぐれな白熊による一瞬の襲撃で消えうせてしまったのだ。

当然のことながら、事態を知った色々な人から極夜探検は取りやめるのかと訊かれた。しかし、それでも私の頭には計画を中止するという考えは露ほども思い浮かばなかった。もうすでに私はこの計画のために時間とカネをつぎこみすぎていたし、極夜を探検したのちに太陽を見るという、ある意味で観念的な行為の中に、現代の探検にふさわしい新しい形を発見できるのではないかと期待していたからだった。極夜には根源的な未知がある。数カ月間におよぶ闇の世界、そしてその後に昇る太陽の光など誰にも想像がつかない。私は一度でいいからその想像を絶する根源的未知を経験してみたかった。

それに、もしかしたらこんなこともあるかもしれないとも思っていたので、自分のデポ以外に私はこっそり保険をかけてもいた。じつは私の前にも同じように極夜期間に旅をして北極点を目指そうとした奇特な英国人冒険家がおり、彼らの隊もまたイヌアフィシュアクに食料と燃料をデポしていた。ところが彼らは海氷状況が悪いという、たったそれだけの理由であっさり計画を中止してしまい、デポはそのまま放置された。二〇一四年に現地でその話を聞いた私は、まだカナックに滞在していた彼らに会いに行き、直談判して、極夜探検で何かあったときの緊急物資としてそのデポを使う了解をとりつけておいた。そして翌一五年にカヤックでアウンナットまでデポを運んだときに歩いてイヌアフィシュアクにも立ち寄って、彼らのデポの位置を特定しておいたのだ。

英国隊の計画は四人で北極点まで行こうという大規模なものだったので、デポも私一人では到底消費しきれないほど大量にあった。食料がぎっしり詰めこまれた六十リットルの大きなプラスチックの樽が八樽、さらに二十キロ入りドッグフードが四袋、ガソリンも数えるのが面倒くさくなるほどたくさん備蓄されていた。完全に手作りである私の単独行とはちがい、彼らはスポンサーから資金を集め、デポも船で運んでいたので、その作りも非常に頑丈だった。プラスチックの樽はパッキンがしっかりしているので臭いが漏れる心配はないし、ドッグフードも未開封なうえに動物が嫌う黒いビニール袋を何重にも重ねていた。そのうえを岩で十分に覆っていたので、野生動物に食い荒らされる心配はまずなかった。人のデポをあてにするのはかっこいいことではないが、しかしほかにもう選択肢はない。アウンナットの自分のデポがやられたとの知らせを受けたとき、私はもうこの英国隊のデポをつかって極夜探検を実行するしかないと腹を決めた。

こうした経緯があり、今回シオラパルクの村を出る時点でのこっていたデポはイヌアフィシュアクの古い小屋に自分で橇で運んだ一カ月分の食料と燃料（灯油）とドッグフード、それに英国隊の食料と燃料（ガソリン）とドッグフード、あと白熊に襲われたアウンナットにも燃料や弾丸や電池など食料以外の物資が多少あった。それにくわえてシオラパルクの村を出発するときに二カ月分の食料と灯油、四十日分のドッグフードを橇に載せていたので、ひと冬越えて旅をつづけるという目的をはたすには十分な量がある。

物資は十分なので、氷河や氷床を越えてイヌアフィシュアクのデポ地に到着したら、その物資でしばらくゆっくりと休息するつもりでいた。何しろひと冬の間、暗黒、厳寒の極夜を乗り越え、四カ月にもわたって旅をつづけるつもりでいたので、来る日も来る日も行動しつづけたら体力がもつわけがない。村からイヌアフィシュアクまでは少なくとも二十日間から一カ月はかかるだろうから、それだけでもかなり肉体は消耗している。私はできればその先でカナダ側にわたって北極海まで行きたいと思っていたので、その長い旅路を考えると、このイヌアフィシュアクの地で三週間ほど休息し、十分に体力を回復させて旅を再開したほうが賢明である。

デポの食料と燃料をふんだんにつかって身体を休め、一月末になったら旅を再開する。おそらく、その時期になると、地平線直下に近づいた太陽によって昼の間はだいぶ明るくなっていることだろう。太陽が昇るのはまだかなり先だが、恐ろしい極夜の真の闇の期間はすぎている。イヌアフィシュアクと北極海は往復一千キロの距離があり、正直、どこまで行けるか分からないが、とにかく体力と物資のつづくかぎり北に進む。そしてできるだけ北の地で極夜明けの太陽を見る。イメージした通り北極海の近くで見ることができれば最高だ。

それがこの旅の計画の概要だった。

＊

そして、この長い長い極夜の旅の行程の中で死ぬ可能性が一番高いのがどこかといえば、それはじつは今、目の前に横たわるイキナ氷河だと私は考えていた。村からわずか十五キロしかはなれていないこの氷河こそ、極夜探検の最初にして最大の難所だった。もちろんその後につづく氷床やツンドラの大地も、極夜の暗闇という特殊環境を考えると、どのような状況になっているのか読めず、危険ではある。しかし、その危険は自分がどこにいるのか分からなくなり迷って人間界にもどれなくなるかもしれないという、いわば異常状況にともなう二次的リスクであるのに対し、氷河のリスクはもっとダイレクトで、要するに強烈なブリザードでテントごと海の底に叩き落とされるんじゃないかという危険だった。そうした不安があったので、出発前はイキナ氷河の登りのことを考えると本当に憂鬱になった。この氷河越えさえなければ本当にこの旅は数倍楽なのに、と何度思ったか分からない。

グリーンランド氷床から氷河を吹き下ろす冬のブリザードの恐怖は、昔から様々な探検家によって報告されてきた。たとえば、北極点初到達者として知られる米国の探検家ロバート・E・ピアリーは一八九二年二月、カナックの近くの氷床上ですさまじいブリザードに遭遇し、イグルー（雪のブロックを積みあげた家）が破壊されてあやうく死にかけている。冬のグリーンランドの嵐はフェーン現象で激化する場合があるらしく、ピアリーの著書によると、このときは気温が氷点下五度まで急上昇し、猛烈な風が吹きはじめたという。三人の隊員は崩れたイグルーからなんとか脱出し、隣の人間の声さえ聞こえないほどの轟音をあげて吹きすさぶ嵐の中を、吹き曝しの状態で耐え忍んだ。その後、二月の氷床の上だというのに、フェーン現象による気温上昇で雨まで降りはじめる。彼らはどうにか海岸線にある探検小屋まで下ったが、小屋のまわりのイグルーも破壊されてとんでもないことになっていたそうだ。

混血探検家クヌド・ラスムッセンも、フェーン現象による嵐の惨状を記録している。ラスムッセンがブリザードを経験したのは一月末、北緯七十六度付近の氷河近辺だ。何の前触れもなくいきなり突風が吹きはじめた途端、彼は橇から身体をひっくり返された。膝を立てて起きあがって見たのは、大風でいくつもの橇が鉋屑《かんなくず》みたいに吹き飛ばされて山積みになっているという異様な光景だった。隊員たちは必死で氷河の末端の陰に避難し、橇も犬も氷につないだ。三十分もすると海氷に巨大な割れ目が生じ、数時間後には、つい先ほどまで犬橇で走っていた海氷がぱっくり割れるという恐ろしい光景が目の前で展開されたという。

恐るべき冬のブリザード――。こうした強烈なブリザードを喰らう場所として最悪なのが、氷河の途中とか麓である。大島育雄さんの話だと、氷河では氷床からの風が滝のように一気に吹き下ろすので、下に行けば行くほど風速が強まる傾向があるらしい。

探検記の記述や大島さんの話から、氷河でブリザードに直撃されるのはヤバいと分かっていたので、本来なら事前に荷揚げをして、本番では橇を軽くしてなるべくスピーディーに氷河を登高しようと考えていた。ところが現実には定着氷の凍結状態の悪さから荷揚げに失敗し、目の前の橇には二カ月分の物資がフルに山積みになっている。こんなに荷物が重たい状態では氷河を登り切るのに何日かかるか分かったものではない。イキナ氷河は標高差にして千メートルもあるうえ、途中に傾斜のきつい難所が連続する時間と労力の必要な氷河なのだ。おまけに天気予報では明日からふたたび風が強まるらしい。今後の旅の計画を考えると、タイミング的にやむを得なかったとはいえ、私はブリザードがやってくる最悪のときに氷河の麓という最悪の場所でテントを張ることになってしまっていた。

探検とはシステムの外側の領域に飛びだし、未知なる混沌の中を旅する行為である以上、計画通りいかないのがいわば当たり前、計画通りにいくような旅を計画できたら、それはその時点で探検ではないとさえ言える。言えるのだが、しかし、本音を言えば出発のときぐらいは穏やかであってほしいし、計画通りいってほしいのが人間心理というものだ。氷河の麓に到着したときは完全に無風だったので、その天気に心理状態が影響を受けて、いやー予報は外れたかな、ラッキー、と楽観的な気持ちで夕食を食べて寝袋に入ったのだが、しかしやはり私の観天望気よりネットの予報のほうがはるかに正確だった。

ぶーん。

完璧な静寂の中で一陣の突風がテントを揺らした。嫌な感じだった。それは、これからブリザード吹きますよ、予定通り嵐でいきますから、という天からの予告を思わせる風だった。

音は消え、ふたたび沈黙がおとずれた。

しばらく様子をうかがったが沈黙はつづいた。さっきの風は何かのまちがいだったのだろうか……と思いはじめた頃、ぶう－－んとさっきより強い突風が吹き下ろした。うわあ、まじかよと思った。そして、ぶーん、ばさばさ。ぶううーん、ばさばさ。ぶおおおー－ん、ばさばさどががが、と突風は強まり、かつ間隔も短くなっていき、テントは上下左右に大きく揺さぶられた。

極地のブリザードは同じ強さの風が同じ方向から間断なく吹きつづけるのが普通だが、氷河の真下という地形的に特殊な位置だったせいか、このときの吹き方は通常のそれとはちがった。風は乱れに乱れた。あるときは雪崩でも起きたかのような凄まじい爆風がだだだだだっと頭上から吹き下ろしてテントが圧力で押しつぶされそうになったかと思えば、しばらくの沈黙の後、今度は右から烈風がつむじ風となり、ぶわわわわっと殴りつけてきて、つづけて下からふわっと持ち上げられそうになったりする。風速何十メートルかは想像もつかないが、風は瞬間的に暴力的な突風となって断続的に様々な方向から右、左、右、左、ジャブ、フック、ストレートと殴りかかってきてテントは激しく揺さぶられた。もちろんこの地球レベルの大自然の猛威に比べたら私などミジンコのごとき微小生物にすぎず、文字通り吹けば飛ぶような存在。もはやテントが壊れないよう祈る以外にできることは何もなかった。テントは極地専用の特注品なので少々の嵐で壊れることはない（と店の担当者からは言われていた）が、それもどこまで信用できるか分からない。私は寝袋の中で小さくなりながら突風が収まるのをひたすら待った。

朝になりテントの揺れが大きくなったので、意を決して外に出てみた。完全な暗闇で、ヘッドランプの照明以外は何も見えなかった。断続的な爆風により予想通りテントの張り綱がゆるんでいたので、張りなおしてすぐにテントの中に逃げこんだ。

やがて暴風は断続的な突風から滝のような爆流と化した。

寝袋に入ると凄まじい轟音だけが耳に入ってくる。氷河の奥のほうでどどどどどーっという地割れのような爆裂音が弱まることなく唸《うな》りつづけている。どこで鳴っているのかは分からないが、とにかく闇の奥の見えないところで想像を絶する風の爆流が発生しており、私のテントから五十メートル圏内のどこかで巨瀑となって落ちこんでいるのだ。幸運にも、私はたまたまこの風の瀑心から外れたところにテントを張っていたのだろう。どばばば、どばば、どばばばばばっと断続的にテントに殴りかかってくる烈風は、たぶんその巨瀑の飛沫《しぶき》にすぎず、もし巨瀑の瀑心直下でテントを張っていたら押しつぶされて木端微塵となり、無残なことになっていたにちがいない。そう思わせる轟音が何も見えない暗黒空間で轟いていた。

私は茶を沸かす気も、食事をする気も起きず、ただ恐怖におののき寝袋の中で小さくなっていた。夕方になり意を決してもう一度外に出ると、氷に打ちこんだ釘ペグが外れていたので打ち直し、張り綱をもう一度ほどけない縛り方でがっちり固定した。

風はさらに強まった。もはや風は間断なく襲いかかり、常時、圧縮空気の塊のような固体状気体がいろんな方向から殴りかかってきて、私を殺そうとした。テントは前後左右、傍若無人にいたぶられ、いつ壊れてもおかしくない状況で、とてもではないが生きた心地がしなかった。それでも深夜零時、テントの揺れがまた大きくなったため、三度《みたび》、意を決して外に出た。どどどーっという地割れのような轟音が鳴り響き、暴力的突風が吹き荒れ、闇で見えないという状況がその風と音の恐怖を増幅させていた。絶対にほどけない縛り方で固定したにもかかわらず張り綱はまたゆるんでおり、ふたたびがっちり固定した。犬がこちらを弱々しい目で見た。大丈夫かと声をかけたが、頑張ってもらうしかなかった。そしてテントにもどろうと、ふとヘッドランプを海のほうに向けたとき、私は信じがたい光景を見た。

もしや氷がなくなっている？

テントから定着氷の端までは三メートルほど。昨日はその先に凍結した海がつづいており、私は村からその凍った海を歩いてきたわけだが、その海氷が黒々としているように見える……。海氷が割れて海がむき出しになっているのか？　猛烈な風が爆発的に吹きつづける中、私は慎重に手足をついて百足《むかで》のように這いつくばって定着氷のうえを海のほうにすすみヘッドランプで照らしてみたが、照明が闇に吸収されてよく分からなかった。それに風がどばばばっと強烈に吹き下ろしているので怖くて端まで近づけない。だが、氷がのこっていれば照明は白く反射するはずであり、黒々としているということは、やはりこの爆風で海氷が崩壊してしまったのだろうか？

轟音と爆風に、さらに不安要素がくわわった。本来、今は小潮の時期なので、満潮になっても海水が定着氷のうえに押し寄せる心配はない。定着氷の上にテントを張ったのは、そうした判断もあったからだ。しかし海氷が割れたとなると話は別だった。テントのすぐ横で、おぞましい闇の中で、海が黒々と口を開けている。その状況だけで海に呑みこまれてしまいそうな恐怖をおぼえた。

本当に海水は押し寄せてこないのか……？　気圧が低下して海表面が吸い上げられ、高潮が発生すれば、海はこのテントを呑みこんでしまうかもしれない。その前にそもそも定着氷は本当に大丈夫なのだろうか。定着氷は潮の干満で岸に張りついた不動の氷なので、海氷のように海の表面が凍っただけの不安定な氷とはちがう。ちがうのだが、この爆風だとその頑強なはずの定着氷でさえ陸地から引きはがされて崩壊してしまう可能性もゼロではない気がした。

混乱きわまる闇のなかでは確実なことなど何ひとつ存在していなかった。そのうちビシー、ビシーッと鞭でテントが叩かれるような不気味な音がしはじめた。何だかよく分からないが風向きが乱れて沖のほうから吹きはじめ、海で沸き立つ波頭から爆風で海水がはじけてテントに吹き飛ばされてきているらしい。やはり海氷は崩壊してしまったのだ。そう私は確信した。

状況が危機的になると変に度胸がすわり、自分の命に無関心に陥る瞬間がある。嵐は止まなかったが、途中から私はその暴虐的な風にも慣れてきて、寝袋の中で眠りに落ちていた。

どれぐらい眠ったか分からない。テントの生地の外側に柔らかい粘体質の物体が押しよせ、寝袋が圧迫されていることに気が付き、目が覚めた。

何だろう、これは？　と思い、手で押してみると、ぬたっとした触感があった。

その瞬間、自分でも顔が青ざめたのが分かった。やばい。マジで高潮が発生しやがった。手で押したときの、ぬたっとした、ねっとり系の質感からすると、それはシャーベット状の氷であり、どう考えても海水が凍ったときに特有の状態だった。もはや探検がどうのこうの言っている状況ではない。終わりだ、終わりだ、もう終わりだと思った。すぐにでも脱出しないと命にかかわる事態である。まだ轟々という嵐はつづき、テントはビシー、ビシーッと絶え間なく海水を浴びつづけていたが、何とか脱出しないと助からない。胸の鼓動が高鳴り、息が荒くなった。私は落ち着け、落ち着けと自分に言い聞かせ、急いで雨具を身につけ、毛皮靴を履き、外に飛び出した。

あいかわらず暗黒空間の中でぼばばばーっと圧縮された空気が凄まじい勢いで吹き下ろし、猛烈な風と飛び散る泡飛沫で現場は大混乱していた。ただ、ヘッデンの明かりで周囲を見わたした瞬間、少し安堵もした。テントを圧迫していたのは高潮ではなく、崩れる波頭から絶え間なく吹きつける潮がテントにぶちあたってねっとりと凍り、それがどっぷりと大量に溜まっているだけだったからだ。とはいえ、とんでもない状況であることにまちがいはない。爆風が吹きまくり、潮も狂ったようにはじけまくり、荒れ狂う嵐のせいで辺り一面、凍結しまくっているのだ。橇のランナーは氷漬けになって定着氷と一体化し、取っ手の部分からは巨大なエビのシッポが樹氷のようにのびている。テントも崩壊寸前だった。張り綱には潮が付着して、それがボンレスハムみたいに巨大な氷となってぶら下がっているし、本体は側面に溜まったねっとり系の重たいシャーベット状氷で押しつぶされそうになっている。

犬も橇のわきにうずくまり氷漬けになっていた。死んでいるのか？　と一瞬疑った。

「おい、大丈夫か！」

大声で呼びかけると、犬は立ちあがり、その辺をウロウロ歩きはじめた。悪いが犬のことにかまっていられる余裕は微塵もない。俺が死んでも犬は勝手に村にもどるだろう。犬のことは放っておき、テントを押しつぶそうとしている粘状海氷をスコップでかきだして、張り綱からボンレス氷を取りのぞき、また張り直した。気温は氷点下二十度。わずか十分ほどの作業だったが、海水と氷の風を絶え間なく浴びつづけたせいで、私自身、気付くと全身氷の鎧と化していた。数年前にディスカバリーチャンネルで嵐のベーリング海で操業するカニ漁船のドキュメンタリーを見て、こいつら悲惨だな〜とへらへら笑った記憶があるが、それに負けないぐらいひどい状況である。白熊の毛皮手袋も海豹の毛皮靴も上下の雨具もすべてずぶ濡れになり、背中に張りついた氷を剝がして、テントに転がりこんだ。入口の吹き流しを閉めると、もうどうでもいいやという気分になり、私は脱いだ雨具やズボンをすべてテントの端っこに放り投げて、半分やけくそで寝袋の中にもぐりこんだ。

幸運なことに、それから急に風が弱まり、轟音はみるみる小さくなりはじめた。連続的な爆風は、吹きはじめの頃みたいな散発的な突風にかわり、気が付くと闇の奥底で唸りをあげていたあの風の爆流による轟音も鳴りをひそめた。やがて風は完全にパタリと止まり、辺りは無音静寂の世界にもどった。

＊

嵐は四十時間ほどでおさまった。

私は防空壕で空襲を耐え抜いた戦時中の国民みたいに、寝袋からごそごそはい出した。時計を見ると午前十時、ひとまず濡れた装備を天井に吊るしてコンロを全開にして二時間ほど乾かした。極夜では太陽が昇らないので乾かし物をするには火で暖めるしかないのだが、いきなりこの状態だとこの先どれぐらいの燃料が必要になるのか思いやられる。ある程度、衣類が乾いたところで朝食をとり、午後一時頃に外に出た。

犬が私が出てきたのに気付き、身体をぶるぶると震わせた。まったく何のダメージも受けていないようで、全身に氷が付着しているほかはいつもと同じ様子だった。首縄を外すと嬉しそうにその辺を歩きまわって私の作業が終わるのを待っていた。

南の空には、はるか下方に太陽の存在をうかがわせるほんのわずかな薄明かりが広がっており、それだけでかなり明るく感じた。定着氷の端を境に海氷は完全に流出してしまっており、黒い海には小さなさざ波が立っている。今は穏やかだが、しかしまたいつなんどき暴風が吹きはじめるか分からない。薄暗がりの中でゆらめく海を見ながら、こんな危険な場所からはさっさと離れ、氷河の途中で別の安全なキャンプ地を見つけなければならない、と強く思った。

ひとまず犬の毛から氷を取りのぞいてやり、それからテントの撤収作業にはいった。橇は氷まみれ、テントのスカート部分も完全に氷におおわれてしまっており、作業には時間がかかった。トウとよばれる先端を尖らせた鉄の棒でテントと橇のまわりの氷を突き崩し、さらにテントの細引きや橇に装備を固定するストラップなど紐関係も全部凍って、定着氷と一体化しているので、それらもいちいち掘り起こさなければならない。ガツガツと氷を突き崩す作業をしていたときだった。

「あれ？」

私は素頓狂な声をあげた。

おかしい、橇に固定していた天測用の六分儀が見つからない。あたりを探しまわったが、やはりどこにもなかった。まずい。まさか風に飛ばされたのか？　橇にもどって六分儀を固定していたバックルを確かめると、がっちりと締めていたはずなのに外れてしまっていた。

昨日の深夜に外に出たときは橇の上で無事なのを確認していたので、おそらく、そのあと風速が最強になったとき、瞬間的に強烈な風圧をうけてバックルが外れたのだろう。まったく唖然として言葉も出なかった。

天測は今回の探検ではGPSにかわるナビゲーション・ツールで、きわめて重要な装備だった。重要というより、GPSというテクノロジーに頼らずに天測で旅をすることは今回の極夜探検のひとつのテーマでさえあったのだ。

私がこうした冒険旅行でGPSを使いたくないのは、自分の旅に自分自身がかかわることができなくなってしまうからだ。

自分で地図やコンパスで確認して位置を確かめることは、冒険や登山など地理的な移動行為にともなう大きな創造的な喜びのひとつだ。経験と技術をもとに現場の地形を読み解き、それを地図と照合して現在位置を推測して、それが正しければ単純に嬉しいし、その喜びは行為の面白味につながる。とりわけ極地の場合は移動する距離が長く、位置を特定することに失敗すると自分がどこにいるか分からなくなってダイレクトに命の危機につながるので、ナビゲーションは自分の命をつなぐためのプロセスだともいえる。

ところが、GPSを使って位置決定の判断を機械にゆだねてしまうと、結果的に自分で命を管理するという土台の部分を機械の判断にゆだねることになり、何のためにこうした旅をしているのかよく分からなくなる。GPSを使えばたしかに安全で便利にはなるし、われわれ現代人は便利で安全であることが最上の価値だと思いこんでいるが、冒険の現場においては便利さと安全性は必ずしも最上の価値ではない。どれだけ自力で行為して、自分の力で命をつむぐことができるか、冒険の意義や面白味というのは結果ではなくそうしたプロセスの中にこそある。だとすればGPSを使って行動の判断を機械にゆだねることは、冒険する意義を失わせることになるわけだから、使わないほうが望ましい。少なくとも私はそう考えている。

それにプロセスが失われると、外の世界を知覚する機会も奪われてしまう。これはカーナビを例に説明するのが分かりやすい。カーナビを使うとなかなか道を覚えられず、何度も同じ道を運転しているはずなのにカーナビがないと迷ってしまう。誰しも経験のあることだと思うが、これは人間に本来そなわっていた知覚のメカニズムをテクノロジーにゆだねてしまった結果だ。

テクノロジーの本質は人間の身体機能の延長であり、あるテクノロジーが開発されると、人間は本来、己の身体にそなわっていた機能をそのテクノロジーに移しかえて作業を委託することになる。そうすると作業効率は高まり仕事は迅速になって社会は発展するが、一方で個人レベルに目を移すと、人間が自らの手を汚して作業する機会は減り、それまで作業プロセスをつうじて達成されていた外側の世界との接触点が失われるので、外界を知覚できなくなる。昔は車を運転するには地図を見て周囲を確認するという作業が必要で、そのプロセスを踏むことで運転者は道をおぼえた。言いかえれば外界を自らの身体に取りこみ世界化することができていた。ところがカーナビはこの作業プロセスをすべて省略するので、運転者は外界と関与する機会を失って道を覚えられなくなる。便利になることと引き換えに人間は外界との接触点を失い、それまで知覚できていた外界がするりとこぼれ落ちて、その人間がもつ世界はまたひとつ貧弱なものとなるのである。

これはじつは今回の極夜探検では致命的なことだった。なぜなら今回の探検の目的はどこかに到達することではなく、極夜の世界そのものを己の身体で知覚して、その知覚情報をもとに極夜とは何かを洞察することにあったからだ。

極夜を身体的に知覚して世界化するためには、闇の中で自力でナビゲーションし、位置を確定するプロセスを通じて外界と接触するポイントを増やさないといけない。GPSだと、テントの中でポテトチップスでも食べながらボタンをポチっと押すだけで正確な座標位置が示されるので、外界と接触する機会が失われる。つまり私が知りたい極夜の極夜性、真っ暗な中で旅することの難しさや恐ろしさをスルーして旅を継続できてしまえるのである。これではまったく探検の目的を果たすことができない。やはり天測にこだわり、寒さや風に凍えながら星を観測して極夜との接触ポイントを増やして、手計算で位置を出し、しかもその結果があてにならなくて不安だ、というプロセスを通じることで、はじめて自分の身体で極夜の何たるかが分かるはずなのだ。そのために私は何があろうとGPSだけは使わず、六分儀で星を天測する手作業によるナビゲーションにこだわり、ここ何年かは天測の方法を独学で勉強し、元南極越冬隊長や元国土地理院の天測のエキスパートに教えを請い、極地をおとずれるたびに極寒状況での作業に習熟しようと訓練をつづけてきた。そればかりか雑誌やネットメディアが事前に取材にきたときも六分儀片手にポーズをとって〈角幡さん、天測で北極探検に挑む〉みたいな記事を書いてもらったりもしていた。

しかも失った六分儀は、今回の探検のために国内唯一の六分儀メーカーであるタマヤ計測システム株式会社が特別に開発してくれたもので、いわば〈角幡スペシャル〉とでもいうべき秘密兵器。そのうえタマヤの人たちは出発の際には壮行会のようなものまで開いてくれた。それなのに、その肝心の六分儀が出発してからわずか十五キロの地点で風に飛ばされてしまったのだ。いったい今までのつみかさねはなんだったのか……。愕然とするほかないだろう。

しかし、もうなくなったものはしょうがない。私は半分やけくそで前向きにとらえることにした。六分儀がなくなっても、GPSがないという自分にとっての必要条件に変化はない。というより天測という手段が失われ完全に地図とコンパス頼みになったことで、さらに困難なナビゲーション・プロセスを経験できて、外界との接触点は滅茶苦茶増えるわけで、そのことでより深い極夜性を発見できるかもしれない。これはむしろ僥倖《ぎょうこう》といえるのではないか。

それにしても、うまくいかないもんだと私は思った。

二〇一二年十二月からはじめたこの極夜探検の企画だが、ずっと不運としか言いようのない逆境にさらされてきた。旅の途中で政府から強制退去処分をくらったり、白熊にデポが襲われたり、氷河の荷揚げができなかったり、そんなことばかりだった。六分儀がなくなり暗然としたのも、ナビゲーションが難しくなることや、タマヤの人たちに申し訳ないという気持ちからだけではなかった。何となくこの嫌な流れがまだつづいているような気がしてならなかったのだ。

＊

その日から氷河の登高がはじまった。取り付きからしばらくは氷河とその脇の土砂の堆積地（モレーン）の間の雪の斜面がルートとなるが、傾斜がきついので荷物を分けて、少しずつ橇に載せて犬と一緒に荷揚げをくりかえした。

すぐに月が夜空に浮かび、美しい光を闇夜の海になげかけた。月光は黒い海に黄色い直線を描き、それが波で小刻みに揺れる。まだ半月だが、それでもこれまでの闇夜にくらべれば十分に明るく、一気に視界がひらけた。その日は深夜まで荷揚げをくりかえしてモレーンの途中で泊まり、翌日、ようやく氷河のうえに出た。

氷河にはわずかな雪しかなく、青い裸氷がむき出しになっていた。二台の木橇を一台ずつに分割して登ったが、滑りやすく、しかも凸凹とした裸氷に苦戦し、重たい橇はなかなか進まない。犬も裸氷では爪がきかず力が入らないらしく、休憩のたびに四肢を投げ出しては寝っころがり、この行為、全然面白くないんですけど、といった不貞腐《ふてくさ》れた顔をした。

登高開始から三日目になると氷河上の雪が増えはじめ、裸氷の凹凸が埋まってペースがすこし上がった。天気も快晴無風、テントを出てまもなく月が出た。

月が昇っただけで極夜世界は色のない沈鬱な世界から一転し、壮絶なまでに美しい空間にかわる。それまでの影すら存在しないモノトニアスな空間が、黄色い光がとどいた瞬間、突然、本当に劇的に明るくなって、氷河上の細かい雪の襞《ひだ》にいたるまで一気に照らしだされ、そこに影ができて、足元のルート状況が明瞭になるのだ。雪や氷が青っぽく色づき、単なる沈黙につつまれた死の空間だったのが、どこか別の惑星にいるかのような幻想的空間にかわる。極夜の旅は宇宙の旅にほかならないと、そう思える瞬間だった。

だが月光の明るさにだまされて痛い目をみることもあった。

その日、月光の恩恵をうけた私はヘッデンを消して二台の橇を分割して尺取虫のようにゆっくり登っていた。月があるときは照明を消したほうが遠くまで見えるので歩きやすい。そのうち雪も増えて登りやすくなり、月光だけの薄明るい状態に目も慣れてさらに視界がよくなったことから、時間がたつうちに登り方がすこしずつ大胆になっていった。

もちろん大胆といっても、アメノウズメみたいに裸になって踊りながら登るとかそういうことをしたわけではない。それまでは橇を見失わないよう、必ず片方の橇が見える範囲内で動いていたのが、月も明るいので大丈夫だろうと判断し、下に置いた橇が見えないところまで登り、そこに橇をのこして下のもう一台を取りにもどるという、ただそれだけのことをしただけの話である。だが、たったそれだけの油断をしたせいで、あやうく旅が中止になるところだった。

行動開始から五時間ほど経ったころだった。一台の橇をはこんで氷河の斜面に置いた私は、それから二百メートルほど下り、もう一台の橇を取りにもどった。下の橇を見つけて、私と犬はふたたび登りはじめた。だが、途中でいつもの想念癖が出てしまい、もう内容は忘れてしまったが、恐ろしくどうでもいいことを私は考えはじめていた。途中でハッとわれに返り、やばいやばい、そろそろ前の橇があるところだと気付き、あたりを見回したが、しかし置いたはずのところに橇が全然見つからない。おかしいな、このへんにあるはずなのだが、と思いつつ、そのまま登りつづけるうちに、まだ絶対にここまでは来ていないと確信できる平坦な場所に出た。

おかしい、と私は首をひねった。通りすぎている……。橇は荷物が満載で高さは一メートル以上あり、それまでは百メートルぐらい離れたところからでも十分見つけられたのに、まったく気が付かなかった。

橇の跡をたどって登ってきた途を下りたが、雪が堅くて、橇の跡は途中で消えた。跡がない以上、記憶と感覚にもとづいて探すしかない。橇を引いて探しまわるのは無理なので、犬をつないだまま引いていた橇を途中に残すことにした。残した橇を起点に、まずは斜面に対して左の方向に百五十メートルほど探したが、見つからなかった。起点の橇にヘッデンを向けると、犬の目が反応して青く光るので分かるが、あまり離れると起点の橇も見失うので、それぐらいが限界だ。一度起点にもどり、それから反対側のほうをふたたび百五十メートルほど探したが、やはり見つからない。さっき探した上部のほうをもう一度探すが、やっぱり駄目。左斜め上の方向にも進んだが、これも駄目だった。

はじめはすぐに見つかるだろうと高をくくっていたが、いくら探しても見つからないので、さすがに私も焦ってきた。というのも運の悪いことに、テントや防寒着やコンロや寝袋等々、寒さを防ぐのに必要な装備はすべて見失ったほうの橇に積んでいたのだ。残っていたほうの橇にはドッグフードや燃料など、それだけでは何の役にも立たない物資系しかない。気温は氷点下二十度、橇を引いていたら暑くて汗がにじんでくる程度の寒さであるが、防寒着なしでは身体がじわじわと冷えてくる。

もしかしたら橇が斜面で自走して滑りだし、どこかの窪地にはまりこんでいるのではないか。そう考え、もう少し下のほうを探したほうがいい気がして、私は起点の橇を少し下に移動させた。そしてその周辺を何度も探したが、やはり見つからなかった。

歩きまわるうちに、寒さが身体の芯まで滲みこんできているのが分かった。

「おい、見つかんねぇよ」

犬に声をかけたが、ぐうぐうと高鼾《たかいびき》をかいて呑気に居眠りをしている。心底ぶん殴りたくなったが、八つ当たりしてもしょうがない。

身体が冷えこむうちに、焦りが次第に不安にかわっていった。もう二時間以上探しているのに見つからないなんて、どう考えてもおかしい。もしかしたら橇は本当に自走し、その勢いで下まで転がり落ちたのではないか。この寒さの中で、防寒着もコンロも寝袋もなしで眠れば死ぬかもしれない。そうである以上、このまま橇が見つからなければ村にもどるという判断をせざるをえないが、しかし一度村にもどったら、暗くて橇は二台とも見つからないだろうから、今回の探検は中止ということになる。準備に四年もかけ、人生最大の旅と吹聴していた計画が、橇を見失って中止なんて、それはちょっと格好悪すぎないか？　帰国してこの顚末を報告し、表向きは慰められつつも陰で嘲笑される自分を想像し、私は力なく笑った。いずれにしても村にもどるかどうか判断をしなければヤバイぐらい、寒くなってきた……。

寒さと村へもどる時間を考えると捜索に許された時間はせいぜいあと二時間。月が冷酷なほど美しく照っており、私の焦燥に無関心なその超然とした様子が妙に癪《しゃく》に障った。最後に、もしかしたら犬がトレースの臭いを発見して先導してくれるのではないかと期待し、もう少し下を探してみることにした。そして犬を連れて五十メートルぐらい下がったあたりだろうか、犬の鼻とはまったく無関係ではあったのだが、前方に周囲の雪の凹凸の影とは明確にことなるはっきりとした黒い影が見えてきた。もしかしたら……と高鳴る鼓動をおさえつつ速足で近寄ると、見失っていた橇がそこにあった。

うおーっ！　うお、うお、うおーっ！

喜びのあまり何度も雄叫びをあげ、これで旅がつづけられるぞと叫んで犬に抱きついた。発見するまで三時間近く要したが、結局、橇があったのは登ってきたルートのわずか三十メートルほど右側だった。

そんな近くにあるのに私は全然気付けなかったのだ——。

その日はさらに一時間ほど行動し、翌十二月十一日も氷河を登りつづけた。氷点下二十四度と次第に気温も冬の北極らしくなってきた。前日の晩は寝袋に入ってしばらくは温かかったが、朝方になって夕食のエネルギーが尽きるのと同時に肌にゾクゾクとした寒さを感じた。出発して一週間がたち、少しずつ肉体が消耗しはじめているのかもしれない。

*

極地に来るときは必ず、日本を出る前に積極的に甘い物を食べたり、寝る前にカップラーメンを食べたり、壮行会に焼肉屋を所望したりして身体に脂肪分をたくわえるように努力する。今回も八十キロ近くまで体重を増やしてきたので（通常時は七十二キロ）、出発直後はサラダ油のたっぷり入った特製チョコや、朝食のラーメンや夕食の鍋にいれる海豹の脂が全然美味しく感じられず、一日の規定量を全部食べきることができなかった。しかしそれも徐々に旨く感じるようになっていた。

起床は午後零時五十分、午後四時に出発した。そんな変な時間に行動を開始するのは月の動きにあわせているためだ。極夜の旅では太陽にもとづく一日二十四時間の時計時刻にしたがうことはあまりない。まったく無視するわけではないが、今のように月が出ているときは、月の正中時刻を中心に行動時間を組み立てたほうが合理的だ。太陽が消えてしまった極夜世界において、そのかわりをはたすのは月の光である。当たり前だが月も太陽と同様、南中時にもっとも高度が高くなり、明るくなって視界がよくなる。ちょうどこの頃はまもなく月が満月をむかえる時期に入っており、月は夜中にもっとも高くなるので、なるべく午後の遅い時間に起きて行動したほうが月の明かりを長時間享受できることになる。

月は太陽とちがって動きが複雑で、日々、同じ時刻に南中するわけではない。南中時刻は毎日、ほぼ一時間ずつうしろにずれていく。海上保安庁のウェブサイトによれば、二〇一六年十二月十一日、北緯七十八度、西経七十度近辺の月の南中時刻は午後十一時四十五分、翌日が午前零時四十六分、翌々日が午前一時四十七分である。このように月の南中時刻はずれるので、私の行動時間も毎日後ろに一時間ずつずれていくことになり、起床時間も一時間ずつ遅くしなければならない。言いかえれば、月に支配された極夜世界は一日は二十四時間ではなく二十五時間で運行されているともいえる。

歩きはじめてしばらく月は右手の山に隠れていたが、稜線のうえに姿を見せた途端、光があまねくいきわたり氷河全体を青く照らし出した。天気は無風で、私はひきつづき尺取虫方式で橇を交互に運びつづけた。重さ百キロ近くの橇を一歩一歩踏ん張って引きながら、ゆるい坂となった氷河を登っていく。後ろから犬がゼーゼーと息を荒げているのが聞こえ、全力で橇引きしていることが分かる。背後を振り返り、後ろに置いた橇が見えなくなるタイミングで立ち止まり、橇を取りにもどる。それを延々と繰りかえすので、登高を開始して四日目にもかかわらず、まだ氷河の半分にも達していなかった。傾斜のきつい難所はこの先にあるが、そこに到着するのにさえまだ一日はかかりそうだ。だが天気は快晴無風がつづき、ブリザードもすでに一発喰らっていたので、さすがに一度の氷河登りで二発も喰らう不運な人間もこの世にいまいという変な安心感も手伝って、私はのんびりと登っていた。先は長いのだ。最初から焦っても仕方がないと思っていた。ところが現実には一度にブリザードを二発も喰らう不運な人間が、この世に存在したのだった。

歩きはじめてから三時間ほど経過したときだった。前方の氷河両脇の山の上から、妙な白い靄が溢れるようにたちのぼり、谷筋に沿ってゆっくり、かつゆったりと流れ落ちてくるのが見えた。最初は氷床で霧でも発生したのかと思ったが、どうも様子がちがった。白い靄は、雪崩が発生して舞い上がった雪煙のように非常にのんびりと、しかし極めてダイナミックに氷河に流れこんでくる。靄が氷河に達して、いくぶんバウンド気味にはじけるのを見ながら、私はかつて大島さんから聞いた話を思い出していた。

「強いブリザードが発生するときは、氷床から雪煙が滝みたいになって一気に落ちこんでくるのね。そういうときは家にいても吹き飛ばされるんじゃないかっていうぐらい強烈な風が吹く」

もしかしたら今、目の前に展開している光景がそれなのではないだろうか……と気付いたときにはもう、つい一秒前までは完全な無風だったのに、白い靄が煙幕のように私のまわりに立ちこめ、微風が頬をたたきはじめた。そしてその微風は三秒後に風速三メートルの軽風、五秒後に四メートルの軟風……と強まり、あっという間に八メートルの疾風に達した。もちろんその程度の風ならまだ全然行動できるのだが、しかしこの調子だとどこまで強まるか分からない。すぐに平らで堅い雪面をさがして橇を止めてテントの設営にとりかかった。

テントは冬の極地の旅ではコンロとならぶ最重要装備である。風で飛ばされることだけは絶対に避けなければならず、強風時のテント設営は手順を守り慎重におこなう必要がある。風雪が強まりはじめたため私は万全を期し、橇を風上側に配置し、飛ばされないように橇からテントに細引きをつないで、ペグを突き刺して外縁のスカート部分に雪をのせた。そしてポールにテンションをかけてゆっくり立てていく。無理やり立てると風圧でポールが折れるので、意識的にゆっくりやらなければならない。

テントを立てている間も風は急速に強まっていった。すぐに風速十五メートルの嵐となり、雪がひっきりなしに目の中に飛びこんできた。気のせいか地吹雪の雪の量がいつもより多い気がする。テントに転がりこむと、真っ先に毛皮靴やフードの毛皮の中に入りこんだ大量の粉雪を払いおとした。だが、どんなにひどい風でもテントの中に入りこみさえすれば安心だ。氷河のど真ん中とポジション的にはかなり風が強まる場所ではあったが、数日前の氷河基部でくらった上から殴りつけてくるような不連続な爆裂突風ではなく、同じ方向から安定して吹きつける普通の風の吹き方をしていたので、このまま明日はのんびりテントで休養してもいいやと私は余裕をぶっこいて寝袋の中に潜りこんだ。

……が、私の現状認識はやはりあまかった。夜になると風はさらに強まり、またしても吹き飛ばされるんじゃないかという恐怖をおぼえる修羅場と化した。

テントの外では轟々という地獄のような唸り声をあげて地吹雪が吹き荒れている。私は目を開き、闇をじっと見つめた。ばちばちと地吹雪の雪がテントにぶつかる音が聞こえる。極夜の闇の中で時折ドゴーンという、近くで巨大クレーンが港湾作業をしているときの金属音みたいな謎の爆音が響き、それが私の心臓を凍りつかせた。

あれはいったい何の音なのだろう?

明らかに今、自分は、前回のブリザードで遠くに聞こえた、あの風の爆流の流芯にいるにちがいない、そう思えた。ふと見上げると、ポールがひしゃげて折れそうになっているのに気付き、寝袋から手を伸ばして内側からおさえつづけた。これが陽光が燦々《さんさん》とふりそそぐ白夜の季節であれば恐怖や不安も半減されるのだろうが、今は死の闇に閉ざされた極夜の世界。夜の闇は音の効果を倍増させて、吹雪の轟音を実際より何倍も強烈なものにして恐怖や不安をあおりたててくる。

次第に風の圧力が少し弱まり、気付くと私は寝袋のなかで眠りに落ちていた。

そのうちテントの入口に雪が吹き溜まり、足が圧迫されてまた目覚めた。

冬山登山をする人なら分かると思うが、寝ているときにテントが雪で圧迫されると、普通は外に出て雪かきするのが嫌なので、まずは寝袋に入ったまま内側からテントの壁を押したり蹴飛ばしたりして雪を突き崩そうとする。このときも私はそのように寝袋に入った状態でテントを蹴飛ばし雪を崩そうとしたが、意外と吹き溜まりの量は多いらしく、雪は重たくてびくともしなかった。

正直言って、面倒くさいなぁと思った。

外では相変わらず、どどどどーっという轟音が鳴りひびき寝袋から出るのがためらわれる状況がつづいていた。居心地の良い環境から、あきらかに不快だと分かる環境に飛び出すには、かなり大きな決断が必要だ。外の状況が悲惨なことになればなるほど、人間は現実から逃避して何もかも面倒くさくなり、そして自分の命を守ることも面倒くさくなって、今、大丈夫だからたぶんこれからもずっと大丈夫じゃないか、との都合のいい判断に逃げこみたくなる。少なくとも私の場合はそういうことがよくある。かなりよくある。このときも、このままぬくぬくと眠りつづけたいし、どうせ大丈夫だからそうすべきだと一瞬判断しかけたが、ふと、昔読んだ、冬山登山中に大雪でテントをつぶされて死んだパーティーの遭難報告書を思い出し、ああいう人たちはこういうときにやっぱり面倒くせぇなと思ってぐずぐずしているうちに雪が予想以上の速さで降り積もって埋没して死んだんだろうな、と考え、一応現状確認だけしておくかと思いなおしてヘッデンをつけた。

だが、テント内が照らされた瞬間、これはマズイかも……と思った。テントの面積が半分ぐらいになっている。そして、なぜだろう？と思った。地吹雪など、これまでの極地の旅で嫌になるほど経験してきたが、それでも雪はせいぜい風下側の入口周辺に吹き溜まる程度で、テント全体を取り囲むように吹き溜まったことなど一度もない。

ひとまず外の様子を確認するため、防寒着を着こみ、入口の吹き流しを開けようとした。ところが吹き流しがすでに完全に雪に埋まっており、開くためのひもが取り出せない。これはけっこうヤバいぞと焦った。入口が埋まってナイフでテントの生地を切り裂き、嵐の中に放り出されて死亡というケースもある。私は必死になって何度も勢いをつけて全力で雪を押した。殴り、蹴っ飛ばし、ショルダータックルを食らわした。しばらくつづけると徐々に圧力がゆるまっていき、ようやくひもを引っ張り出して吹き流しを開けることができた。その瞬間、どっと雪がテントの中に入りこんできた。そして雪をおしのけ強引に外に出た瞬間、唖然とした。テントはすでに半分ぐらい埋まり、周囲は吹き溜まった大量の雪で高台になっている。要するに埋没寸前だったのだ。

一刻を争う状況に私はすぐにスコップで除雪をはじめた。凄まじい量の雪だった。氷床のうえで大量の積雪があり、それがこの風で一気に運ばれてきたのだろうか。よく分からないが大粒の雪が強烈な風に乗ってバチバチと全身に叩きつけ、豪雪で知られる冬の剱岳《つるぎだけ》みたいな状況になっている。

と、そのとき犬がオロローンと情けない鳴き声をあげた。鳴き声というよりむしろそれは泣き声で、これまで聞いたことのない弱々しい声だった。はっと犬のほうを見やると、橇に結び付けていた首縄が雪に埋まって身動きが取れなくなっているではないか。犬まで埋没寸前なのだ。あわてて首縄を外してやると、その瞬間、犬は猛ダッシュで駆けだし、吹雪の闇の中に消えていった。

信じられない思いだった。何ということだ。このブリザードの中どこかに逃げてしまった……。

「ウヤミリーック！　ウーヤーミーリーック！」

犬が消えた闇に向かって何度も叫んだが、私の声は吹雪の轟音にかき消されるだけだった。おいおい本当かよ。嵐が嫌になって村にもどってしまったのだろうか……。私は犬の消えた闇を呆然と見つめた。犬がいなければこんな重たい橇を引くことなどできないし、それ以前に旅をする気自体が失せてしまう。犬無しで極夜の旅なんて無理だ。それに俺とこの犬の関係はたったこれぐらいの試練で切れてしまうほど薄っぺらいものだったのか？　色々な感情が錯綜して立ちすくんでいると、一、二分して闇の奥からヘッデンの光に反射した二つの小さな青い光が猛烈な勢いで近づいてきた。

「おおおっ！　もどってきたか」

犬は私の目の前で急停止すると前脚を投げ出して仰向けになり、ねえ旦那、いつものように腹をさすってくださいよ、うへへへといった顔で舌をヘラヘラさせた。村にもどろうとしたわけではなく、埋没の恐怖から解放されて喜びが爆発し、ついそのへんを駆けまわっていただけらしい。この程度のブリザードなどシオラパルクの犬にとっては日常である。

私は犬を放ったらかしにして除雪に取りかかった。とりあえず入口の周辺を除雪したが、小手先の除雪ではまったく状況の打開にならないので、一度テントにもどり行動着に着替えて本格的な除雪に着手した。とくに風下の両側の状況がひどくて、必死に掘り起こしても他の部分の除雪をするうちにすぐに埋まっていく。中途半端なことをしてもまったく歯が立たないため、テントのまわり二メートルぐらいの幅で雪をどかすことにした。

こうなると完全に生き残りをかけた除雪、サバイバル除雪である。

どばばばーっと地吹雪が吹き荒《すさ》ぶ中での重労働だが、危機を目の前に脳下垂体から大量のアドレナリンが分泌され、逆に私の集中力は異様に高まった。風雪が突き刺してくる中、テントを掘り出し、壁となった雪を切り崩し、空間を拡張して風の通り道を作ってやる。とりわけ入口から氷河下部方面にかけての部分を徹底的に掘り下げることで風の通り道ができて、これ以上、吹き溜まらないようになるはずである。途中からは自分は雪かきの天才なんじゃないかという気さえしてきて、イケイケで雪をかきまくった。

ところがテントのまわりを一周して最初の部分にもどってみると、やはり完全に埋まって元通りになっており、やっぱり全然駄目だと愕然とした。

もう四時間ぶっつづけで除雪しているが、このざまだ。このままではテントで寝ることは自殺行為、ブリザードが収まるまで除雪しつづけなければならないが、さすがにそれは不可能である。暴風雪の中、あまりとりたくない選択肢だが、もはやテントを移動させるしかなかった。

テントの中で装備を袋にしまって、飛ばされないように細引きでひとまとめにして外に出した。ふたたび周囲の雪をどかしてペグを掘り起こし、テントをたたむ。だが、たたんだテントの上に雪がどんどん降り積もっていき、その重みでテントが動かなくなる。早く動かさないと雪はますます積もっていくので、必死に雪をかくのだが、かいた横からさらにさらに積もっていき、もう気が狂いそうだった。何とかテントを移動させて、地吹雪で隣にできた雪の高台のうえに運びあげた。橇はもう完全に雪の下に埋まってしまっており、テント設営のためのアンカーとしては使えないので、絶対に飛ばされないよう細心の注意で立てなければならない。この嵐でテントが飛ばされたら何もかも終わりである。風上側のスカートに雪をのせて重みにし、ペグをしっかり打ちこむ。ポールをスリーブに通して、慎重に息をととのえ、焦らず、専用のストラップで徐々にテンションをかけていく。立ち上がるとテントはどばばばーっと物凄い風圧をうけるが、スカートの雪とペグが効いているので、そこで安定した。設営を終えると荷物を運び入れ、ようやくなかに入って一息ついた。時計をみると七時間ぶっ通しで作業していたことが分かり、思わずため息が漏れた。

翌日、ブリザードが止んだので、橇を掘り起こした。橇は二台とも完全に埋没していたが、ナパガヤという取っ手の先端だけがかろうじて十センチほど突きだしていたので、それを目印に掘り進めることができた。二時間半ほどで回収し、私と犬はふたたび氷河を登りはじめた。

ポラリス神の発見

氷河を登りきったのは十二月十四日のことだった。村を出発してから九日目、停滞もふくめると、たかだか標高差千メートルの氷河の登高にまるまる一週間かかったことになる。

この一週間はなかなか濃密な日々で、三回ほど死神の横顔がちらちらと見える場面もあり、これが国内の冬山登山なら〈けっこうすごい山だった〉みたいな記事をブログに書いて、他人に自慢して、みんなに〈いいね〉を押してもらえる程度の内容をほこっていたが、しかし残念ながらこの長い旅ではまだ全行程の一割ほどを消化したにすぎなかった。

ただ苦労はしたが、一応、旅の難所のひとつと恐れていたイキナ氷河を登り終えることができ、私の心はかなり落ち着いていた。出発前はブリザードの襲来を危惧し、実際にはその危惧を上まわる二発のブリザードを喰らったにもかかわらず、一応、怪我もなく無事にこのセクションを終えることができたわけで、それを考えると旅は順調だと言っていい。それにまだ月の丸くて明るい時期はつづいている。月が沈むまであと十日間あり、それまでに氷床とツンドラを越えてアウンナットの無人小屋に着くのが当面の目標だが、まだ十分まにあいそうだ。

翌日、目が覚めると霧で視界が悪かったので休憩を兼ねて停滞することにした。夜、といってもずっと夜なので夜という言葉に意味はないのだが、一応二十四時間制の午後八時とか九時ぐらいになると天気が回復したため、私は外に出て犬とじゃれあって遊んだ。

二〇一四年冬にはじめてシオラパルクに来たとき、この犬は一歳で、まだ犬橇を引いたことがなく、それどころか村から出たことさえなく、人間でいえば小中学生ぐらいの子供だった。それなのになぜ私がこの犬を飼い犬として選んだのかといえば、まず身体が大きく力がありそうだったこと、それに性格にも落ち着きが感じられ扱いやすそうだったこと、そしてまだ子供で橇を引く教育を受けておらず、自分で最初から躾《しつ》けることで私好みの色の犬に仕立て上げられるのではないかという光源氏みたいな欲望を抱いたことなどが理由としてあった。

だが、それらにもましてはるかに決定的だったのは、この犬の顔がとても可愛かったことである。私は中身よりも見た目重視、ファーストインプレッションで物や交際相手を選ぶタイプの人間である。最近では度重なる他の犬との喧嘩ですっかりふてぶてしくなったが、一歳当時は本当に愛くるしい容貌をしており、村一番の美犬といっても過言でなかった（正確にいえばこの犬の妹のほうが可愛かったが、雌は妊娠したら働けなくなるので断念した）。

犬は白熊対策の番犬と橇引きのための労働犬として連れているので、顔で選ぶのは馬鹿げているように思える。実際、私にも、犬を顔で選んだことについて、結婚相手を選んだ理由を訊かれて「性格です」と言い切れない男に似たような後ろめたさがあった。しかし犬についての本を読むなどするうちに、犬を顔で選ぶのは決して馬鹿げたことではなくて、人類と犬との進化史の観点からみても非常に合理的な選択だったことを私は知った。

というのも、犬と狼をわける大きな特徴のひとつに犬のネオテニー化があるからである。ネオテニーとは幼児期の特徴をのこしたまま大人になる現象をさす生物学用語で、進化上有利な場合が多いとされている。犬は狼にくらべて頭が小さくて横幅が広く、歯も小さく、鼻も短い。それだけでなく年をとっても馬鹿騒ぎに興じるという子供じみた特徴をのこしており、あきらかに狼がネオテニー化した動物だとされている。そして、なぜそうなったかといえばネオテニー化したほうが犬にとって進化上有利だったからだ。犬というのは、後期旧石器時代に狼が人間と接触するうちに、人間に取り入り、人間と一緒に行動したほうがこの生存競争の厳しい過酷な荒野で生き延びることができると判断し、自ら家畜化して人間に飼いならされることを選んだ極めて特異な動物種である。そのことを考えると犬がネオテニー化したのは人間に可愛いなと思ってもらった方が自然淘汰的に有利だったからであり、逆にそれを人間の側から見れば、結局のところ、昔の先史人も犬を選ぶときは顔で選んでいたのかよ、ということになる。だとすると私が顔で犬を選んだのは後期旧石器時代以来の由緒ただしき人類本来の行動であるわけで、とてもナチュラルで無理のない判断だったのである。

この日、私と犬は人類と犬の進化史をさらに遡り、ある意味で始原の位置とよべそうな地点にあやうく到達しかけた。

朝方（といってもずっと夜なのだが）、私はめずらしくテントの外に出て排泄行為をすることにした。私のテントの床にはマジックテープで開閉できる穴が開いており、普段はテントに居たままそこで脱糞するのだが、その日は風も無く穏やかだったので外で気持ちよくする気になったわけだ。

私はズボンを下げてお尻をペロンと出し、早速しゃがんで行為に取りかかろうとした。ふと背後を見やると、犬がネオテニー化した可愛い顔をこちらに向け、やけに熱っぽい視線を私の臀部《でんぶ》に投げかけていた。

はは－んと私はピンときた。ウンコを食いたいんだな。

私の犬というか、これは犬族全般にあてはまることだが、彼らは基本的に人糞が大好物である。今回、私は犬の食料として一日平均八百グラムのドッグフードを用意していたが、それだけでは足りなかったようで、犬は私がテントを撤収するとき、いつも脱糞口のあたりに駆けよって、ガチガチに凍った雪をほじくり返してブタのようにばふばふとがっついていた。犬が旨そうに糞を喰らう様子を、私は毎日、その食いっぷりに惚れ惚れとしながら眺めていたので、このときはその視線に気付いてすぐにはは－んと察知したのだった。

というより正直に告白すれば、私がこの日、わざわざ外で用を足したのは、犬の目の前で排泄してやったら、一体どんな反応を示すのか見てみたかったからだった。犬の期待で潤んだ視線をビリビリと感じながら、その気持ちに応えてやろうと私は盛大に肛門から排泄物を放出した。

ところがそのとき予想もしなかったことが起きた。犬が突然、私の背後に近づいたかと思うと、まだ完全にブツを出し切っていない私の肛門に鼻面を近づけ、もうたまらないといった様子で穴から出てくる糞をばくばくと食い出したのだ。それどころか、私が糞を出しきると、まだ全然物足りないといった様子で、あろうことか私の菊門を慈愛に満ちたテクニカルな舌技でぺろぺろと舐めだしたのである。

あふっ。

思わず口からはしたない声が漏れた。予想外の犬の行動に狼狽し、かつぞくぞくした私は、その刹那、この品のない振る舞いをそのまま続行させるべきかどうか、迷った。しかし反射的に背徳感というか、私という人間の内側にこびりつく近代人としてのつまらぬモラルが顔をのぞかせ、「おい、やめろ。そんなことをしたら、駄目だ。向こう行ってろ」と手で追っ払った。犬はまだ不満な様子で、なお必死に菊門に舌を伸ばそうとするが、私は片手で犬を抑えつけて、駄目だ駄目だ、それだけは勘弁してくれと抵抗した。

闇夜の中、ひそかに私の尻のまわりでは数センチレベルの攻防戦が展開された。尻を拭き終わってから私は少し後悔した。肝心なところで近代人のモラルに邪魔されたが、あのまま犬を自由にさせたら、もしかしたら私と犬は三万年の時空を超えて、クロマニヨン人が狼犬を手なずけたあの瞬間に立ちもどることができたかもしれない。

翌日も私はあえて外に出て犬の目の前でこれ見よがしに脱糞してみたが、犬はもはや無反応だった。これまで私はこの犬を厳しく躾けてきたので、私が一度禁じたことを二度と繰りかえさない習性になっていたのである。

＊

私と犬は行動を再開した。氷床の上に出てからは傾斜のない雪原がつづくので基本的にスキーをはいて歩くことになる。

ほぼ真っ平らな氷床上とはいえ、イキナ氷河から百キロ先のアウンナットの無人小屋までは大体ルートが決まっている。氷河を登った後は、まず右手にある大きな別の氷河の縁を七キロほど真北に進むことからはじまる。私は過去に氷床を何回も往復しているので、ルートの特徴はほぼ完璧に把握していた。いつもなら七キロほど進むと右の大きな氷河にクレバス帯が見えてくるので、その位置を基準にして、進行方向をそれまでの真北から北北西三百三十五度に傾ける。その角度で氷床を直進すれば、やがてちょうどいいところで氷床を下りられて、ツンドラ大地に突入するという感じである。

ところが今回は極夜なので目印となる右の氷河のクレバス帯が見えなかった。月が出ていれば見えるかなぁと期待していたが、残念ながら実際には全然見えなかった。月が出ていると周辺の雪面がその光を反射して、足元の雪の状態がヘッデンなしで分かるほど明るくなるので、夜の闇における月光は何もかも照らし出す偉大な存在に思えるが、現実には少し離れただけであの右の大きな氷河のクレバス帯すら見えないんだなぁと、そのことを意外に感じた。

そのため最初の大きな氷河の縁を進む七キロは、完全に感覚をもとに判断せざるをえなかった。本来ならわずか七キロの移動とはいえ、ここをいい加減に済ますことはできない。正確に真北に七キロ進んで誤ることなく三百三十五度の方角に針路を変えなければ、起点をまちがえることになるため、その後のナビゲーションがすべて狂ってしまうからだ。そのためここは何とか正確を期したいところだったが、目印が見えない以上、正確もクソもあったものではなく、私は歩く速度と時間をもとにけっこう大雑把に距離を判断して針路を変えた。

針路変更ポイントのあたりで地吹雪に吹かれて、また一日停滞を余儀なくされ、翌日に行進を再開した。

そこから先は左手にある、また別の大きな氷河の源頭部に下りて、谷の中のサスツルギ（風で雪がえぐれてできた巨大な風紋）帯を通過し、ふたたび傾斜の強い斜面を登る。厚い雲で月光がさえぎられたせいで暗くて周囲の地形がよく分からなかったが、針路変更ポイントからしばらく進むと、実際にそんな感じになったので、とりあえずルートは外していないと判断し、私は直進した。サスツルギ帯を越えて急な雪面の登りに入ると、重たい橇にペースががくんと落ちた。私も犬もゼーゼーと息を荒げ、バテバテになったが、数時間ほど傾斜に対して呪いの言葉を吐くうちにようやく傾斜が落ちてきた。

激しい登りが終わりホッと一息ついたが、ただ、難しいのはむしろそこからだった。その先の氷床は地形的な特徴がまったく失われ、いよいよ真っ平らな雪と氷の沙漠と化すからだ。明るい季節なら南西方向に氷床のむこうの山々の様子が見えるので、それで大まかな位置を確認できるのだが、極夜なのでそれも見えなかった。月光で少しは見えるかなと期待していたが、クレバスと同様、遠すぎて全然見えなかったのだ。

イキナ氷河という難所を越えたとはいえ、その先の氷床とツンドラのセクションも氷河に負けず劣らず厄介な区間だった。氷床もツンドラも明確な地形的特徴のない、のっぺりとした無表情な二次元平面空間がつづく。暗闇で、かつ地形的な目印がない以上、地図はほとんど役に立たないうえ、六分儀が飛ばされてしまったので、私は位置を確認する術を何も持っていなかった。

それの意味するところは明白だった。私は真方位で三百三十五度の方角に進んでいたが、その方角からズレることは絶対に許されないということだ。というのも、氷床を越えるとその先はツンドラ大地にかわり、そこからは真北に針路を変えて、うまくいけばアウンナットの無人小屋に向かう谷に入れるはずなのだが、しかしもし氷床段階で針路を誤ってしまえば、その後もずっと正しいルートから外れてしまい、最終的には小屋に出る谷も外して、変な谷から海岸線に出る恐れがある。そうなると海岸線はどこも似たような地形をしており、同じ方角を向いているところも多いので、小屋の東にいるのか西にいるのかさえ分からないかもしれない。ひとたび位置が分からなくなれば村にもどることもできなくなり、もう終わりである。終わりとはどういうことかというと、死ぬということだ。

そのような危惧があったので、できることなら月の沈まぬうちに小屋まで行ってしまいたかった。小屋に到着しさえすれば、位置を完全に確定できるうえ、そこからは海岸線を北に向かえばいいだけなので、ナビゲーションに関する不安はなくなる。もう迷うことはなくなるのだ。月光というのは完全ではないが、それでも極夜の中での行動は月明かりだけが頼りである。時期的にはちょうど冬至が近づいて極夜のうちでも最も暗い時期に入っていた。ただでさえ暗いのに、新月が近づいて月の出ない時期に入ってしまうと、完全に暗くなって余計迷う心配が増す。なんとか月の出ている明るいうちにこの厄介な氷床・ツンドラの二次元無間《むげん》地獄を越えて、精神的に一安心できる無人小屋に行ってしまいたい。今回の朔望で月が完全に沈むのは十二月二十四日だ。そして今は十二月二十日である。あれ、もう二十日？　私はあらためて日付を確認し動転した。ついこの前までまだ余裕があると思っていたのに、気付くと月が沈むまであと五日しか残されていなかったのだ。停滞したり犬に尻を舐められるなどしているうちに時間がどんどんすぎていき、おまけに月の動きにあわせて一日を二十五時間で設定していたので、いつのまにか二十四時間制にもとづいた通常の日付を追い越してしまっていたのである。時間は予想以上に早くすぎ去っていた。時間が経つということは月が欠けて光が弱まるということである。すでに月齢は二十を越えていた。月の朔望は平均二十九・五で一周するので、月齢二十というのは人間の一生を八十年だとすると五十歳をすぎたあたりである。

月の死が近づいてきた。早くしないと月が沈んでしまう。私は急に焦りをおぼえはじめた。

その日は深夜零時に起床して朝食をとり、準備をして午前三時に出発した。旅をはじめてからというものブリザードや大変な氷河登りで日々忙しく、胃痛や神経不安などの極夜病にかかるような余裕は全然なかったが、不眠だけは相変わらずつづき、その晩もずっと眠れなかった。起床時間になりヘッデンをつけると、テントの生地は私の鼻の穴から吐き出される息が結露して真っ白になっていた。それだけでなく北極で本当に寒さが厳しくなってきたときに特有の〝霜つらら〟がゆらゆらとボウフラみたいにぶら下がっている。身体を動かすといちいち顔面に落っこちてきて、冷たい思いをする不快な霜である。鼻息で揺れる〝霜つらら〟を見つめながら、私はいよいよ寒さが本格化したのだなあと実感した。案の定、外に出て橇の温度計を見ると、氷点下三十二度、この旅ではじめて氷点下三十度を下まわっていた。

ひと言で寒いといっても、氷点下二十度台と三十度台ではかなり明確な断絶がある。氷点下になることが滅多にない東京で生活していると氷点下二十度も三十度も限界以下という点では同じなので一括りにしてしまいたくなるが、やはりそれは全然違って、氷点下二十度台は日常的な寒さの延長上という気がするが、氷点下三十度台は明らかに人間の生理的限界を超えており、このままでは肉体が消耗してそのうち死ぬなという予感を無理なくもつことができる次元の寒さだといえる。ところがその氷点下三十度の世界も、不思議なもので一週間ほど経てば完全に身体が順応して、氷点下四十度ぐらいまでは全然平気になるし、風速十五メートル近い吹雪の中でもとくに怖れを感じずに行動できるようになる。ヒマラヤ登山の低酸素順応と同じで、人間の肉体はある程度の寒さには対応できるメカニズムになっているらしく、一度その寒さに慣れると肉体的にも精神的にもストレスを感じることが少なくなるのである。順応の段階も低酸素順応と似たようなところがあり、氷点下三十度はその最初の壁で、完全に慣れるには一週間ほどの期間が必要になる。

この日は最初の氷点下三十度台で身体はまだ全然順応していなかった。行動中は二時間ほど歩き、特注の分厚い防寒着を着こんで十分ほど休憩し、その間に行動食やお茶を口に入れるということを繰りかえしたが、休憩を終えて歩きはじめてもその防寒着をしばらく脱ぐ気になれないほど寒かった。寒いと足先の冷えもなくならず、手の指も白熊のミトンを外した途端、すぐに冷えるので油断ならない。鼻や頬も凍傷でひりひりと痛む。それだけでなく橇のランナーも重たくなる。橇が滑るのはクロスカントリースキーと同じでランナーの表面の雪が摩擦熱で融けて潤滑油の役割をはたすからだが、気温が低いと雪が融けず、砂の上で橇を引いているような状態となるのだ。

月はもうかなり欠けており、月光のパワーは落ちていた。氷床の表面は風で抉《えぐ》れ、巨大なサスツルギが全面的に広がっている。暗い中、重たい二台の橇を引きながら、進んでは休み、休んでは進みして、私と犬はサスツルギを一つ一つ乗り越えていった。

犬は一日の前半こそ息を荒げて頑張っているが、後半になると頑張りの証拠であるゼーハーゼーハーという呼吸音が聞こえなくなり、さぼっているのが明白になった。冬に入ったばかりで訓練不足なのは分かるが、極寒の極地の旅で橇を引かない犬ほど腹立たしい存在はない。橇には犬の餌を積んでいるだけに、疲れと寒さが重なると犬にたいする怒りを抑えるのは難しくなる。犬の呼吸音が聞こえなくなると、私は後ろをふりむいて、「てめぇ！　橇引けって言ってんだろ！」と怒鳴り気合を入れなおした。顔も心の底からムカついていたので、自然と鬼の形相になっていたのだろう。私が怒ると犬は恐れをなして必死に橇を引きはじめるが、しかしやはり途中で疲れてしまい一日の後半になるとどうしても橇引きの力が落ちて、行動を終了した途端にうずくまってしまう。普段と比べてあまりにも元気がないので、もしかしたら犬のほうが〈極夜病〉にかかっているのではないかと疑ってしまうほどだった。

その日は七時間半進んだところで軽い地吹雪が巻き起こり、星が見えなくなったのでやめた。星は針路をさし示す目印である。星が見えないと真っ直ぐ進むのが極端に難しくなり、針路がズレる可能性があるので、下手に前進しない方が無難である。翌日はさらに冷えこみ氷点下三十四度となったが、寒さ対策のために自作した海豹の毛皮ズボンを穿くと、下半身がぽかぽか温まり足先の冷えから解放された。この日も七時間半で行動終了した。四カ月も旅をつづけるつもりだったので、長時間行動は控えて体力をなるべく温存しながら進むように心がけた。

一日の行動を終えてテントに入ると、必ず最初にコンロに火をつけた。コンロをつけずに作業すると途中で手が冷たくなって動かなくなる。コンロで手を温めてから、防風衣の内側にこびりついた霜をたわしでこそぎ落とし、毛皮靴についた雪を丹念に払い落とす。それが終わるとテント用の防寒衣を着こみ、靴下を替え、テントシューズを履く。脱いだ手袋や毛皮靴や汗で濡れた行動着は洗濯ばさみで上から吊るし、その下にコンロを移動させて濡れ物が乾くようにする。それからコーヒーやスープを飲み、雪を溶かして夕食の準備にとりかかる。夕食は鍋の中にアルファ化米にベーコンや海豹の脂や乾物等を入れ、カレーやキムチの素などの調味料で味付けしたものだ。兎などの獲物が取れた場合はその肉を食べ、用意した食料は予備の食料にまわした。ちなみに朝食はラーメンに肉、脂、乾物、行動食はチョコ、カロリーメイト、ナッツ、ドライフルーツ等で、食料は一日五千キロカロリーの摂取を目安に用意した。

夕食を終えてからは乾かしものの時間だ。極夜では毎日しっかり乾かさないと衣類は濡れていく一方である。衣類が濡れると生活のストレスが非常に大きくなるので、とにかく乾かしものには十分な時間を割いた。夕食後、日記をつけながら天井からぶら下げた衣類をコンロで三十分ほど乾かし、それでも乾かないときは、仕上げとして濡れた行動着や防寒衣を着こんで、登山用のツェルトを頭からかぶり、その中でコンロを弱火で焚いた。これをやるとツェルト内の温度が上昇し、濡れた衣類から蒸気がもうもうとたちあがってかなり乾くが、一酸化炭素中毒で死にかねない危険行為でもあるので、外気が十分入るよう細心の注意をはらっておこなわなければならない。

十二月二十二日、ついに冬至をすぎて暦の上では極夜の折り返し地点をむかえた。極夜の中でも最も暗い日、そしてこれから明るくなっていく日。冬至は暗いだけでなく地平線から遠く離れていた太陽がこの日を境に徐々に近づいてくる目出度い日でもあるので、昔の探検隊は船で越冬中、太陽の再生を記念して冬至の日にお祝いをしたという。

しかし暗黒の氷床を行進中の私の意識には、いつ復活するか想像もできない太陽のことなど存在しないも同然だった。実際、極夜世界にやってきて二カ月近く経っており、もはや太陽の昇る通常の明るい世界がどのような世界であったのかさえ、記憶は朧気になっている。それより私の関心は月だった。さらにいえば月亡き後に到来する真の暗闇、真の極夜だった。私がこの旅で利用していた海上保安庁のウェブサイトの〈月出没・正中時刻及び方位角・高度角計算〉表によれば、この日の月齢は二十二・六であり、正中時高度もわずか八度、二十四時間のうち十時間しか姿を見せないことになっている。満月時の正中高度は三十度で、二十四時間フル回転で天空をまわっていたことを思えば、わずか一週間で月は急速に衰えた。あと二日で姿を見せなくなるわけで、もはや死滅寸前、その光には消えかかった炭の熾《おき》みたいな力しか残されていない。

できれば月の出ているうちにアウンナットの小屋まで行きたかったが、今となってはそれも望むべくもない。小屋までなどと贅沢なことは言わず、あと二日のうちに氷床だけは越えたいというふうに、私の願いは現実に合わせて下方修正されていた。

懸案もあった。氷床からツンドラに下りる最後の下りの部分は傾斜がきつく、通常は雪の積もった急斜面になっているのだが、雪がないと青氷の裸氷がむき出しになり氷壁状になっている可能性もある。今の時期は初冬で雪は少ないだろうから、むしろ氷壁である可能性のほうが高いんじゃないかと、私はそれを心配していたのだ。氷壁になっていたらアイススクリューとロープを駆使して橇ごと荷物を下ろさなければならないばかりか、暗すぎて氷壁に気付かずそのまま前進して墜落してしまう恐れもある。二〇一四年二月にはじめて氷床を旅したときは今回のルートよりかなり東側の場所で氷床を下りようとしたが、青氷の氷壁になっていて完全にアイスクライミングの世界だった。闇の中、あんな氷壁に近づくのは危険極まりない。そんな懸案があったので氷床の端の面倒な部分だけは月光の出ているうちに越えたかったのである。

過去の旅の経験から、氷河を登り切った地点から氷床を越えるまで四、五日かかると私は想定していた。ゆっくりではあったが昨日、一昨日とそれなりに距離は稼いだはずだ。少なくとも十キロは歩いたはずである。それに一昨日の後半から、きわめて微妙ではあるが傾斜は下りに差しかかっているような感触もあった。下りに入ったということは氷床の中間にある最高所は越えたということであり、さらにそれから一日半歩いたことを考えると、距離的には今日あたり氷床を越えてもおかしくはない。ひょっとしたら今日中に無事氷床突破ということも十分考えられる。

そんな淡い期待をいだき私は午前四時十五分に冬至の日の行動を開始した。

＊

出発時の気温は氷点下三十四度。幸いなことに風はほとんどなかった。息を荒げて重たい橇を引いていると、息が毛皮のフードにこびりついて凍結し、口のまわりに白い氷の塊ができあがっていく。汗も衣類の内側で結露していった。

私は引きつづき三百三十五度の方角で真っ直ぐ氷床を越えるルート取りをしていた。

その方角で正しく歩けば、ちょうど氷床からツンドラに下りやすいポイントに出られ、そこから真北に歩けばアウンナットの小屋に向かう谷に出られるはずだ。しかしそれより角度が東にズレると、氷床からツンドラに下りる最後の急傾斜地が氷壁になっている可能性が高く、逆に西にズレすぎるとアウンナットの小屋が遠くなって変なところに出るかもしれない。それに、この段階で角度にズレが生じてしまうと、その誤差が後々まで響いて無人小屋に向かう谷に出ることに失敗し、変なところに飛びだして、自分がどこにいるのか分からなくなって、完全に混乱して、暗い中を無理やり村にもどろうとするがそれもできず結局食料が尽きて死亡、ということになりかねない。だから三百三十五度からズレてはいけない。

もちろん暗闇の中で一定の方角を保持して歩きつづけることは決して簡単なことではなかった。

針路がずれないように私は何度も立ち止まっては、ヘッデンをつけてウエストポーチにとりつけたベアリングコンパスの角度を確認した。コンパスを見て、可能なかぎり正確に三百三十五度の方角に身体を向け直し、星空を見上げ、もう一度、どの星が一番進行方向に近いところにあるかを見極める。そしてその星からなるべくズレないように心がけて歩き、少しでもズレているのではと不安になったときは、また立ち止まってコンパスの角度を確認した。それを一日中、飽かずに繰りかえした。私はひたすら星を見て、そこからズレないように誠心誠意心がけた。

面白いことに毎日毎日、一心に星を凝視しつづけていると、一つ一つの星に物語が生まれてくる。しかも氷床移動中の私にとって星は針路を指し示す、すなわち私の命をにぎる切実な存在だったので、星々はガスや塵《ちり》や岩石が凝縮した無機物としての現実を突きやぶり、私の前に、ある意味、生きた有機的な存在としてたち現われてきた。生きた存在なのでそれぞれの星には個性があり、そのなかには当然キャラが強いものがあった。たとえば夏の大三角形として知られる琴座のベガだ。ベガの性別は明らかに女だった。しかもかなり美しい女である。気品に溢れ、高貴で、見目麗しく、宝石をちりばめた王冠をかぶった女王という感じがした。なぜ女なのか。それはよく分からない。ただベガは北極の星々の中でもかなり輝度がつよく、恒星の中では馭者《ぎょしゃ》座のカペラと並んで明るい星であり、その明るさと白い氷のような煌《きら》めきが、ダイアモンドの美しさと、ケイト・ブランシェットのような端正な顔立ちをした金髪系白人美女を想起させた。実際、日本でもベガは年に一度、七夕の日に彦星アルタイルと会うのを待ち焦がれる女性星とみなされており、おそらくこの星は古来、老若男女、誰が見ても女に見える星なのだろう。

だが、私にとってのベガは織姫みたいな奥ゆかしい女ではなく、もっとエキセントリックな恐女《きょうじょ》だった。それはおそらく以前カナダ北極圏を冬に旅したとき、常にベガのある西の空から強風に吹かれた経験があったからだろう。ベガは口をすぼめて冷たい嵐を吹きつけ、鞭でも振るいかねないサディスティックな美しき雪の女王として夜空に君臨していた。

ベガが夜空の女王なら、正反対の位置で輝く馭者座のカペラは男の王だった。星の王といえば通常は恒星のなかで最も輝度のつよいシリウスのことを指すが、シリウスは赤緯が低く、北極圏の空ではあまり姿を見かけない。したがってカペラは王といってもシリウスのいない星空の代理の王にすぎず、言ってみれば歴史的正統性をもつ王権ではなく、要するに宰相、内閣総理大臣のような政治権力者だった。

内閣総理大臣……。アベか、と私は思った。言われてみれば、たしかにカペラ率いる馭者座はきれいな五角形を描いており、自然と円卓→会議→キャビネット＝内閣という言葉を連想させる。さらにカペラは明るく輝いているものの、その色は、たとえばベテルギウスやアークツルス、あるいはアルデバランのように赤々とエネルギッシュに燃えているわけではなく、普通に黄色で凡庸だった。その意味でカペラは権力を握ってはいるものの、人間的にはさっぱり魅力に欠けたつまらぬ星に見える。どういうわけか私は昔からカペラという星があまり好きになれなかったのだが、この星の権力への志向の強さに気付いたとき、その理由が分かった気がした。

もちろん、カペラが政治権力者たりえているのは軍隊という現実的な暴力装置を握っているからである。カペラ率いる馭者座＝内閣が反時計回りに周回して天球のかなり上のほうに移動する頃、それに引っ張られるように地平線からオリオン座が力強く立ち上ってくる。オリオン座の存在感は夜空の中で圧倒的である。ギリシャ神話におけるオリオンは海の神ポセイドンの息子で優れた猟師として描かれるが、それもさもありなんで、誰が見てもオリオン座は猟師の弓の力、すなわち武力を思い起こさせる。このオリオン機甲師団を率いるのは超新星爆発寸前の赤色巨星、老将ベテルギウスであり、殿《しんがり》をつとめるのが白き闘将リゲルだ。

とはいえ、ベガがどんなに美しく振る舞い、カペラが独裁者然として威張って見せようと、彼らは所詮世俗の王であった。天球という宇宙でこれら世俗の王たちを統《す》べるのが北極星である。北極星は二等星で輝度が低く、とくに薄靄が出たときなどは注意しないと肉眼ではよく見えず、その意味で困った星なのだが、それでも宇宙の中心であることは疑いなかった。どんなに明るく雄々しく威張ってみせようと、すべての星々は所詮、北極星を中心に反時計回りして一日経てば元の位置にもどってくる程度の存在にすぎず、永久に同じポジションをぐるぐる回転するしかないという意味では人間のように儚く無常な存在だ。しかし北極星はちがった。北極星はこれらすべての星の動きを司る不動の一点、時間と空間を超えた天球の軸であり、生と死の無常を超越した永遠の存在であり、神なのだった。

そして、この薄靄が出ただけで御簾《みす》のむこうにお隠れになってしまう少し頼りない神である北極星＝ポラリス神の居場所を指ししめすのが、指極星とよばれる北斗七星とカシオペア座である。この二つの明瞭な星座はポラリス神のすぐ近くのかなり高い位置で回転しており、北斗七星の柄杓《ひしゃく》の先にある二つの星メラクとツーベが作る線の延長線と、カシオペア座のWの文字の内側の三角形を利用してつくった四角形の対角線の延長線の交差する位置に、ポラリス神はどんなときでも必ず鎮座ましましている。その意味で北斗七星とカシオペア座は神のすぐ近くにお仕えするポラリス教における大天使ミカエルと大天使ガブリエルに擬すことができた。

このように見ると天球が北極星を中心とした曼荼羅《まんだら》構造になっているのが私には分かってきた。北極星＝ポラリス神が大日如来として宇宙の中心に確固として存在しており、その近くの高層位を大天使が守護し、それより下層の世俗界で擬人化可能な僊く人間的な星々が物語を展開していた。夜空の天球は完璧な曼荼羅としてこの世の中の構造を解き明かしていた。

……という、かなりどうでもよい一大銀河絵物語が、ずっと星を見て旅をしているとどうしても私の内部で展開された。肉体は動かしているが、頭の中は暇なので、気が付くとついこのような物語を考え出してしまっているのだ。古代ギリシア人たちが星空を見ながら神話をつむぎだしたのも、リアルな実感をともなって分かった気がした。本や漫画やスマホのない時代の人々は夜空の星々を見るぐらいしか長い夜の時間つぶしをする方法はなく、星というのはずっと見ていると色や輝きや配置がちがうので、どうしても擬人化と物語化の対象となる。

その個性豊かな星々の中で私の最もお気に入りが女王ベガだった。ベガは美しいだけでなく、歩いている時間にちょうどいい高さで目の前に来るので方向指示星としてきわめて使い勝手がよかった。今回の旅では風もベガ方面から吹いてくるわけではなかったので、凍てつく雪の女王という役回り上の仮面を外し、お店では鞭を振るう女王様だけどプライベートで会ったら普通のお姉さんと何も変わらない素顔の優しいSM嬢みたいな感じで接してくれたので、特によかった。そのため私は、いいなあベガ、俺、今度ばかりはベガのことが好きだなあと思いながら歩いていた。

と、そんなふうに日々、私は星々からスピリチュアルなメッセージを受信しながら行進していたのだが、肝心の氷床の終わりは一向に近づく気配は見られなかった。

いつもなら氷床の終わりが近づくと下りの傾斜が徐々に強まってきて、雪が少なくなって、ぼこぼことした裸氷地帯が現われる。だが、傾斜は一向に下がっていかず、平らなままだった。おかしいな、そろそろ下ってもいいはずなんだが……と疑問に思いながらひたすら歩いたが、状況はいっこうに変わることはなかった。

通常の明るい季節なら、氷床の雪面のはるか先にツンドラ大地の丘や谷がほんのりと見えてきて、それで大体の位置が摑めるのだが、すでに衰滅しきった月明かりにそれほどのパワーはなく、前方ではただ気味の悪い闇ばかりが空間全体をおおいつくしている。

行動終了後、テントを立てて中に入り、全身の衣類の内側にごっそりこびりついた霜を落とし、ようやく落ち着き、コーヒーを入れて、地図を見た。今日中にさしかかるのではないかと期待していた氷床の終わりを示す下り斜面は、まったく現われなかった。その気配すらない。おそらく昨日、一昨日と歩いた距離の目算が狂っており、想像より進んでいなかったのだろうと私は結論づけた。しかし、さすがに明日一日歩けば氷床を突破できるだろうと、そう思い直して寝袋に入った。

翌日は月の時間にあわせるのはやめて、通常の太陽時間にもどすことにした。月はまだ一応出ていたが、その光はもう無きも同然であり、それなら太陽の正中時刻に歩いたほうが、もしかしたら空がうっすら明るくなるかもしれないので、それを期待した。そして前日までと同じようにひたすら星を見ながら歩いた。残念ながら太陽の正中時刻になっても、空には期待したような薄明かりは広がらず、ほぼ真っ暗だった。世界は完全に一日中極夜の闇に閉ざされ、ただ星だけが瞬いていた。

星を見ながら私はまた妄想にふけった。暗くて、寒くて、何もない空間で単調な肉体運動をつづけていたので、気付くと意識が浮遊して思考が現実から乖離《かいり》してしまう。

出発直後の正面の星空で目立つのは馭者座のカペラだ。星々を政治的に支配する北極の権力者、夜空の内閣総理大臣である。カペラはその日もまた、ただ明るいだけの権力志向のつよい凡庸な光を放ち私をうんざりさせた。そのカペラを中心星とした五角形の馭者座キャビネットを眺めながら、私は、馭者座が内閣ということは要するに内閣府がある場所であるわけだから、あの辺が永田町・霞が関界隈ということになるなぁなどと、うすぼんやり夢想していた。

馭者座が永田町・霞が関界隈となると、当然、オリオン座は軍隊なのだから防衛省で、その場所は市谷ということになる。馭者座とオリオン座を見ながら、気付くと私は夜空の星々の相関図を東京の地図に当てはめて妄想するという、どうでもいい物語行為に没頭していた。偶然にも私はそのとき市谷の集合住宅に住んでいた。といってもオリオン座＝防衛省のある新宿区側ではなく、靖国通りをはさんで反対側の千代田区側だ。正確にいえば、馭者座が永田町・霞が関界隈であるわけだから、そこから文藝春秋の前を通過して麴町大通りを越えて日テレ通りをずっとオリオン座のほうに向かって行くと靖国通りにぶつかってJR市ケ谷駅前に着くわけだが、私の家はその手前を少し右に入ったあたりだった。

どこかその辺にそれっぽい星はないかなぁと星空を探していると、ちょうどいいのが見つかった。双子座のカストルとポルックスである。双子座は、それ以外の星が暗いため、この二つがならぶだけのように見える地味な星座だが、馭者座の左下あたりに端正に並んで輝いており、目立つ星座でもある。不思議なことにこの二つの星もベガ同様、どういうわけか以前から女性的なたたずまいをおびた星で、私のなかでは女星として扱われていた。私の家では妻と娘の二人の女が私の帰りを待っているわけだから、まさに双子座はわが家を的確にシンボル化した星と思われ、私はその発見を寿《ことほ》いだ。

その日から私は双子座を〈わが家星〉と呼んだ。そして双子座を見るたびに市谷の妻と娘のことを思い起こした。

奇遇にも〈わが家星〉は、私が昼頃出発するときにちょうど目の前にやってくる位置にあるため、私は朝、通勤のために家を出る感覚で——といっても普段の私は通勤などしていないのだが——、まずは〈わが家星〉を目印にして三百三十五度の方角に歩きはじめた。歩いているうちに天球は反時計回りに回転していき、そのうち〈わが家星〉は右上のほうにずれていき、目印となる星も変わる。双子座＝わが家星の後に目印となるのが大天使ミカエルこと北斗七星である。北斗七星は柄杓の先端から順にツーベ、メラク、フェクダ、メグレズ、アリオト、ミザール、そしてベネトナッシュと七つの星が順次つづき、東京周辺の相関図と絡めるとだいたい銀座界隈にあたるため、私は順番に右に移動していく七つの星を目印に変えながら銀座の七つの酒場をはしごして飲み歩く人気作家のごとき気分で行進した。そして北斗七星のあとに来るのが星々の中で私が最も格好いいと思う星、炎につつまれた孤高の赤色恒星アークツルスである。そして最後にまたあの麗しき女王ベガが絶好の位置にやってくる。ベガを目印にするのは深夜のことであり、時間的にはベガはもうベガというよりベガちゃんと呼ぶべき星になっていた。銀座七酒場をはしごしてその後に訪れた最後の店で、「ご指名は？」「えーとベガちゃんで」「本指名料が別途二千円かかりますが」「あーはい、分かりました」的な感じで、最後はベガちゃんをアフターに連れだすことに成功したイケてる男の心地で行動を終えた。
だが、それはいいとして、歩けど歩けど、結局この日も氷床行進に終わりが見られる気配はなかった。いい加減、今日は終わるだろうと思っていたのに終わらなかった。そしてその翌日も、さすがに今日こそは終わるだろうと思って出発したが、やはり氷床は終日真っ平らな状態がつづき、終わるどころか終わる兆候さえ見られなかった。

これはどう考えてもおかしなことだった。もう十二月二十三日だった。過去に私は氷床の同じルートを都合三回歩いていたが、いずれも三、四日で通過していた。たしかにそれは明るい時期の話で橇の荷物も多少軽かったので、今回はもう少し時間がかかるとは想像していたが、そうはいっても距離は五十キロほどしかないので最悪五日歩けば十分に越えられる。それがまるまる六日間歩いても下る兆しさえないのだ。

翌日も歩きつづけた。歩きながら私は何度も背後を振りかえった。背後の雪面は若干下っているように見えるが、もしかしたら下っていないかもしれなかった。というより、ひょっとしたらまだ登りなのかもしれない。月も消えたし、暗くて氷床の傾斜は視覚ではよく分からなかった。ただ肉体的な感覚としてはそれほど橇を重たく感じないので、やはり若干の下り斜面だと思うのだが、しかし、それが正しければ、この感覚は十二月二十日に氷床のピークを越えて下りに入ったと私が判断したときからつづいていたので、少なくとも四日ほど下っていることになる。だが、そんなわけはなかった。四日も下ればさすがにもう氷床は終わっているはずである。

終わるはずの氷床が全然終わらないことに、さすがの私も混乱し、星を見て阿呆な妄想にひたる余裕はなくなった。

もしかしたら進行方向が正しい方角からズレているのだろうか。

その不安を払拭することができず、私は何度も立ち止まってはコンパスの方角を確かめた。コンパスだけでなくウエストポーチから地図を取り出して、設定した三百三十五度という針路にまちがいがないか確認した。一日に五回も十回も確認した。それこそ穴が開くぐらい確認した。実際、何度も取り出すうちに地図の折り目に穴が開いた。しかしどれだけ目を凝らしても、地図に穴が開いても、設定した三百三十五度という針路の正しさと、自分がその正しい三百三十五度に的確に進んでいることを再確認できただけだった。

つまり私はコンパス的にはおおむね正しい方角に進んでおり、その正しい方角に一日七時間半から八時間歩いているのだ。体感的には時速二キロ近くは出ているだろうから、少なくとも一日十キロほどは歩いているはずである。それを一週間つづけていた。単純計算で想定移動距離は七十キロ。それなのにたかだか五十キロ少々の氷床が終わらない。計算上、どう考えても矛盾していた。だとすると論理的に考えて、やはり正しい方角に進んでいないということなのだ。私の針路はまちがっているのだ。

と思考は一周して元の位置にもどってきて、またコンパスと地図を見返すが、やはり針路は正しかった。

途中からもうわけが分からなくなってきた。もしかしたら自分はコンパスとか三百三十五度とかそういうレベルではなく、もっとちがう次元で根本的なまちがいをおかしているのではないか。たとえば北と南をとりちがえているとか……。あるいは出発した村がシオラパルクではなかった？　んな阿呆な。でも途中で何日か南北を完全にまちがって逆走したということはありうるぞ。と、頭の中ではそんなありえない不安までがわき起こってくる。闇の中で視覚情報が奪われることで、通常なら考えられない不安が心のなかに醸成され、それを抑えることができないのだ。一切無分節状態の混沌しかないこの闇の世界では言葉による論理など通用しない。それにコンパスも絶対とはいえなかった。コンパスは所詮、人間が発明した計測機器であり、故障や狂う可能性もゼロでない。

このとき唯一、信じることができたのは上空で細々と光る北極星だけだった。

私は何度も北極星を見上げた。

私はおおむね北緯七十八度近辺にいたので、北極星も高度七十八度の高さで輝き、事実上それは頭上なのだが、それでも完全な頭上ではなく天頂から十二度の角度をもって真北のほうに傾いているので、北極星を見れば真北の方角は確認できた。

私は何度も立ち止まっては右手を北極星に向けて高々と上げ、そして北極星が傾いている方角に向かって、できるだけ正確に鉛直に腕を下ろし、真北の向きを確認した。そこから自分の針路である三百三十五度の方角をあらためて確かめた。その結果、分かったことはやはり私がこれまで進んできた方角は正しいということだった。コンパスは合っており、私はほぼ三百三十五度の正しい方角に進んでいるものと思われた。だが、北極星で確認しても不安は払拭できない。正しいのならいい加減、風景に変化があってもいいはずだ。私は、明るい時期なら見える氷床の向こうのツンドラ大地の丘とか谷といった視覚情報が少しでも得られないか目を凝らしたが、やはり氷床の向こうは闇に呑みこまれ、底無しの暗黒となって消えているだけだった。

不安に耐えられなくなった私はまた北極星を見上げた。そして針路が正しいことを確認した。不安にかられては北極星を見上げ、右手を上げ下ろし、また立ち止まっては星を見上げ……ということを何度も何度もくりかえした。

このとき北極星は宇宙の軸、不動の一点として天空の中心に鎮座ましましており、完全に私にとってのポラリス神と化していた。北極星は天空の神として私が正しい方向に歩んでいることを啓示し、そして私はその啓示を受け取り安堵していた。それは〈見上げる〉というより、実質的には〈崇める〉という行為に属しているといっても過言ではなかった。

ポラリス神を見上げ、方向の正しさを確認するうち、私はある種の絶対他力の心境にさえなっていた。

つまり私は次の事実に気が付いたのだった。

過去の明るい季節の旅で私は自分の歩速感覚にかなり自信を持っていて、極地を歩くときはその歩速感覚をもとに距離を計算し、推測位置を決定し、そして実際これまではそこに大きな狂いはなく旅をつつがなく終えることができていた。それがこの広漠とした地をGPSなしで歩く自信の源にもなっていた。ところがそれは結局、ツンドラの丘とか氷床のまわりの山とか、そういう遠くの風景を目印にし、無意識のうちにその目印を支点にして、その方角から自分の推測位置を決定していたにすぎなかった。つまり完全に己の身体感覚のみを根拠にした推測ではなかったのだ。したがって今回のように闇によって視覚情報が奪われ、完全に身体感覚のみで判断しなければならない状況となった途端、私の推測は一気に狂いをきたし、実際よりも自分が進んでいるという誤断を下しつづけていたのである。

北極星がポラリス神として正しい方角を示している以上、まちがっているのは私の身体感覚のほうなのだ。歩きながら知覚する私の身体的な歩速感覚が、闇という特殊環境で狂ってしまっているのだ。である以上、〈氷床が終わらない↓ルートがまちがっているのではないか↓南北レベルのもっと根本的な取り返しのつかない絶対的ミスをおかしているのではないか〉という三段構造の不安を取り除くには、これまで判断のよりどころとしていた自分の身体感覚をおぼつかないものと認め、全面的に否定しなければならない。自分自身の感覚をもとにした判断を過ちの根源として滅却しなければ、正しいルートは見えてこない。つまり、ただただ北極星＝ポラリス神が正しいと示す方角だけを信じて、ある意味、盲信し、帰依し、ポラリス神の教えにすがって進むしかないのだ。そうしないと心のなかの不安を鎮めることはできない。

極夜の闇の中で私は己を捨て、星だけを信じなければならない状況になっていた。もしかしたら私はこのとき信仰というものの原初的形態を経験していたのかもしれない。

*

そんなある日、私は正体不明の火の玉を見た。

いったい自分はどこにいるのか、正しい方角に向かって歩けているのか。そんなことを延々と考えながら前方の星を見ながら歩いていた、そのときだった。左手前方数キロ先で、赤くて丸い炎のような光が一瞬、燃えあがるように強烈に煌めいたのだ。私は反射的に流れ星かと思って目をやった。実際、流れ星は頻繁に目にしており、綺麗な流れ星を一日に五回も六回も見ることもあった。だが、その火の玉は氷床のすぐ上で煌めいたので位置的におかしかったし、色も橙色系統で不自然だった。

火の玉は闇のなかで炸裂的な光を放ち、ぼわーっと燃えるように輝き、数秒後に消えてなくなった。

見えなくなったことで、あれは村の人間の灯りだと私はなかば自動的に確信した。それは、まちがいないことだと思われた。どういう理由か分からないが、村の誰かが何か用事があってアウンナットの小屋に犬橇で向かおうとしているのだ。火の玉は村人が橇の後部の取っ手にひっかけたランタンの灯りにちがいなく、橇が氷床の丘の陰に入ったので見えなくなったのだろう、とそう思った。

火の玉の正体が分かって私は猛烈にうれしくなった。そこに村人がいる。あの村人は自分と同じ方角に進んでいるようだから、そのうちまた火の玉は現われて、向こうもこちらの存在に気付き近づいてくるだろう。もちろん、こんな闇夜の中をGPS無しで移動しているはずがない。村人がやってきたらGPSの座標データを教えてもらおう。そしたら自分はどこにいるのか分からないという不安からようやく解放される。今の世の中、やっぱIT、ポラリス神なんかよりGPSのほうがよほど頼りになるよねーと、じつはそんなことを期待していた。

ところが火の玉はその後、現われなかった。何度も何度も火の玉が見えた方角を見やって歩きつづけたが、二度と煌めくことはなかった。

＊

ようやく氷床が下りはじめたのは十二月二十四日の行動終了直前からだ。翌日は停滞して、二十六日になると次第に傾斜は増していき、終わりが近づいてきたことを感じさせた。依然、右手の前方のツンドラ大地のほうは底なしの闇につつまれており何も見えない。だが、足元もそれまでの固い雪面から氷床末端に差しかかったことを示す、スキー場の上級者向け不整地斜面のようなぼこぼことした裸氷帯に変わった。ポラリス神の導きにしたがい針路はまちがっていないと信じたことで、ついに途は開けたのだった。そのぼこぼことした斜面を、私は橇を引きながら三百三十五度の方角に斜交して突っ切って下った。あとは懸案の氷壁になっているかもしれない最後の下りが待っているだけだ。傾斜がいよいよきつくなってきたが、斜面の下方はまだ闇に呑みこまれており、どこに氷床の終わりがあるのかはさっぱり見えない。末端が裸氷の氷壁になっていないか、と下のほうを気にしながら歩いていたら、凸凹の凸のほうを斜交する際に橇の一台がバランスを崩して横転し、取っ手にひっかけていた袋が外れて斜面をサーッとすごい勢いで滑り出した。

やばい！　反射的に橇に連結していたカラビナを外し、私は袋を追いかけて斜面を一気に駆け出した。袋は外側をすべすべしたビニールシートの生地で補強していたので、勢いがついて止まらず、あっという間に闇の彼方に消えていった。私も焦って五十メートルほど追いかけたが、ふと靴にチェーンスパイクをつけていないことを思い出し、もし滑って転んで滑落して下が氷壁になっていたら数十メートル墜落して死亡してしまう、と最悪の可能性に思い至り、その場できききーっという感じで急停止した。

袋の中には亀川・折笠の撮影班から託されていた一眼レフカメラや魔法瓶や防寒手袋など、致命的とまではいかないが、かなり重要な装備が入っており、失うわけにはいかなかった。私は一度橇にもどり、足にチェーンスパイクをつけ、橇にも急斜面用のブレーキ縄をひっかけ、絶対に見つけると心に誓って、袋が滑り消えた方向をヘッデンで照らしてゆっくりとくだりはじめた。

照明を当てても雪が堅すぎて袋が滑り落ちた跡はついてなかった。光の向こうには何も見えない暗黒がつづいている。ただ重力にしたがい私は鉛直方向に慎重に下りていった。すると七、八十メートルほど下ったところで、どういうわけか袋がピタリと止まっていた。私は思わず「うおっしゃあ！」と喜びの雄叫びをあげたが、同時にどうして袋が止まったんだろう、ここだけ平らにでもなっているのだろうかと不思議に思った。

近づいてみると、袋が止まったところはやはり平らになっていた。どうしてここだけ平らなんだろう、氷床の斜面の真っ只中に、なぜこんな平坦な場所があるのだろう、とあらためて疑問に思い周囲を確認してみると、足元の雪面に細かな砂利が混じっていることに気付いた。

砂利？　氷床に砂利？　もしや……とようやくピーンときて駆け出すと、袋の止まった場所の前方は平らな地面がつづき、砂利や岩がむき出しになっていた。

そこはもう氷床ではなくツンドラ大地に入っていた。

「うおっしゃああ！　氷床が終わったぞおっ！」

まだ下りはつづいているはずと思いこんでいただけに、私は喜びの雄叫びを再度爆発させて犬に抱きついた。事情の分からない犬はただ私の興奮に当惑するばかりだった。

何のことはない。滑り落ちた袋を追いかけて駆けくだった斜面が、私がずっと氷壁になっているかもしれないと恐れていた氷床の末端の斜面だったのだ。暗くて前方がまったく見えず、そこが終わりだったとは全然分からなかったのである。

闇迷路

私が極夜の世界に関心をいだくようになったのには一冊の本の影響があった。その本とは南極探検の古典アプスレイ・チェリー＝ガラードの『世界最悪の旅』である。英国の英雄的探検家ロバート・ファルコン・スコットの探検の全過程と悲劇をあますところなく記した歴史的名著といっていい。

一九一一年、スコットは四人の仲間とともに当時、世界でまだ誰も成しとげていなかった南極点初到達を目指して出発した。苛酷な寒さとうんざりするような氷河登りを乗り越え一九一二年一月十七日、彼らはついに念願だった南極点に到達する。ところが、そこで待ちかまえていたのは、テントやノルウェー国旗など先に到達した人間が残した一連の証拠だった。じつは同時期に南極点を目指したノルウェーの探検家ローアル・アムンセンが先に到達し、世界初の偉業を達成していたのである。しかもアムンセンはスコットに勝利宣言ともとれる残酷な手紙まで残していた。失意のもと帰路についたスコット隊を待ち受けていたのは、さらなる苦難だった。季節外れの寒さや吹き荒れるブリザード、隊員たちは手足の凍傷や体力の消耗に苦しみ、一人、また一人と雪原の中で倒れていく。そして最後は食料や燃料を配置したデポ地を目前にしてスコットら三人の隊員も力尽き、テントの中で絶命する。

まさに世界最悪の旅。私がこの本を読んだのは大学生のときに探検部の仲間と一緒に北京から四川省の成都へとむかう列車の中だったが、ここで描かれたスコットらの姿は、私にはちょっと異様に思えた。彼らは凍傷に苦しみ、ばたばたと倒れていく仲間の死を、とくに悲しむわけでもなく、きわめて淡々と、まるでその辺に転がる石のことについて語っているかのように記述していた。それだけでなく、やがて自らにも死が訪れることをも運命的に予期しており、かつそれを受容し、死の可能性がきわめて高いことを十分に理解したうえでこうした行為に出ている気配さえ感じられた。そうした彼らの姿に、なにか死というものに対してきわめて無関心になってしまった、ある意味で壊れた人間の不気味さを感じて、私は慄然《りつぜん》とした。私はこの本を読むことで極地とはそういう場所、つまり人間に死というものを強制的に受容させる恐るべき場所なのだという〈極地観〉をうえつけられたのである。

だが、この本が私に与えた影響はそれだけではなかった。この本の『世界最悪の旅』というタイトルだが、その由来については、たぶん誰もが、この隊が南極点初到達競争に敗れ、隊長以下五人の極点到達隊全員が死亡するという悲惨このうえない結末に終わったから世界最悪、というふうに考えるだろう。私も最初はそう思った。だがそれだけではない。じつはスコットらが極点を目指す前の冬に、本書の著者チェリー＝ガラードをふくめた三人の隊員が、当時生物学上の謎を解明するのに必要とされたコウテイペンギンの卵を手に入れるため、遠征隊の基地から百二十四キロ離れた岬まで決死の橇旅行を敢行している。南極の冬なので当然、真っ暗闇の極夜だ。じつはこの暗黒下におこなわれた橇旅行こそ、著者のチェリー＝ガラードに『世界最悪の旅』というタイトルをつけさせた要因だった。

この支隊の橇旅行はスケール的にはロス島という小島を舞台にした往復約二百五十キロ、一カ月強の小さな旅にすぎなかったものの、内容的にはたしかに世界最悪と呼ぶに相応しいものだった。最悪だったのはまず寒さだ。彼らは氷点下四十度どころか、氷点下五十度台になることもめずらしくない極寒の中で行動をつづけたが、それは毛皮靴の中で足が凍り、凍った足を解かすためだけに何時間も歩きつづけなければならないほどの寒さだった。帽子と頭が凍りついてくっついてしまうので、テントに入ってからしばらく経たないと帽子を脱ぐことさえできなかったという。不用意に身体を動かすと毛皮服まで変な形で凍結して固まってしまう。もちろん手足の凍傷には常に苦しめられる。彼らが経験した寒さはこのような異次元のものだった。

だが、この旅が世界最悪だったのは寒さよりもむしろ暗さのせいだったと、当のチェリー＝ガラードは書いている。極夜の闇は緯度によって全然ちがって、極夜といえども緯度が低ければ日中はかなり明るくなる、ということはすでに書いたが、この極夜隊の旅の舞台となったのは南緯七十七度三十分～五十分とシオラパルクと変わらない高緯度地方で、日中も太陽の光の影響のとどかないまさに真の極夜の地だった。それにくわえて出発が冬至直後の六月二十七日、帰着が八月一日と、旅がおこなわれたのも極夜の季節の中で一番暗い時期である。しかも、当たり前と言えば当たり前だが、彼らの装備にはヘッドランプや懐中電灯といった電池で動く照明器具がなく、明かりといえば月明かりとロウソクだけ、つまり後期旧石器時代人とさしてかわらぬものしかなかったのだ。そのため彼らには橇の引綱も見えなかったし、ストーブがどこにあるのかも分からなかった。コンパスを読むにも、いちいちマッチの箱を探さなくてはならないし、何もかも見えないせいで朝起きてから出発するまで四～五時間という長い準備時間を必要としたという。

チェリー゠ガラードは次のように書いている。

〈エバンス岬からクロジール岬までの旅には、一九日のおそろしい日を費やしたが、それは体験してみなければわからないことである。もう一度これをくりかえそうという人間は愚の骨頂である。それは筆舌に尽しがたいものであった。（中略）わたしは一度は、もし大した苦痛なしに死ねるのであれば、死んでもかまわないと思うくらい、つらさの頂上にきたことがある。（中略）われわれをそんな目にあわせたのは暗黒であった〉（加納一郎訳）

このような極限的な寒さと暗さに直面したため彼らは一日にせいぜい十キロぐらいしか進めなかった。十キロどころか三キロとか四キロしか進めない日もあった。ブリザードにテントが吹き飛ばされて見つからなくなり、冗談抜きで死に直面したこともあった。私はこの旅について、スケール的に往復二百五十キロ、一カ月強の小さな旅と書いたが、おそらく当時の装備でこの極寒、暗黒の極夜世界を旅するのはこの二百五十キロ、一カ月強というのが人間という生き物にとっての生理的限界だったのかもしれない。

この極限の世界を行くスコット支隊の記録に、大学生のときの私は強烈な印象を受けた。地球上にこのような冥界とでも呼び得る暗黒空間があることに驚いたし、同時に——コウテイペンギンの卵を手に入れることが科学の大いなる前進につながるという崇高な大義名分があったにせよ——この死の世界に進んで飛びこむ奇特な人間がいることにも理解のしがたさと、薄気味の悪い畏怖のようなものをいだいた。だがその衝撃は十年、十五年という長い潜伏期間を経るうちに、私の中で、壊れた人間に対する薄気味の悪い畏怖から、彼らが経験した闇の世界とははたしてどのようなものだったのだろうという純粋な好奇心に変わっていた。自分自身、登山や探検の経験をつむことで、極夜を異次元の世界から探検の現実的な対象と認識できるようになったことも大きかったと思う。読書で受けた極夜世界の強烈な印象は、知らぬ間に負から正に転換し、いつしか私は極夜世界に未知の魅力と憧憬をおぼえるようになっていた。

当然のことながら、自分で極夜世界を探検することを決めてからはスコット支隊以外にめぼしい記録がないか調べた。しかし、やはり彼らほど闇の深い時期と地域で旅をした記録はほとんど見つからなかった。たとえば植村直己は有名な北極圏一万二千キロの旅の途中で二度、極夜の北極圏を犬橇で旅しているが、一度目（一九七四年〜七五年）は北緯六十八度から六十九度から七十三度近辺、二度目（七五年〜七六年）は北緯六十八度から六十九度と、舞台となった場所は比較的低緯度でスコット支隊ほどの暗黒世界は経験していない。実際、植村は著書のなかで極夜の暗さゆえの不安や恐れをほとんど書いていないし、彼が二度目の冬を過ごしたカナダ・ケンブリッジベイの周辺は私も冬至をはさんで約一カ月間徒歩旅行をしたことがあるが、この程度の緯度だと昼間の四、五時間は明るくなるので極夜感は正直、薄い。

また南アフリカ出身で北極圏一周という遠大な旅をおこなった冒険家のマイク・ホーンも二〇〇二年十二月下旬に北緯七十三度のカナダのアークティックベイから橇を引いて南下しているが、これもそれほど高緯度地帯ではなかった。さらにマイク・ホーンは二〇〇六年冬、世界最強の極地冒険家との呼び声が高かったノルウェーのボルゲ・オウスランドと組んで極夜期間に徒歩で北極点に到達するというとんでもない冒険行を成功させている。これはおそらく北極点をめぐる冒険史上でも一、二を争う困難な偉業だったと思うが、こと極夜の暗さという観点で見れば、出発が一月二十二日、到着が三月二十三日なので、おそらくもうかなり明るい時期に入っていた。このように現代の冒険とくらべても、『世界最悪の旅』のスコットのペンギン支隊はもっとも濃密な闇空間を経験した記録だったと考えられるのである。

ただ、彼らと比肩し得る極夜旅行がまったくないわけではなかった。それはスコットの探検よりもさらに時代を遡った十九世紀末、北極点初到達者として著名な米国の探検家ロバート・ピアリーによる極夜犬橇行の記録である。ピアリーが北極点に初到達したとされるのは一九〇九年四月だが（ちなみに厳密にはピアリーはこのとき極点に到達できていなかったとする考えが有力になっている）、究極の極夜旅行をおこなったのはその十年前、彼がはじめて北極点到達を試みた一八九八年から九九年にかけての遠征においてである。

その旅は次のようなものだった。

ピアリーは一八九八年の夏、カナダ最北部にあるエルズミア島まで蒸気船で北上し、ドゥルビル岬という七十九度三十分の地点で浮き氷に前進をはばまれ停泊を余儀なくされた。だが人類初の北極点到達の野望に燃えるピアリーはその程度の障碍で探検をあきらめるような男ではなかった。彼は極点に向けて少しでも前進するため、秋から初冬にかけて、グリーンランドから同行させたイヌイットたちに狩りをさせて麝香牛《じゃこううし》や海象《せいうち》の肉を備蓄する。そして極夜の闇がもっとも深くなる十二月から一月の間に、約三百三十キロ先にあるコンガー基地という、かつての遠征隊が建てた探検用の小屋まで物資を運び、根拠地を前進させようと考えた。

当然のことながらこれほどの高緯度地域で、しかも冬至のど真ん中に旅をしようというのだから人類未経験の旅の戦略が必要とされた。ライル・ディック『マスクオックス・ランド』によると、ピアリーはこのとき、後に〈極地法〉という名で知られるようになる前進システムを実験している。彼はまず十一月下旬の月明かりが利用できるときに、イヌイットに二台の橇で先行させ、途中にイグルー（雪の家）を作らせてドゥルビル岬から百キロ先の岬まで物資を運ばせた。そして月が姿を消す一番暗い時期を橇や装備の修繕にあて、ふたたび月が出た十二月二十日にピアリーら本隊二人とイヌイットの同行者四人がドゥルビル岬を出発した。日中もまったく太陽の光を享受できない完全な極夜にくわえて、ルート状況が絶悪なことも彼らの旅を困難にした。エルズミア島は断崖が切りたち、そのせいで海岸に沿ってできている定着氷は幅がせまく、うねうねと曲がりくねっている。こうした場所では定着氷の上を進んでいても、途中で必ずといっていいほど潮の圧力で巨大な海氷がのりあがっており、行く手をさえぎられる。そうなると定着氷から海氷に下りなければならなくなるのだが、しかし定着氷と海氷の間は潮の干満で氷が割れるので、ぐさぐさのひどい乱氷帯が待ちかまえている。彼らはこうした前進が著しく困難な氷の状況の中を、月明かりだけを頼りに、斧で氷をかち割りながら前進しつづけた。

〈ローレンス岬の北の定着氷の状態はひどく荒れており、それが橇での前進を著しく耐え難いものにさせ、凍てつく北風が彼らの前進を何度も止めた。ピアリーは二人のイヌイットと数頭の犬をデフォッセ岬の近くで待たせることにした。食料が尽きかけ、月の明るさが急速に衰える中、ピアリーの集団はよろよろと乱氷帯を越えてバイルド岬にたどり着き、そこで雪がくぼんでできた穴の中で数時間眠り、そしてレディーフランクリン湾のぎざぎざに突き出した多年氷を越えた。十八時間後にこの湾の北側に到着するまでに一頭の犬を殺して食料にし、他の衰弱しきった九頭の犬を壊れた橇と一緒に置き去

りにした〉（『マスクオックス・ランド』筆者訳）

一月六日にピアリーは目指すコンガー基地にたどり着いたが、この極夜行を強行したことで彼が支払った代償は決して小さくなかった。十本の足の指のうち八本がカチンコチンに凍りつき、北緯八十一度四十五分という超極北地の、医療施設などない粗末な木造小屋で切断手術を受けることを余儀なくされたのである。

旅行自体は極地での生活技術のプロであるイヌイットの力に頼り切っているとはいえ、ピアリー隊のこの旅は、極夜の暗黒下における人間の行動という点においては人類史上随一のものだった。そしてそのピアリーの極夜行の舞台は、私がこのとき闇の中で彷徨《さまよ》っていたグリーンランド北西部と海を隔てて対岸にあたっていた。つまり、ほとんど目と鼻の先、私は彼とほぼ同じ緯度の場所で、ほぼ同じ時期に、ほぼ同じ暗黒の中を前進していたのだった。

ピアリーが仲間とともにドゥルビル岬を出発したその日から百十八年と六日後、私はついに暗黒の氷床を越えてツンドラ大地に飛び出した。

＊

氷床が突如終わりをむかえ、私はなかば放心したように闇の虚空を見つめていた。月もなく、太陽の光の残滓《ざんし》さえも感じられず、目の前のツンドラ大地にはただ深く、底知れない闇だけが広がっている。

信じられないことに、四、五日で終わると想定していた氷床越えに、私は停滞をふくめて十日もかかってしまっていた。氷床を移動している間は、本当に自分は正しい方角に進んでいるのかと終始不安だったので、とりあえずその不安からは解放されて、私はかなり安堵していた。

しかし、不安から解放されたといっても、それは南と北をまちがっているのではないか、自分はとんでもない方向に進んでいるのではないかという極めて大きなスケールの不安から解放されただけの話で、アウンナットの小屋へ向かう正しいルートに入りこめているのかという、もう少し小さなスケールでいえば、それは全然分からなかった。言いかえれば、私は三百三十五度の方角で進んできたつもりだが、本当に三百三十五度の方角で進めていたのかどうかは不明である。というのも三百五十度で進んでいようと、三百十五度で進んでいようと氷床は越えられるからだ。つまり、私は相変わらず自分がどこにいるのかはよく分かっていなかったわけだ。

しかしどこにいるのか分からないと嘆いたところで仕方がない。一応、三百三十五度で下りてこられたということを前提に、この先のナビゲーションを組み立てることにした。

ツンドラ大地を約三十キロ進むとアウンナットの無人小屋だ。通常時のルート取りは、氷床を下りたところから真北に進むと、〈ツンドラ中央高地〉と私が呼ぶ比較的標高の高い丘陵地が見えてくるので、まずはそこを目指す。〈中央高地〉の最高所に出ると、そこから西に下りる谷があるのでそれを下る。谷は次第に大きく広がり右手にゆっくりカーブを描いて無人小屋のある海岸に下っていくが、しかしこの谷は最後に滝が現われるので、海岸の手前で左手の小さな鞍部《あんぶ》を乗り越えて支流から下らなくてはならない、というわりと複雑なものとなる。

ツンドラ大地は地図を見ると谷や丘陵地が入り組んでおり、地形的特徴に富んでいるように見えるが、実際は非常に平坦で、たとえば地図上で川の流れが示された谷の中に入りこんでも、どこが谷なのかさっぱり分からないほど平坦である。明るい時期でもその調子なので、月さえ沈んだ極夜の、しかも冬至の、いわば地球上で一番の暗黒空間でこの複雑なルート取りができるかといえば、それはほとんど不可能と考えられた。

というか私は自分がどこにいるか定かでなかったので、いつも通り真北に行っていいのかどうかさえ不明だった。

とはいえ行かなくてはならない。月はすでに沈んでおり、暦を見ると新年になって一月二日になるまでは出てこない。出発前はピアリーのように月の出ない暗い時期は前進せず停滞するつもりでいたが、ここまで行程が遅れるとそんな悠長なことは言ってられなかった。

氷床を下りて少し進むと、雪が堅く締まった道のような雪面がつづいていた。ヘッデンで照らすと周囲はわずかな土手になっているようで、どうやらその道のような雪面はどこかの谷の源頭のようだった。両岸の土手の表面は小石でおおわれた地表が風に吹き曝されて露出しており、橇を引くと難儀しそうだ。それに対して谷を歩くのは非常に快適なので、おのずと私はこの谷を進んだ。谷の幅は五メートルほどで、奇遇にもしばらく真っ直ぐ北に向かっており、私の針路とも一致していて都合がよかった。

いったいこの小谷はどこに向かうのか。当然、気になるのはそこだった。できればこのままどこまでも都合よくつづいてほしい。デンマーク・グリーンランド地理測量局作成による二十五万分の一の地図を見てみると、この谷に該当する可能性のある北向きの谷は三本あった。

そのうち二本は隣接しており、いずれも北西のForce湾という海にながれこむ大きな谷の源流部にあたっている。この源流部は過去の明るい時期の旅で通過した場所でもあったので、もし私がこの二本のうちのどちらかに入りこんでいるのであれば、正しいルートを大きく外していないことになる。つまり氷床を目論見通り三百三十五度の方角で進めていたことになる。したがって、このまま谷を北に進んで本流と合流したところでそのまま真北に突っ切れば、そのうち目印となる〈ツンドラ中央高地〉に出るはずだ。

一方、三本のうちの残りの一本に入りこんでいれば厄介だった。この谷は、ほかの二本の谷から東に十五キロ離れたところにあり、Tufts川という谷の源流にあたっていた。このTufts川を真っ直ぐ下るとアウンナットの小屋の東側の入り江に出るのだが、この入り江の地形は非常に複雑で、暗闇の中でこんな場所に出たら絶対に混乱してわけが分からなくなると断言できるほど入り組んでいる。もちろん、正解ルートである他の二本から十五キロもズレているわけだから、もし私がこのTufts川源頭に入りこんでいるとすれば、氷床を三百三十五度ではなく三百五十五度と二十度も東にズレていたことになるわけで、さすがにそこまでの誤差を抱えたまま氷床を歩きつづけていたとは考えにくい。だが、その可能性もゼロではないと思えてしまうほど、このときの私は自分の位置決定に自信をもてなかった。

しばらく真北に下っていくと、谷は何度か左右に屈曲して砂利の広がる浅瀬となり、周囲の土手がなくなった。ヘッデンで辺りを照らしても谷がどこに流れていくのかさっぱり分からない。谷を見失うと他に地形的な手がかりは何もなくなってしまう。地図を見てうだうだと色々可能性を検討したが、結局、暗くて視界もゼロで、私は自分がどこにいるのか見当もつかないまま砂利の地面にあがり、強引に橇を引いて真北に向かわざるをえなくなった。

途中で一泊し、翌日は目印となる〈中央高地〉の丘の稜線が見えることを期待し、一番明るくなる昼すぎにテントを出た。太陽の光で少しは地形が分かるかと思ったが、外に出てみると、地平線のはるか下にある太陽から発せられる極めて脆弱な薄明るさが、南側の氷床の一部にほんのり滲みだしているだけで、事実上暗黒。とくに私が向かう北方面は完全に闇に閉ざされており何も分からなかった。

氷点下三十五度。連日、氷点下三十度以下の日がつづいたため、いい加減身体も慣れたかと考え、この日は毛皮ズボンから動きやすいゴアテックスのパンツに切りかえたが、ゴアではまだ寒く、足の指先がなかなか温まらない。そのうち小雪が舞い出し、星も見えなくなった。

しばらく下りがつづいたが、やがて急な上りとなり橇を一台ずつ分割して越えた。その後、ふたたび下りになりそうな気配のところでこの日は終了した。テントに入って行動着を脱ぎ、汗が内側で結露してできた大量の霜を払い落し、コーヒーで一服してあらためて地図で位置を検討する。ツンドラに突入してから地面は下りから上りになり、また下りに変わった。それに該当する地形を地図に探すと、いつもたどる正解ルート付近にそのようなアップダウンがあった。それに行動中も常に背後の地形に注意してきたが、全体的になだらかに西のほうに下っているように見える感じがしたので、それも正解ルートと矛盾しない。

やはりほぼ正解ルート上にのっているのではないだろうか……と私は少し自信を深めて寝袋に入った。

ところが翌日出発するとすぐにまた混乱におちいった。前日の私の推測位置が正しければ、この日は出発してから少し下って、また上りに入るはずだった。ところが実際はそうならなかった。どういうわけか出発してから延々と下りがつづいたのだ。おかしい、やはり正解ルートを外しているのか？

昨日は下りから上りになった。そして今日はずっとなだらかに下りつづけている。私は何度も地図を出しては適合しそうな場所がないか探した。だが、正解ルート周辺にそのような地形の場所はなかった。試しに時計の高度計をつけてみたが、わけの分からない高度を表示していて役に立たない。高度計とは要するに気圧の変化を高度表示に数値換算しているだけなので、低気圧や高気圧が来たらすぐに狂ってしまうのである。

周囲の地形はまったく見えず、高度計も参考にならない。暗闇の中ではヘッデンをつけても、照明の当たっているところが分かるだけで、全体的な地形をつかめるわけではない。地形が見えないので、上りか下りかというのも、私は、足裏の皮膚感覚や橇が重いか軽いかなどといった身体感覚をもとに判断していた。だが、混乱すると、それもどこまで正しいのか自信が持てなくなってくる。足裏的には下っているように思えるが、もしかしたら上っているのかもしれない。上っているように感じられる場所も、じつは下っているのかもしれない。それに、正解ルート近辺にここまで適合した地形が見当たらない以上、本当に西側の Force 湾に流れる大きな別の谷の水系に入りこんだか、あるいは東の Tufts 川水系に入りこんでいる可能性も考慮しなければならない。この二本の谷はそれぞれ流れ下る方角がちがうので、その谷筋の傾く方角を基準にして判断すればどちらの谷にいるかぐらい分かりそうなものだし、実際、明るい季節なら分かるだろう。だが、現状としてこれだけ暗くて平坦な地形にかこまれていると、谷がどちらに向かっているかを橇引きの重さと足裏感覚だけで正確に判断するのは極めて困難なような気がするし、もしそうであるなら、この二つのまちがった谷にはまりこんだとしても、そのまちがいに気付かないまま居場所をうしなった状態で突き進むことになる。それで小屋まで行けるのだろうか……。

暗闇の中で少しでも地形を読み取ろうとして、また地図を見た。何度も必死にそれをくりかえすうち、周囲のあらゆる地形がべったりと平らに闇の中に吸収されており、それがあまりに曖昧なものだから、目の前の風景が地図上のどんな場所にも適合し得るように思えてくる。

いったい自分はどこにいるのか。私は夢幻境を彷徨っているような心境になってきた。今は下っているように思えるが上っているのかもしれず、右手側が地形的に高く左手側が低いような気がするが、あるいはその逆かもしれなかった。月明かりもなく前方はうっすらと靄がかすみ、距離感もまったくつかみどころがない。私を取り巻く世界はすべてが不確かで確固としたものは存在せず、歩いても視認しても暖簾に押した腕のように外の世界からの手応えはなかった。ぼわーっとしていて何も分からない。私は幽体離脱者のように、実体があるのは己だけで周囲はすべて幻、みたいな感覚で、ただコンパスをみて真北に向けて歩きつづけた。

氷床では一定の方角に進めばよかったので星が神のごとき力を発揮したが、ツンドラになるとそれよりも地形を読まなければならない。私も旅をはじめる前は最悪、コンパス通りに進めば何とかなるだろうと思っていたが、実際に来てみるとそんな甘いものではなかった。たとえばコンパスや星だけを頼りにツンドラを真っ直ぐに進むと、谷筋を外して石がごろごろ転がる地面に乗りあがるので橇を全然引けなくなってしまう。それにグリーンランドは地形的に海岸の手前で数百メートルの断崖が連なっているので、いずれはその断崖にぶち当たる。そうなったら下りられるポイントを探してさらに石がごろごろしたツンドラ大地をうろうろ彷徨することになりかねず、デポ地に着く前に手持ちの食料が尽きて野垂れ死にしてしまうかもしれない。岸沿いが断崖になっているせいで内部の平坦なツンドラから海に出るルートはかぎられており、そのルートに正しく入るためには地形を読んで自分がどこにいるか常に把握しながら進まなければならないのだ。

あやふやなまま前進して変なところに出たらどうなるか、と考えると恐ろしくなってきた。これだけ暗いと、変なところから海岸に出ればおそらくアウンナットの東に出たのか西に出たのかさえ自信が持てないだろうから、その場合は海岸をひたすら東に向かって五十キロ先にあるイヌアフィシュアクのデポ地を目指すよりほかなくなる。どんなにナビゲーションが狂っていてもイヌアフィシュアクの西側に出ることはまちがいないので、海岸を東に向かえばいずれはイヌアフィシュアクには着く。だがイヌアフィシュアクに着いてもデポ地を本当に見つけられるかどうかは別問題だ。これだけ暗いとデポが見つかる前に食料が足りなくなり撤収に追いこまれるということも十分考えられる。村からアウンナットまで二週間で着く見こみだったのに、すでに二十三日目に入っているのである。

私は自分がまちがったルートにはまっていることを前提にしながら、つねに雪面の傾斜角を足裏感覚的に把握しようとつとめて進んだ。たとえば、もしTufts川水系に入りこんでいるとしたら、距離的にはこの支流あたりに来ているはずだから、その場合は足元の雪面はこっちの角度に傾斜していくだろうけど、今はそうはなっていないからちがうかな、という感じである。想定できる最悪の状況をすべてシミュレーションしておかないと、この暗黒空間の地形読みには対応できなかった。

そのうち地面はアップダウンをくりかえし、足裏感覚的に小さな谷の源頭を何本か横断したような感触を得られた。私はよりいっそう足裏感覚を鋭敏に研ぎ澄まし、雪面の向きを読みとろうとした。そのうち足元は雪の少ないガレ場となり、目の前の闇の奥にガレが堆積したような小ピークが現われた。

ピークの麓に近づくと、足元の雪面に兎の糞と足跡が広がっていた。と思ったら、二羽の兎が目の前を横切って闇の中に消えた。

この小ピークと兎の痕跡を見たとき、突如、過去の記憶が呼びもどされた。この感じは、もしかしたら〈ツンドラ中央高地〉に入ったのではないか……。

私は過去、明るい季節に〈中央高地〉を三度越えた経験があったが、この小ピークのガレの感じと、兎の糞のばらつく感じと、地面の砂利の感じが、脳内の深層に宿された〈中央高地〉の記憶映像とかなりの精度で一致しているように思えたのである。それは単なる感触だったが、この感触にはかなり自信を持てた。

地図を見ると一本のラインがみつかった。仮に私が氷床の末端からそのラインを通って〈中央高地〉の一角に到達したと仮定すると、これまで私が足裏的に感じていた地形のアップダウンはそれに適合した。それは過去の明るい時期に通った完全な正解ルートより二キロほど西にズレてはいたが、まだ全然修正可能なラインだった。

行けるんじゃないか。

足裏感覚と記憶と地図の三者の辻褄が合致し、そんな前向きな気持ちになってきた。僥倖は重なるもので、いい気分でテントを立てていると、兎のつがいがふたたび目の前に現われた。

獲物だ。兎は二十メートルほどの至近距離にいた。しかし、暗い中で獲物を狙うのははじめてだ。私はヘッデンの光で銃砲の先端にある照星と照門をあわせて、さらにその先に兎が重なるように銃砲を微調整して狙いをさだめた。慣れないと至難の業だが、途中で何度か練習していたので、わりとスムーズに狙いをさだめることができた。引き金を引くと、銃声が静寂を突きやぶって闇の中で反響した。幸運にも弾は脚の付け根あたりに命中し、兎は配線のショートしたロボットのように制御不能なうごきで踊り跳ねた。右の方向に走り出した兎にもう一度狙いをつけ、引き金を引くと、急所に命中して兎はその場でひっくり返ってぴくりともしなくなった。

銃声を聞いた犬が新鮮な肉を食える興奮でウキャン、ウキャン鳴きはじめて兎の死骸に飛びつこうとした。これまで百日近く旅をともにしてきたので、この犬は私が銃声を轟かせると旨い肉が食えるかもしれないことを知っているのだ。私は犬の動きを制し、すぐにその場で獲物の皮を剝ぎ、ナイフで解体し、内臓と頭を犬に与えた。犬は暗闇の中で目を光らせてじつに旨そうに貪りはじめた。

＊

その後も悪くない感じで地形は推移した。

前日見えたガレの小ピークを右から越えてさらに北に進むと、西に下っていく小さな谷が左手に現われた。そのうち東のほうに別の小ピークがあるのが薄ぼんやりと見えてくる。これだけピークがあるということは、やはり〈中央高地〉でまちがいない。砂利混じりのザレた雪面を突っ切ると、また西に向かって下っていく谷が現われた。もし自分の地形読みが当たっていれば、この谷を下れば完璧な正解ルート、すなわちアウンナットに向かう谷に入りこめるはずだ。その推測はおそらく七割方まちがいないと思われたが、それでも完璧に読み切れている自信はなかったので、安全策をとってそのまま北上した。そのうち砂利混じりだった足元がだだっ広い雪面に変わり、しばらくすると両側が小高い尾根にかこまれて門のように狭くなったところを通過した。どうやら私はどこかの谷に入りこんだようだった。

翌日の出発時、背後の南側の様子を確認すると、前日越えた門のようなところが地平線の下から染み出てくる陽光の痕跡のような薄明かりに照らされて、ぼんやりと姿を現わした。

どこかで見た光景のような気がしたが、よく分からないのでそのままスルーした。そしてそのまま前日入りこんだ谷らしき雪面を下った。しばらく進むと谷はきわめて広大無辺なだだっ広い感じとなり、暗くて雪も降りはじめ、ふたたびよく分からない状況となった。夏の間は水が流れているだろう谷筋を歩いているつもりだったのが、谷があまりにも広漠としているため、いつのまにか岸にのりあげて尾根に向かってぐいぐい登っていたりする。岸の傾斜もきわめてなだらかなので、自分が谷からのりあがっていることとさえ分からない。

何度も岸の斜面に迷いこむうち、もしかしてここはもう谷ではないのではないかと、そんな錯覚さえおぼえた。

私はヘッデンの光量を最大にして谷筋をなんとか見極めて下った。谷筋の水が流れるところは雪が固く、他の雪面とちがって表面がぼさぼさしていないので慣れると分かる。谷筋を外すと気付かないまま陸地にのりあげて変なところに出てしまい、そのまま海岸の断崖に出てしまって行き詰る、というのが怖い。だから谷筋をしっかり見極めなければならない。集中して歩いていると後ろからゼーハーゼーハーという犬の荒い息づかいが聞こえてきた。雪の降りしきる真っ暗な闇のなかで、私はヘッデンが照らす雪面の一点を注視しながら、犬の呼吸音のリズミカルなサウンドに乗って単調な肉体運動をつづけた。暗闇という一種の閉鎖空間、ヘッデンの照明部分しか見えていないことによる視野狭窄《きょうさく》、単調運動の継続作用等々のなせる業か、そのうち私の集中力は変に高まり、意識が軽いトランス状態に移行して、サバイバル除雪のときと同じように闇のなかで一心不乱に行進することが妙に快感になってきた。

と同時に、たしかに俺は今、極夜世界の深部に入りこみつつあるという感覚があった。氷床行進中から延々とつづいてきた、この茫漠とした、とりとめのない、まったく不確かな感じ。闇によって視覚情報が奪われることで、己の存在基盤が揺るがされる感じ。普段の生活で意識せずに享受しているがっちりとした揺るぎない世界から浮遊し、漂流している感じ。それらの感じから感じられる己の命の儚さや心もとなさ。ここにこそ極夜世界の本質はあるのかもしれない。

歩きながら私はこんなふうに考えていた。

人間が本能的にもつ闇にたいする恐怖は、よく言われるように原始時代に野生動物に襲われたときの記憶が集合的無意識に残っているから、とかそういうことでは多分なくて、単純に見えないことで己の存立する基盤が脅かされていることからくる不安感から生じるのではないだろうか。

この現実の経験世界に存在するあらゆる事物と同様、人間の存在もまた時間と空間の中にしっかりとした基盤をもつことではじめて安定する。安定するためには光が必要である。なぜなら光があれば自己の実体を周囲の風景と照らしあわせて、客観的な物体としてその空間の中に位置づけることができるからである。たとえば周囲の山の様子が見えれば、あの山とこの山の中間ぐらいに自分は立っているというふうに、今の自分の空間的位置づけを客観的かつリアルな実体として把握することができるだろう。そしてリアルに空間把握できれば、あの山とこの山の中間にいるから、今日はその間の川を下って海に釣りにでも行こう、などと未来の自分の行動を組み立てることもできる。このように具体的に未来予期できれば、少なくともその予期している期間は、自分を生きている実体として想像できるわけだから、その間は死の不安から解放される。このように光があると人間の存立基盤は空間領域において安定し、同時に時間領域においても安定し、心安らかに落ち着くことができる。光は人間に未来を見通す力と心の平安を与えるのである。それを人は希望という。つまり光とは未来であり、希望だ。

ところが光がないと、心の平安の源である空間領域におけるリアルな実体把握が不可能となる。周囲の山の様子が見えないと、当然、自分が今どこにいるか具体的に分からない。居場所が分からなければ、近い将来、正しくない場所に行ってしまったり家に帰れなかったりする危険があるわけで、その結果、具体的な未来の自分の行動が予期不可能となり、明日生きている自分をリアルに想像できなくなる。つまり地図の中で自分の居場所が分からないと、単に空間的な存立基盤を失うだけでなく、自分の将来がどうなるか分からなくなることになり時間的な存立基盤も同時に失うわけだ。つまり闇は人間から未来を奪うのである。

闇に死の恐怖がつきまとうのは、この未来の感覚が喪失してしまうからではないだろうか。闇は人間の歴史のなかで常に冥界や死と関連付けられてきたが、その恐怖の本質は闇そのものにあるのではなく、自己の内部で漠然と構築されていた生存予測が闇によって消滅させられてしまうことにあるのだ。

氷床行進中から私には、普段の光ある日常では当たり前のものとして意識もしてこなかった、がっちりと安定した世界から自分が断ち切られて、浮遊しているような、半分幽体離脱者みたいなエクトプラズム感がずっとあった。糸の切れた凧というか、生きているけど俺は霊魂みたいな、自分の意志とは無関係に漂っているなぁ〜という感覚である。この感覚にこそ極夜の本質、すなわち極夜性はあるのかもしれない。極夜の極夜性は、暗い闇という外界の現象の中にあるのではなく、外界の現象を受けてわきあがってくる私自身の心理状態の中にある。極夜を適切に怖い、不安だと思い、月光の存在にすがったり、北極星を絶対無比の拠り所としたり、足裏感覚などという普段ならまず意識しないような身体感覚で地形を読み取ろうとしたりして必死にもがいているということは、それだけ極夜世界にしっかり入りこめていることの証なのだ。

ある意味、ぞくぞくした。この永続する不安感は探検がうまくいっている証拠なのである。

　今回の探検は一応、北極海を目指すという地理的な到達点をひとつの目標にしているが、真の目的は地理的にどこかに到達することではなく、極夜世界そのものを洞察することにあった。探検・冒険行為の核は脱システムすることにある。常識や科学知識や因習や法律やテクノロジー等々の諸要素によって網の目のごとく構成されているこの目に見えない現人間界のシステムの外側に飛び出すこと。それこそが冒険と呼ばれる行為の本質であり、そのシステムの外側の領域で何がしかを探索することが探検と呼ばれる行為だ。昔の探検は地理的探検にしばられていたので、地図の空白部を目指すことや未接触部族を発見することばかりを目的としていた。実際、地図は人間界のシステムを空間的に可視化したメディアなので、地図の外側に行くことはすなわちシステムの外側に出ることに等しく、たしかにそれは冒険であり探検だった。しかしもう二十一世紀に突入して十六年目、さすがに本物の地理的空白部や秘境はほぼ消滅し、百年前の未接触部族も子供の誕生日にスマホをプレゼントする時代に入っている。シオラパルクのイヌイットもみんなフェイスブックをやっていて、フェイスブックをやっていない私は、何でお前はこんな便利なもの使わないんだ？　と逆に訊かれる。そんな時代に地理的探検などさすがに無理があるし、それをやったところであまり面白くない。いや、実際には多分面白いのだろうけれど、作家・探検家という肩書で行動者であるとともに、表現者としても活動している私としては、古い地理的探検にこだわっても新しい探検表現にはならないので、その意味で面白くない。では古い地理的探検にかわる新しい探検のテーマとして何が考えられるのか、となったときに、ピンと閃《ひらめ》いたのが極夜世界の探検だった。

　毎日、太陽が昇り、夜は人工灯にかこまれ、常時、明かりの絶えないシステムの中で暮らす現代人にとって、二十四時間の闇が何十日間もつづく極夜は想像を絶する世界であり、完璧にシステムの外側の領域である。わけの分からない世界である。極夜世界においては、極夜そのものが未知であるのはもちろんのこと、極夜に付随する諸々もまた現代人にとっては未知である。現代人は常に明かりにかこまれ、人工的に発生させたエネルギーで文明生活を享受し、その意味で知覚能力および感受性が鈍磨しているため、夜、昼、太陽、月、星、光、闇といった現象や天体の本質的な意味が分からなくなっている。下手すれば、それらは生活の中になくても困らないんじゃないかとさえ考えられるようになっている。だが、極夜世界では現代システムでは非本質的とみなされるようになった光や闇や天体といったものが、本質的存在として私の旅の継続の、もっといえば私の命の鍵を握っている。もし私が今度の旅で現代システムからうまく外に飛び出して、極夜世界に入りこむことができれば、それは現代人にとって無意味なものとなり果てた夜や昼や太陽や月や星や、そしてそれらを総合した光と闇の意味を知る旅になるはずだ。

　そのシステム内部にいては分からなくなったことを探るのが極夜の探検であり、今回の旅の目的だった。システムの外側の領域というのはマニュアルや正解のない、ひたすら混沌とした世界であるのだが、実際、今回の極夜の世界は想像通りの混沌とした地であった。その証拠に私自身が混沌というか混乱しまくっているのだ。光を渇望し、天体の光にすがっているのである。現代システムで無意味になった闇や天体の光に反応できているということは、まぎれもなく脱システムして極夜世界に入りこめている証拠なので、その意味では喜ばしいこと、探検はうまくいっていると私が考えたのはそういう意味だった。

しかし理念としては喜ばしくても、現実に混乱していることは不安定で不快な状態なので、私も一個の生命体として本能的に死にたくないと思うし、できればこの極端な混沌状態から早く脱して、ある程度、未来予期のもてる適度に管理された安心できる領域に逃げこみたいとも願っている。極夜世界に入りこんで混乱しているな、俺は、と手応えを感じる一方、早くどこにいるか把握して、小屋に着いて安心したいという、そんな矛盾する気持ちが入り混じっていた。

＊

未来予期の得られる状態に入ったのは、その日の遅くだった。谷は相変わらずだだっ広く、谷なのかどうかさえ怪しいほど広漠としていた。ウエストポーチにとりつけたベアリングコンパスで谷筋が向かう方角を確かめると、大体、真方位で三十度ほどだった。

あれ、と私は思った。

そのときじつは私は、自分がアウンナットに向かう正しい谷、すなわち本谷から東に三キロほど離れた支流に入りこんでいると想定していた。この想定にはかなり自信があったのだが、しかしこの支流に入りこんでいるのであれば、谷筋はほぼ真北、つまり真方位で零度の方角に向かっていなければならない。それが何度コンパスを確認しても必ず三十度なのだ。

おかしいな、と思い、あらためて周囲の谷の様子を見わたした。谷の両側をとりかこむ尾根のラインがかなり遠くで薄暗闇に溶けこんでいた。

それを見たとき電撃的にピーンときた。もしかしたら俺は今、アウンナットに向かう正しい本谷にいるのではないか？

そう考えるとすべての辻褄が合った。真方位三十度という角度も本谷の流れの向きとばっちり合うし、この暗闇の中で薄ぼんやりと浮かぶだだっ広い谷の様子も、過去三回通過したときの記憶と一致する。そして何よりこの日の朝に背後をふりかえったときに見た、あの風景。あの両側が門のように狭まった場所は、アウンナットから本谷を登っていくときにいつも見る〈中央高地〉に入りこむときの顕著な地形ではないか。

もはや疑いようはなかった。私は前日から正しい谷にドンピシャで入りこんでいたのだ。氷床では角度が曖昧な状態のまま前進をつづけ、ツンドラに入ってからも月の消えた完璧な暗闇のなかで地形を読み取ろうとあがき、ずっとそんな感じで混乱前提で歩きつづけてきたので、絶対に正解ルートから外れたまちがったところにいると自分自身で思いこんでいた。しかし実際にはほぼ完璧に、じつに美しいライン取りで私は正解の本谷に入りこんでいたのである。

あとは詰めさえ誤らなければ完璧だった。この本谷をそのまま下っていけば海岸線の手前で滝のようになっており、難儀すると大島さんから聞いていた。したがって小屋に出るための正解ルートは、海岸の手前で左に入り小さな鞍部を越えて支谷を下るというもので、私も今までそのルートを使ってきた。この支谷への入口はわりと分かりやすい二股状になっているため、明るい時期なら見逃す心配はないが、この極夜の闇の中で見つけることができるのか……。

その日、雪のぼそぼそとした谷筋のなかのテン場を出発した。

しばらく行動すると目が暗闇に馴れ、紫色の空のなかに本谷右岸側の稜線ラインが見えてきた。暗闇の中で位置を求めてあがいていたので、集中力が高まって意識が鋭敏になっていたのだろう。普段はことのほか記憶力が悪いくせに、そのシルエットを見たとき、俺はこの尾根の感じを知っている……と記憶が鮮明によみがえった。地図を見てその記憶をたぐるうちに、地図的にも支谷へ移る鞍部への入口はこの近くにあるはずだと確信した。

ヘッデンの光量をフルパワーにして入口のある左岸側に注意して歩いていくと、それらしき雪面が現われた。橇と犬をおいて、確認のためスキーで登った。雪面は少し登ると道路みたいに両側が岩場で挟まっていき、右にカーブを描いてゆっくりと平らになってゆく。やがて鞍部へとつづき、それからはほぼ真北に向きを変えて下り斜面に変わった。まちがいなくアウンナットに向かう支谷の入口だった。

これは奇跡的なことだと思った。極夜の、しかも月のない本当に一番暗い状況の中で、この小さな入口を発見したのだ。興奮気味に犬のところにもどり、一緒に橇を引いて雪面を登りかえした。鞍部を越えて堅雪の斜面を一気に下っていく。ヘッデンを消して目を馴らすと、闇の中に周辺の光景がかすかに滲むように浮かび、左手の遠くにヘッドウオールのような断崖が見えた。見えるというより視認されるという感じだった。いずれにせよ見覚えのある地形だった。動きつづけて暑くなり、衣類が汗でぐっしょりとなったが、かまわず下った。兎が雪をほじくり返してぼさぼさに固まった跡がつづく。最後は急斜面になり、スキーを外して橇に制動用のブレーキ綱をかけて海岸に下った。ヘッデンの光の向こうで兎のつがいが逃げていくのが見えた。

海岸に下りると高速道路のように見事なまでに真っ平らに凍った定着氷がつづいていた。海を照らすと、潮の干満でぐさぐさと乱雑に突き出した氷が暗がりの奥で、白く、亡霊のように浮かびあがる。久しぶりに見る海だった。陸地側を見わたすと平坦な雪原の奥に丸い形状の非常に特徴的な山がそびえているのが分かった。

まぎれもなく、そこはアウンナットだった。完全に、完璧に、百パーセント、アウンナットじゃなかったら死んでもいいぐらいアウンナットだった。

定着氷のうえには兎の足跡が道となって何本も並行して走っていた。それまでの内陸ツンドラのぼそぼそした歩きにくい軟雪とはちがって、堅くてつるつるしておりじつに快適だった。私と犬は久しぶりに歩く堅い地面の喜びをかみしめるようにして東に向かった。

三十分ほど進むと、闇の向こうに人工的な四角い形状の影がぼーっと薄気味悪く浮かび上がった。

無人小屋だった。次第に近づき、はっきりとかたちを現わしてくる小屋を見ながら、これは神業的なナビゲーションだと、われながら震える思いだった。

完璧だ。あまりに完璧だ、と思った。俺は天才なんじゃないかと思った。大学探検部に入って伊豆七島の神津島の新歓合宿で山中テント無し二泊三日のオリエンテーリングを体験してから約二十年。その間、私はただ地図とコンパスだけを頼りに探検・冒険・登山等の活動をつづけてきたが、その二十年間の活動が、極夜で冬至で新月という地球最悪の暗黒状況で、しかも地形はまったく特徴に欠けた氷床とツンドラで、おまけに持っている地図は等高線が百メートルに一本しか入っていない二十五万分の一の地図という、考えられるかぎりで最も困難な条件での神業的ナビゲーションとして結実したのだ。

私は興奮していた。ここまで完璧に小屋に着けるとは、今回の俺は冴えている。

このときはそう思っていた。

笑う月

アウンナットの無人小屋に到着したのは年が明けて一月一日だった。村から二週間で到着すると思っていたが、実際にはその約二倍、二十七日もかかってしまったことになる。

小屋に到着してまずおこなったのは、白熊に破壊されたデポを確認しにいくことだった。

アウンナットには新旧二つの無人小屋がある。新しい小屋は入口扉がしっかりしており石油ストーブもあって、今もシオラパルクやカナックの村人が白熊狩りをするときなどに時々、使用する。一方、古い小屋のほうは入口に合板が釘打ちされただけで中は何もなくガランとしている。

二〇一五年に私がカヤックで来たときに物資をデポしたのは、古いほうの小屋だった。なぜ古い小屋に置いたかというと、その前年に二十キロ入りドッグフード一袋を新しい小屋のほうにデポし、それがカナックの猟師に無断で持ち去られるという悲しい出来事があったからである。

時系列を整理すると、二〇一四年二月から三月、私ははじめてグリーンランドに来て犬と一緒に氷床からイヌアフィシュアク、アウンナット一帯を四十日間かけて偵察旅行した。すでに極夜が明けて太陽は昇っていたものの、厳冬期の一番寒さの厳しい季節で、しかも犬に橇引きの経験がなかったことなどから、なかなか苦労する旅となった。それでも途中のセプテンバー湖で麝香牛一頭をライフルで仕留めることに成功して以降は、ドッグフードの残りに余裕が出たので、アウンナットに到着したときに新しいほうの小屋に〈極夜探検用デポ　使用厳禁　角幡唯介〉といった文面を英語で記して極夜本番用としてデポしておいた。

ところが翌二〇一五年春、ふたたび犬と橇を引いてデポを運ぶ途中の氷床上で、白熊狩りに出ていたシオラパルクの大島育雄さんとばったり出会い、私が前年にデポしたドッグフードがまるまる一袋盗まれてしまっていたことを知らされた。一袋とはいえ重量は二十キロ、犬の二十五日分の餌である。しかも厳冬期に苦労して人力で運んだものだっただけに、この報告を聞いて私は激しく落胆した。

大島さんによると、前年、私が帰国した後にカナックの若い連中が白熊狩りに出かけたので、その連中が持っていったのだろう、とのことだった。その後、小屋に行き実際に確認してみると、ドッグフード以外にも弾丸などが持ち去られていた。もちろん私は部外の外国人で、所詮は地元の人の小屋を利用させてもらっている身にすぎない。しかもイヌイットの狩猟文化に敬意をはらう自称多文化主義者で、そんな感じの文章を書いていることもあって常々地元の人たちとは友好的な関係を築きあげたいものだと考えるリベラルな思考の持ち主なわけだが、それでもこのときは、そのカナックの若い連中とかいう奴らを、クソったれが、白熊に食われてくたばりやがれ、と激しく呪った。

そのようなことがあったので、私は、小屋に物資をデポする際に一番注意しなければならないのは野生動物による襲撃ではなく、人間による無断使用との印象をつよくもった。イヌイットは自由な狩猟文化の継承者たちでとても素敵だけど、時々自由すぎて人のドッグフードなどを勝手に持って行くことがあるので気を付けないといけないなぁ～と切実に感じた。それで翌年夏に山口君とカヤックで物資を運んだときは、新しい小屋ではなく古い小屋にデポしたわけだ。地元民はこの古い小屋をもうほとんど使わない。扉は合板の板を釘打ちしているだけだったが、バターやアザラシ脂漬けドッグフードなど地元民のデポが無傷のまま残されているところを見ると、野生動物に襲われる心配はないように思えたのである。

しかし、結果的にこの選択が裏目に出た。すでに書いたように、デポ設置旅行の後に帰国した私のもとに、ふたたび大島さんから連絡があり、この古い小屋がブチ壊され、私のデポがほぼ全滅してしまっていたことがデンマーク軍の犬橇部隊であるシリウス隊によって確認されたのだ。シリウス隊によると、小屋の入口合板は無残に剝がされ、食料をつめたバッグもすべて中から引きずり出されて雪の下に埋没しているので、残念だがあきらめたほうがいいとのことだった。

最有力容疑者は白熊である。後から考えると、デポのなかに村で自製した鯨《くじら》や海豹《あざらし》や海鳥の干し肉が大量にあったことが失敗の最大の要因だった。干し肉は黴《かび》るので密封させることができず、通気性のよいスポーツバッグに無造作に入れておいたため、そこから白熊にとってはご馳走のありかを示す臭いが遠くまでゆらゆら漂っていたのだろう。

そんな経緯があったため、アウンナットに到着した私は真っ先にデポを置いた古い小屋のほうに向かった。

このときの私の関心は、灯油がどれだけ残っているかという点に尽きた。北極探検では食料もさることながら、生存のためには燃料も同じぐらい重要である。というか燃料のほうが重要かもしれない。食料はその辺にいる兎や麝香牛《じゃこううし》などを撃ちとめれば何とかなるが、燃料がなければ融雪して水を飲むこともできないからだ。

シリウス隊の報告どおり、古い小屋は入口の合板が剝がされ、食料は完璧に奪い尽くされ、内部はがらんどうだったが、入口近辺の雪の下に灯油のポリタンクが散乱しているのが見つかり、私はホッとした。さすがに白熊も灯油までは食べなかったらしい。掘り起こしてみると灯油は二十リットルほど残っており、多少黄変していたがコンロに使用するぶんには問題なかった。太陽のない極夜世界では毎日コンロで乾かし物をしなければならないので、灯油は一日四百ミリリットルほど消費していたが、それでも二十リットルあれば五十日分にも相当する。村から持ちはこんだぶんとあわせると燃料は旅を維持するのに十分な量となった。

灯油を回収して新しいほうの小屋に入った。小屋の中にはシリウス隊が回収してくれていたライフルの弾丸四十発、ヘッデン兼一眼レフカメラ用電池百本等、マッシュポテト約一・五キロ等がのこされていた。それらを確認してから小屋の中にテントを立て、中でコンロをがんがん焚いて寝袋や衣類を徹底的に乾かした。

毎日乾かし物をしているとはいえ、装備は完全に乾くわけではない。特に寝袋は汗でずぶぬれといっていい。冬の極地旅行では寝袋を乾かさずに使いつづけると、中に拳大の氷がぼこぼことできあがっていく。寝ている間に体から放散した汗が寝袋の一番外側で凍てつく外気に触れ、そこで氷に成長していくからだ。それを避けるため今回は本体とオーバーシュラフの分離式寝袋を特注し、氷のできる一番外側を簡単に外して毎朝コンロで乾かせるようにしたが、それでも一カ月も経つとさすがに汗を吸ってずっしり重くなっている。寝袋以外にも毛皮手袋や毛皮靴、防寒着など乾かし物は大量にあるし、ツンドラの礫《れき》の上を歩いてきたので橇の補修やランナーの鉋がけもしなければならない。私は月が明るくなるまでの三日間、小屋で休養することに決めた。

そして、テントの中でもうもうと蒸気をあげる寝袋を見ながら、はっきり言って今回の探検の山場はもう越えたなぁと、そんなことを考えていた。

今回の旅は北極海を目指す四カ月にわたる長大なものだが、その中でどこが一番困難かといえば、やはり村からアウンナットまでのこの前半部分だった。言いかえれば、もし今回の旅で死ぬことがあるとすれば、それは第一に氷河でフェーン現象による強烈なブリザードを喰らってテントごと海まで吹き飛ばされるときで、第二に地形的特徴がなく、位置決定できなくなる可能性のある氷床・ツンドラという二次元空間で迷い死にするときだろう。それを無事越えることができた。氷河では二発もブリザードを喰らい、氷床・ツンドラでは六分儀を失った状態で、しかも月明かりもなくなり冬至で月無しという最悪の暗黒状態となったが、それでも迷わずに小屋にたどり着くことができた。一番暗くて、一番ヤバい部分は乗り越えたのだ。あとはのんびりやればいい。ここからは海岸に沿って歩くだけなので、暗くても迷う可能性はほぼない。それに四、五日歩けばイヌアフィシュアクのデポ地に着く。イヌアフィシュアクに着いたらデポの食料を腹いっぱい食べて、燃料をがんがん焚いて、三週間ほど休息して体力を回復させる。時間があれば兎や海豹を狩って肉もたらふく食う。それぐらい休息しないと、四カ月かけて北極海まで往復するなどという長い旅はとても不可能である。そしてゆっくり休息して一月末になれば、極夜といえどももう昼間は明るくなっているだろうから、そのタイミングでイヌアフィシュアクを出発する。距離的にはそこからが長いが、しかし明るくなりさえすれば、あとは普通の極地探検と同じで、極夜下のような不安や恐ろしさは消え失せるので体力が許すかぎり北上すればいい。ただひたすら長いだけの、いつもの旅に毛が生えた程度の極地旅行がつづくだけである。と、そんな感じで私はそれまでの緊張感からすっかり解放されて、くつろいだ気分になっていた。

くつろぎ、テントのなかでごろごろし、それまでバッテリー不足になる心配からほとんどショートメール機能しか使っていなかった衛星携帯電話で妻に近況を報告したり、娘の声を聞いたりした。小屋にはシオラパルクの大島育雄さんがその昔、持ちこんだと思しき二十二年前の「週刊宝石」があり、そこに掲載された〈村山首相の神経性下痢が止まらない〉〈大リーガー野茂が辿る「挫折」のシナリオ！〉といった記事を読んで時代の移ろいを感じたりもした。

このように小屋ではうちくつろいだ気分でゆっくりできたが、ただ、一点だけ気になることがあった。それは、ちょっと異様じゃないかと思えるほど、この地が暗いことだった。

この年の冬至は十二月二十二日。すでに十日前に一番暗い日は越えたので、いくら月が出ていないとはいえ、昼の正午前後は太陽の光が地平線の下から漏れにじみ、うっすらとした明かりが広がってもおかしくないはずだ。それにシオラパルクの大島さんもクリスマスの時期を越えたら空はどんどん明るくなっていくと話していた。それなのに実際は全然そんな感じがしない。というか、むしろアウンナットに来てから暗さのトーンが一段増した感じさえした。ちょっとおかしいんじゃないかというぐらい暗かった。

到着した翌日の一月二日から月はふたたび昇るはずだった。月が出たら少しは明るくなると期待していたが、実際には月は姿を見せず暗いままだった。

ただ、月が見えなかったことでアウンナットが異様に暗い理由は理解することができた。それは要するに地形の問題である。グリーンランド北西部の地勢は、氷床とツンドラを中心とした陸塊が真ん中にどんとあり、アウンナットはその北側に位置している。そのため地平線の下から滲みだしてくる太陽の薄明かりは南にある氷床・ツンドラという陸塊に邪魔されてしまってとどかないし、月も、月の出から何日かたって高度が高くならないと陸地の陰になって姿を現わさない。だから昼も暗いし、月が昇るのも暦よりも遅くなる。つまりアウンナット・イヌアフィシュアクの北側エリアはシオラパルクよりもはるかに暗い世界であり、冬至がすぎてもしばらくは暗黒状態がつづくのである。

正直言って、北側と南側でこれほど暗さにちがいがあるとは考えていなかった。想定外である。極地探検史上最も暗い世界を旅したと思われるピアリーの探検も、エルズミア島の南岸が舞台だったので、これほど暗くなかったかもしれない。重苦しく沈むアウンナットの闇夜をながめながら、私はここは地球で一番暗い場所かもしれないと思った。

＊

その暗いアウンナットで私はしばしばかつてこの地で生き抜いたイヌイットたちが見た風景について思いをはせた。

ここアウンナットやイヌアフィシュアクの小屋は今でこそ無人である。それどころか近年はこのエリアに狩猟に来る地元民はめっきりと減ったため、無人状態を越えて無来に近い状態になりつつある。

たとえば、ここ三年間（二〇一四～一六年）でこの北方エリアを一番数多く訪れた人間は誰かといえば、それはほかならぬ私だった。二〇一四年にはじめてグリーンランドに来て以来、数えてみると私はすでにアウンナットとイヌアフィシュアクに計三度ずつ足をはこんでおり、今回が四度目になる。それに対して地元民はどうかというと、二〇一四年に私のドッグフードを持ち去った例のカナックの一団が白熊狩りに来たのと、翌二〇一五年春に大島さんが来た以外に話を聞かない。

もちろん以前はそうではなかった。この北方エリアは単に狩猟のための前進基地だっただけではなく、それ以前には多くのイヌイットたちが実際に一年を通してここに定住していた。その証拠にアウンナットからさらに百キロ以上東にあるカッカイッチョという土地に至る、この北方エリア一帯の海岸線には、地苔と岩を組み合わせた竪穴式住居みたいな昔の住居跡が今でも無数にのこっている。私がデポを備蓄しているイヌアフィシュアクの古い小屋も、一九九〇年代中頃まで狩猟のために夏に季節移住する家族が使用していたものだ。

住居跡だけでなく彼らの艱難《かんなん》だった生活をしのばせる民話もたくさん残っており、そのひとつが、たとえばイヌアフィシュアクという地名そのものだったりする。イヌアフィシュアクという地名は、クヌド・ラスムッセンの探検記『グリーンランド・バイ・ザ・ポーラー・シー』によると、地元の言葉で〝Great Blood-Bath Fjord〟、邦訳すればすなわち〈巨大血の池地獄〉とでも訳せそうなおどろおどろしい意味をもつという。

このような恐るべき命名の背景には当然、それに相応しい恐るべき物語が秘められている。それは次のような話だ。

昔々、イヌアフィシュアクの東のカッカイッチョにはたくさんの住居があり、多くの人が住んでいた。ある日、二人の子供が喧嘩をはじめた。おそらく他愛のないことからはじまった喧嘩だった。ところがそのうち喧嘩はエスカレートし、それを見ていた片方の子供の祖父が口出しをはじめ、相手の子供を鞭で打ち据えた。すると今度は鞭打ちされた子供の側の祖父が憤激し、こちらはこともあろうに相手の子供を殺害してしまった。当然、孫を殺されたほうの祖父は怒りに身を震わせ、自己制御不能となり、目には目をということで相手の子供を殺害。こうして二人の大人が双方の孫を共に殺害したことで定住地には大騒動が巻き起こり、住人はどちらの殺人者の側に与《くみ》するのかを決定しなければならない立場に追いこまれた。住人たちは問題の解決をはかるため、まず罪のない子供を手にかけたこの祖父二人を処刑した。しかし、処刑して血の雨が降ったことで人々の間では錯乱と狂気が渦巻き、たぶん連赤事件みたいな状況におちいり、次から次へと無意味な殺人に手を染めだした。恐怖と憎悪から逃れるため人々はカッカイッチョからどっと逃げ出した。そして一目散に南へ、南へと目指したが、その間も狂気の暴走は止まらず、人間が人間を殺し、人間が人間に殺されて、海は血で赤黒く染まり、あらゆる入り江に死体が浮かんだ。その中でも最も多くの死体が浮かんだのが、〈巨大血の池地獄〉ことイヌアフィシュアクだった――。

このように昔はこの北方エリアにもたくさんのイヌイットが定住していたが、歴史が進むうちに人々は次第にこの地を去り、ラスムッセンが探検した一九一七年当時はすでに狩りのために季節移住する一部の人をのぞき定住者は皆無になっていたそうだ。

ラスムッセンのこの本には、この北方エリアに定住した最後の男の逸話も載っている。それはアイダーダック（毛綿鴨）と呼ばれた男の話だ。私は極夜の探検の間しばしばこの男の話を思い起こしたが、それというのも、北極の大地に翻弄された彼の人生がいかにも極夜的な痛哭《つうこく》にみちたものだったからである。

ラスムッセンの本によると毛綿鴨は元来、アウンナットなど北方エリアよりもやや南にある、獲物が多くて飢餓とも無縁な素晴らしい土地で暮らしていたという。だがそこに変な男が現われ、彼の美しい妻にちょっかいを出すようになった。何をやったのかは書いていないが、どうせおっぱいを揉む等のハラスメントをしたのだろう。毛綿鴨は、この男の執拗な妻へのハラスメントから逃れるため一家で北の土地へ移住することにした。

だがそれが運命の分かれ道だった。昔も今も極地の旅行は簡単ではない。旅の途中で毛綿鴨一家は深刻な不猟、それにともなう飢餓に襲われた。当時のイヌイット社会では飢餓が発生した場合に最初に犠牲となるのは子供たちだった。食料難におちいった毛綿鴨夫妻は、まず愛するわが子たちを途中で通過する空き家に次々と生きたまま置きざりにして、岩で封鎖するということをやりはじめた。岩は巨大で子供の力では動かせず、要するに事実上の生き埋めである。一人、また一人と彼らはわが子を生き埋めにし、子供は飢えと寒さで死亡した。そして最後に夫妻がもっとも可愛がっていた子供一人だけが残った。夫妻はその子供だけは毛皮にくるみ大事に橇に乗せて運んでいたが、飢餓は極限状態に達し、その最愛の子供も橇から放り投げて殺害しなければならない事態に追いこまれた。

夫妻は北を目指した。最終的に毛綿鴨と妻は飢餓を乗り越え、生き延び、アノイトーというアウンナットから西に約五十キロ離れたところにある、当時、わりと多くの人が楽しく幸せに暮らす土地に到着した。しかし飢餓ゆえとはいえ、わが子を手にかけるという最悪の罪業に手を染めた毛綿鴨夫妻にとって、もはや他人と仲よくしながら愉快にへらへらと笑って楽しく生きることは不可能となっていた。獲物の豊かなアノイトーで暮らせば飢餓の恐怖とは無縁になるはずなのに、毛綿鴨と妻はアノイトーを通過、そのまま北上してついにアウンナットの地にたどり着いたのである。そしてこの地で夫妻は二人だけで修道院暮らしのような世間と断絶した生活をはじめた。何年間もそこに住み、人間関係を断ち切って他人の家を訪ねることもしなかった。たまに彼らのもとを訪れる者がいたが、夫妻は暗く沈みこみ、何ひとつ無駄口をきかず笑顔を見せなかった。

やがて毛綿鴨と妻は、彼らのもとをたずねた訪問者によって死体となって発見された。貯蔵庫に十分な量の肉がのこっているのを見た訪問者は、毛綿鴨と妻はわが子を殺害した罪業に悩み、苦しみ、その苦悶に耐えられず子供たちの後を追って自ら餓死する道を選んだのだろうと推論した、といわれる。

それがこのアウンナットの地に暮らした最後の男の悲惨な生き様だった。ラスムッセンによれば、毛綿鴨の死んだのは約五十年前だというので、一八六〇年代、今からちょうど百五十年ほど前にあたる。死亡時の年齢を五十歳と仮定すると彼は一八一〇年代から六〇年代頃に生きていたわけだ。つまり毛綿鴨は、一八一八年に初めて外部の人間としてこの地を訪れたジョン・ロスの探検隊に「太陽から来たのか、月から来たのか」と訊ねた、あの本物の月と本物の太陽を知っている男と同時代の人物だったことになる。

じつはこの毛綿鴨たちの生きていた一八〇〇年代前半、グリーンランド北西部に住むイヌイットたちは史上空前の苦難の時代をむかえていた。苦難というより、彼らはこの時代、ほとんど絶滅寸前においこまれていたといっても過言ではなかった。

彼らの生活難の理由として大きかったのが地球規模の気候変動である。十五世紀以降、地球は小氷河期に入り、極北地帯の海の氷はぶ厚くなって、多年氷が増えて夏になっても海の氷が解けなくなった。夏に氷が解けないとそれまで海岸に漂着していた流木の類がほとんど来なくなり、小屋をつくる木材やカヤックのフレーム材が入手できなくなる。その結果、彼らの道具文化は急速に途絶え、伝統は失われ、十九世紀に入ったときにはカヤックどころか弓矢の制作方法さえ忘却されてしまっていたといわれる。当時の探検家の報告には、簡単な投石器でカリブーにむかって石を命中させて、怪我を負ってよたよたした獲物に群がりとどめを刺す、飢えた原始人のごとき狩りの様子が記されている。以前は定住していたイヌアフィシュアクやアウンナットから人々が去ったのも、この寒冷化で北方での生活が不可能になったからかもしれない。

　寒冷化と海氷面積の増大は、伝統的道具文化を崩壊させただけでなく、彼らが生きていくのに不可欠な獲物自体の量も減少させた。夏にも氷が張って生息できないので、鯨や海象、海豹、それを獲物にする白熊等々、海獣の類があらかた南の、イヌイットたちの手のとどかないエリアに移住した。もちろん動物たちは海を自由に泳ぎまわって南下できるのでいいが、カヤック文化を失った人間のほうは悲しいことに南下できない。グリーンランド北西部のイヌイットの居住域は西側は海、南側はメルビル氷河、その他は氷床という巨大な自然の障壁にかこまれた陸の孤島で、こうした環境にあったからこそ彼らは十九世紀半ばになるまで文明世界に知られていなかったのである。

　文化が衰退し、食料資源も枯渇した結果、当然のごとく人口も減少し、彼らは絶滅のスパイラルに入りこんだ。一説によると毛綿鴨の生きた一八五〇年代、この地域のイヌイットの人口はわずか百五十人にまで減少していたともいわれる。飢饉が発生すると、彼らは生活のパートナーである犬を屠《ほふ》り、その肉で飢えをしのいだ。このような危機的な時代にあったので、毛綿鴨が仲間とはなれて家族だけで生き抜くのがどれほど困難だったのかは容易に想像がつく。

もちろん、このような困難で危機的な時代にあっても、極夜はそれまで同様、彼らの生活を闇で閉じこめた。毛綿鴨が子供たちを殺害しなければならなかった裏に極夜の暗黒の影響があったことは想像に難くない。陽光のとどかない冬は当然、狩りの方法がさらに制限されるので、彼らの社会では冬の不猟に備えて秋までに保存食を確保しておくのが普通だった。そして狩りの難しい極夜の季節になると、人々は相互に家々を訪問し、おしゃべりに興じたり、太鼓をたたいて踊るなどしてこの不快な季節をなるべく陽気にやり過ごすという生活戦略がとられていた。冬に猟に出ないこともなかったが、それは幸運にも不意に白熊が定住地近辺に来訪したときや、遠方の沖合いに有望な氷の割れ目が見つかったときなどにかぎられたという。冬の極夜は途轍もなく困難な季節であり、秋までに十分な量の保存食が手に入らなければ、彼らは、技術が衰滅して弓矢やカヤックが失われた状況の中で狩りをして食料を獲得しなければならなかったのである。

これはグリーンランドではなくカナダ側の北米大陸不毛地帯に住むカリブーエスキモーの話だが、ラスムッセンの『アクロス・アークティック・アメリカ』という別の探検記には冬の闇が来る前に十分な食料を用意できず、飢餓に陥ったイヌイットの恐るべき証言が淡々と、鳥肌がたつほどのリアルさで紹介されている。

〈私が来る三年前に〉とラスムッセンは書いている。〈シンプソン海峡で十八人の人間が飢餓のために死亡した。その前の年はブリタニア岬の北側で七人が餓死した。二十五人という数字はおそらくさほど大きなものではないが、しかし全人口二百五十九人の割合として考えると、飢餓だけで発生した死者のパーセンテージとしては恐るべきものといえる。しかしこんなことはカリブーが見つからない冬ならいつでも起こりうることだ。そしてこうした冬にはカニバリズムが決して珍しいことではないということも分かる〉（筆者訳）

そしてラスムッセンはその地域の名猟師兼シャーマンとして知られた男の次のような談話を紹介している。

〈多くの者が人間の肉を食べたことがある。だが好き好んでそんなことをしたわけではなく、ただ生き延びるためだけにやったことだ。多くの場合、彼らは自分のしでかしたことに苦悶し、己の罪業を正しく理解できなかった。

お前は Itqilik の兄弟の Tuneq を知っている。彼や妻と会い、ともに過ごしたこともあるから、あの男が陽気で、いつも大声で笑い、妻に優しいことも知っている。あれはそう、もう何年も前の冬に狩りがうまくいかないことがあった。何人か飢えで死に、また何人かは寒さで死んだ。生きているものの生も死のうえで細々と灯っていた。そのとき Tuneq は突然狂気におちいった。あいつはこう言った。精霊が妻の身体を食えと命じていると。彼は妻の毛皮服を小片にして切り刻み、それを食べはじめた。さらに肌が所々で露出するまで刻み、突然、妻の身体をナイフで突き刺し絶命させ、己が必要とするぶんだけその肉体を食し、死から逃れた。そしてあの男は妻の骨を、死者が出たときに望まれる葬法にのっとって安置した。

だが、われわれだって同じような状況を耐え忍んだ経験がある。だからわれわれは、他人がこのような行為に手を染めたからといって、その正否を判断することはできない。十分に食い、満足できているときは、なぜそのようなことをしでかしたのか理解することは難しいかもしれない。だがこうも言える。健康状態も食料状態も良い人間がいったいどのようにして飢餓の狂気を理解することができるのかと。われわれが知っている唯一のこと、それはわれわれは誰しも生きたいという欲求をかかえていることだ。〉

「週刊宝石」に飽きて暇になると、時々私は空気を吸いに外に出た。尻尾をふって抱きついてくる犬の身体を撫で、餌をばらまき、そしてのしかかるほどに威圧的な暗黒の宇宙を見つめた。

見つめても別に何にもなかった。ただ暗くて重苦しいだけだった。たちこめる靄が余計に重苦しさを増幅させていた。

毛綿鴨と呼ばれた男の話が思い起こされるのは、そういうときだった。この異様に暗いアウンナットの極夜の闇を、毛綿鴨の時代の人々はどのような気持ちで見つめていたのだろう。

私は目の前にある現在と、毛綿鴨の過去をかさねた。「太陽から来たのか、月から来たのか」と訊ねた男の見ていた風景を想像した。彼らが見た極夜は、私が見ている極夜より暗かったのだろうか、それとも変わらなかったのだろうか。毛綿鴨は子供殺しのあとに極夜の闇をどのような気持ちで見つめたのだろう。そして極夜が明けてはじめて昇る太陽を何を考えながら眺めたのだろうか。

毛綿鴨が過ごした極夜こそ本物の極夜だった。だがその極夜は、私が今見つめる極夜の闇と同じなのか、それともちがうのか。

ちがうとしたら、何がちがうのか。

*

アウンナットの小屋を後にしたのは一月五日のことだった。相変わらず気圧が低いのか霧が立ちこめ小雪まで舞っていた。湿度は高く気温も氷点下十八度と薄気味の悪い生暖かさにつつまれていた。

ただ昨日まで見えなかった月は、月齢六・八と、人間でいえば二十歳ぐらいにまで成長し、南の丘の稜線のうえに昇って姿を見せるようになった。

久しぶりの月光が照り輝き、世界は一気に息を吹きかえした。

月は、新月前後の約十日間の死の潜伏期間を経てようやく復活・再生し、小屋のまわりの丘や断崖や海氷を青く、柔らかな慈光で照らし出した。それまでの月の無い〈真の極夜〉の十日間は暗く、みじめで、世界は死の闇におおわれ、小屋の前の海が凍っているかどうかさえ肉眼では判然としなかったし、自分でも気付かないうちに神経症気味になるのか、ついつい毛綿鴨のような悲惨な男の境涯を思い起こすなどしてしまった。だが、月が出さえすれば海氷も見えるし、それどころか何でも見えた。正確にいえば何でも見えているわけではなく見えているような感じがするだけなのだが、それでも何でも見える気がしているので気分が晴れてすべてがうまくいく気がした。毛綿鴨なんてどうでもよくなった。

月が出るとその運行にあわせて一日を組み立てるので、ふたたび夜中の月の南中時刻を中心に一日約二十五時間制で行動することになった。満月は約一週間後、おそらくその前にイヌアフィシュアクのデポ地に着くだろう。イヌアフィシュアクは海岸線が複雑で、暗いとデポを置いた小屋の位置が分からなくなる心配があるが、満月前後の明るい期間に着けば、ひどい曇天にみまわれないかぎり大丈夫なはずだ。

もちろんその月の満ち欠けのタイミングを計算してこの日に出発するわけで、要するに極夜世界において人間の行動のすべてを決定、支配するのは月である。その意味で、人間はこの夜の闇のなかでは月に逆らうことはできないし、月こそ光によって人間の視覚と行動を制するポラリス神以上の絶対的支配者であり、天空神なのだった。

その極夜の支配者である月の性的属性は、ベガと同様、私には女にしか見えなかった。人類の神話においては太陽は男、月は女とみなされることが多く、日本のように太陽神アマテラスが女神で、月神ツクヨミが男神であるというケースは稀らしい。月は新月から徐々に成長して満ちていき、満月で絶頂期をむかえ、それを境に今度はじわじわ欠けて衰えていき闇に沈んで死滅する。そして数日から一週間前後の不在の末にまた姿を現わして成長をはじめる。それを延々とくりかえす。この月のはじまりと終わりのない円環的な永久運動は古代人にとっては死と再生のシンボルとされ、それゆえ月は植物を成長させては枯らしまた成長させる大地の豊饒性や、子供をはらみ出産する母胎と同じ、死をとりこんで生を産み出す生命の神秘を表象するものとみなされてきた。

事実、極夜を旅した私の前にも太陽は男、月は女的存在としてたち現われた。ただ、太陽が男で月が女に感じられたのは、私にとっては死と再生云々以前に、それぞれの運行に男的あるいは女的特徴があったがゆえだった。

どういうことかといえば、太陽は理屈通りに動く。同じ場所にいるかぎり太陽は寸分の狂いもなく、毎日毎日ほぼ同じ時刻に正中する。動きが規則通りなので太陽は様々な活動の基準として適用可能だ。たとえば太陽の方角によって時刻を知ることができるし、逆に時刻が分かれば太陽の位置によって方角を知ることができる。つまり太陽というヤツはどこまでも正確であり、規則的で、役人や銀行員のようなふるまい方をする存在なのだ。役人や銀行員なので言っていることにまちがいはなく、信頼できる。だが逆の見方をすれば、それは分かりやすいぶん単純で、予定調和的で変化に欠けるということでもある。そしてその運行の正確さから必然的に導きだされる性格的特徴は論理的で理屈っぽいというものであり、論理や理性によって単純に解明できるというまさにそのあたりが、どこか男っぽさ、さらにいえば男の思考の単純さ、底の浅さを思わせる。

それとは逆に月の動きは複雑だ。事前に暦を用意したり、月の動きの規則性を理解しておかなければ、その動きを正確に予測することはできない。月の正中時刻は毎日ズレていくし、高度も日によって驚くほど変わる。満ち欠けによって姿も変形する。したがって何も知らずに毎晩、月をあてにして行動していると、昨日まであんなに高く昇っていたのに今日は同じ時刻になってもまだ姿を見せないなぁとか、昨日までいなかったのに今日はいきなり姿を見せて美しく輝きはじめたなぁなどと驚かされることになる。つまり月は規則にしばられず、捉えどころのない動きを平気でするのだ。その意味で月の運行は規則的・理性的ではなく感情的・情動的であり、そこから男の目から見たときの女の行動の意味不明さ、昨日まで普通に仲よくやっていたのに今日になって突然別れを切り出されてその後二度と連絡が取れない的な、女がしばしば見せるあの不可解な行動を連想させる。

さらにいえば月が女っぽいのは、単純にその光が美しいことにも理由がある。

太陽の光は美しいというよりただ圧倒的だ。太陽は体中にみなぎったエネルギーをそのとき、その瞬間、精一杯爆発させる。それだけにその光には世界をあまねく照らし出す凄まじいパワーがあるが、逆にひたすら力強いぶん体育会系的なバカっぽさも同居しており、白いランニングを着た筋肉むきむきのゴリラ野郎がひたすら性器を勃起させて、うおおおっと咆哮《ほうこう》している感がないわけではない。要するに陰がないのである。それにくらべて月の光は美しいばかりか艶やかでさえある。月の光には夜の闇をはぎ取るほどの力はないが、世界の良いところだけをほんのりと照らして浮かびあがらせる眩惑性があり、すべてが見えるわけではないが、そのような錯覚を抱かせる妙味がある。雲が立ちこめただけで光がとどかなくなって暗くなってしまうあたりも、月の弱々しさ、もろさ、儚さ、しとやかさを感じさせ、それだけに蠱惑《こわく》的で、見えそうで見えないみたいな、もうちょっとその奥を見てみたいみたいなエロチシズムがある。そのへんがやはり女っぽく感じられる。

　すなわち闇とは女が支配する世界。偉大な女光たる月の助けを得て私と犬は橇を引きはじめた。犬も久しぶりの運動が嬉しいらしく、小屋を出て橇をつないだ途端、興奮気味に駆けだした。犬に引っ張られるように定着氷から海氷に下りると湾内は厚い新氷におおわれており、エロチックな月光にてらてらと照らされてどこまでも広がっていた。しばらく海氷を歩いていたが、氷の状態が悪化してきたので、ふたたび定着氷の上にのりあがった。

　そのまま定着氷を歩いていると、妙にまん丸とした雪の塊があるのに気付いた。月光があるとはいえ、やはり暗いことは暗いので、私はかなり接近してはじめて、それが雪の塊ではなく兎だと気づき、あわててライフルを取り出した。

　イヌアフィシュアクに行けばデポがあるとはいえ、デポ食には肉等はあまりないので、兎の肉は貴重な蛋白源になる。それに肉を現地調達できればそのぶん橇で運んできた食料を節約できるので、万が一のトラブルの際にも対応するだけの余裕がうまれる。だからこういうチャンスを逃してはいけない。

ヘッデンの光で銃の先端の照準をあわせ、さらに照明の先に兎が来るように配置し、息を殺した。照準と獲物と照明を直線状に配置するのは何度やっても至難の業だ。暗い中で慎重に狙いを定めるうちに、目が疲れてきてしまい兎の輪郭が曖昧になってきた。よく見ると、それは兎ではなく、周囲にたくさんある雪をかぶった岩と何も変わりなく見える。

何だ、やっぱり兎じゃないのか、と思い私は銃を肩から下ろした。

だが、そのとき、兎のほうがようやく私のことに気付き、ぴくっと首をのばした。どうやらぐっすり眠りこけており、微動だにしていなかったらしい。すぐに改めて慎重に狙いを定めて、丁寧に引き金を引いた。銃声とともに兎はひっくり返り、死んだ。獲物に近づき耳をつかんで橇のほうにもっていくと、犬がウキャン、ウキャンと興奮して食いつこうとする。私は犬の動きを制して、その場で毛皮をむしり、肉を解体して、肉と肝臓を自分の食料用に橇に積み、残りはすべて犬にあたえた。これで一・五日分ぐらいの食料が浮いた計算になる。

翌日からさらに状況はよくなった。天候が回復して靄がなくなり、月明かりが全体におよんで足元の雪の状態を照らし出した。ヘッデンを消しても雪の凹凸や前方の乱氷の影が手にとるように分かり、一気に歩きやすくなった。

これほど視界の開けた日はいつ以来か。前回、氷床で月が出たときは天気が悪くガスることが多かったので、氷河を登り切ったとき以来、約二十日ぶりかもしれない。これだけ明るければ白熊が来ても姿が分かるんじゃないか、余裕だな、などと思って歩いていると、今回の旅ではじめてとなる白熊の足跡を発見した。

暗い中で実際に白熊の足跡をみるとちょっと嫌な気持ちになる。あたりを見まわしたが、すぐそこにいそうな気配は感じない。風もなく、音もなく、世界は沈黙の闇に沈みこんでいた。

あらためて冷静になってこの際限のない闇を見つめていると、いくら月明かりがあるとはいえ、白熊が本当に近づいてきたら気付けるとは思えない。

「おい、大丈夫か。白熊が出たらちゃんと吠えてくれよ」

そう犬に声をかけたが、犬は日本語を解すことができず無反応だった。

じつはこの日、犬はひどい体調不良におちいっていた。休憩中に必要な道具を探していて、バッグの中から海豹の毛皮の切れ端をポンと雪のうえに放り投げると、犬はそれを自分にくれたものだと勘ちがいしたらしく、がぶっと食いつき一息で呑みこんでしまったのだ。犬にとって海豹の毛皮はご馳走で、村人が犬橇につかう鞭なども油断していると食べてしまうのだが、しかしこの切れ端は靴の修理用に用意したもので、化学薬品で鞣《なめ》したやつだった。

案の定、犬はそれから猛烈な下痢に悩まされた。橇引きの途中で立ち止まってはビシャーッと液体状の下痢を肛門から噴射し、夜中に何度も「ボォーー……」という蒸気船の汽笛みたいな聞いたことのない鳴き声をあげて苦しんでいた。こんなひどい下痢もはじめてだったし、こんな変な鳴き声を聞いたのもはじめてだったので、心配というか、変身でもするんじゃないかとちょっと不気味だった。

アウンナットを出てまもなく気温が氷点下三十度から四十度近くにまで下がり、冬の北極らしい寒さがぶり返した。月は日に日に高度をあげて大きく、明るくなり、さらに視界もよくなった。定着氷の状態も申し分なくカリカリのスケートリンクのような状態がつづき、しばらく犬が重い橇を二台とも引いてくれた。

アウンナットから五十キロ先にあるイヌアフィシュアクの地がいよいよ近づいてきた。イヌアフィシュアクに行けばデポがある。私は早くデポ地に到着したくて仕方がなかった。デポさえ発見できれば、もうこの旅の七割方は終わったも同然だと私は考えていた。

もちろん距離ベースで考えるとその先から目的地である北極海までが長いので、イヌアフィシュアクに着いたところでまだ三割程度しか消化していないわけだが、しかしイヌアフィシュアクにはデポがあるのだ。デポ地さえ首尾よく発見できれば、あとはテントの中でそのデポ食を食べて過ごし、大量にある燃料でぬくぬくと温まり、乾かし物をして、時間をみつけては兎や海豹を狩りに出かけるといった夢のような極夜ライフを満喫できるはずなのである。

それにイヌアフィシュアクで長期停滞するのは、海氷の結氷状態がよくなるのを待つためにも必要なことだった。

今回の計画ではイヌアフィシュアクを二百キロほど北上したあたりでカナダ側に海峡をわたるつもりでいたが、事前の衛星画像をもとにした分析によると、その海峡は例年、二月以降でなければ十分に結氷せず、それ以前にわたるのは危険だった。しかも海峡はただでさえ北極海からの海流が速い。たとえ結氷したとしても潮が大きく動く時期は崩壊・流出する事態も考えられ、大潮前後の海峡わたりはちょっと怖いので避けたいところである。となると二月中旬以降で潮の動きのおだやかな小潮前後の安全なタイミングは二月十七日からの一週間しかなく、どっちにしてもカナダにわたるにはその時期まで待たなければならなかった。イヌアフィシュアクから海峡渡航予定地点までは二十日間ほどで到着すると想定されたので、そこから逆算するとイヌアフィシュアク再出発は一月下旬以降となり、それまでは好むと好まざるとにかかわらずごろごろしていなければならないわけだ。

イヌアフィシュアクのデポは二カ所である。一カ所は自分で橇を引いて運んだ一カ月分のデポで、これは半島の先端にある昔の朽ちかけた小屋に置いた。もう一カ所が英国隊のデポで、こちらは小屋から約四キロ離れた半島の付け根の小さな湾の海岸近くに岩を積みあげて保管されていた。アウンナットの小屋が襲撃されたことから分かるように、当然、イヌアフィシュアクのデポも百パーセント安全であるわけではなく、というか自分で運んだ小屋のデポのほうについていえば、残っている確率は半々ぐらいだと踏んでいた。小屋の窓や入口はかなり古く、釘打ち等で補強してきたとはいえ白熊がその気になれば簡単に引き剝がしてしまえそうな状態だったからだ。ただ、英国隊のデポは臭いの漏れない頑丈なプラスチックの樽に密閉されていたうえ、大量の岩でがっちりおおわれていたので、襲撃される可能性はほとんど考えられなかった。だから私はデポについてかなり楽観的に考えていた。仮に小屋のほうが駄目でも英国隊のほうは絶対に残っていると確信していたので、早くデポ地に到着して、とりあえず計画通りに旅がおこなえる切符を得て安心したかったのである。

一月八日夜、海岸の荒れた乱氷にわずかなルートを見出し定着氷から海氷におりたった。岸沿いの海氷が闇の中でギーギーと不気味な軋み音をあげている。そこからイヌアフィシュアクの半島までは十数キロと、あともう少しだった。

ただ、半島の周辺は海岸線が入り組んでおり、明るい時期でも迷いこみそうになるほど複雑な地形になっている。月が出ているとはいえ地形を完全に読み取れるほどの光量はなく、暗い状態のなかで迷わずにデポ地を発見できるかどうかが今回の極夜の暗黒下における最後のハードルだと思われた。

私はまずイヌアフィシュアクの半島の先端の、襲撃されている可能性のある小屋デポのほうを目指すことにした。天気は快晴、月もほぼ満月に近い状態となり小屋を探すには申し分なかった。

イヌアフィシュアクの半島の手前の右手側の陸地は〈半島もどき〉ともいえる小さな岬がごにょごにょ突きだしている。遠くからだと本物の半島と見分けがつきにくい地形になっており、そこに迷いこむとかなり面倒なことになる。私は慎重にコンパスで進行方向を確かめ、星を目印にしながら、慎重にも慎重をかさねて絶対に〈半島もどき〉に入らないように心がけて真の半島の先端を目指した。

そのうち月光に照らされて、闇の向こうに真の半島らしき陸地の影が朧気《おぼろげ》に浮かんできた。

これだけ月の光があると、さすがにどんな間抜けでもまちがいようがない。私はその陸影を目指して真っ直ぐ進み、少し早いなと思ったが、約四時間で半島の先端と思われる、それまでずっと目指していた陸地にたどり着いた。

だが、たどり着いてみると様子がおかしかった。地図を見ると半島の先端の近くには小島があるはずなのだが、それが見つからないのだ。それに私の記憶では半島の先端はもう少し平らだったはずだが、そこは妙にごつごつとして切り立っている。半信半疑のまま私は茫洋《ぼうよう》とした暗がりのなかを岸沿いに進んだ。すると私の神業的ナビゲーションは今宵も冴えていたようで、さきほどのおかしな感じは解消、半島の先端の小屋の前に

きた。

ある深い入り江らしき入り江が現われ、やはりルート取りが正しかったことが判明して

よかった。あの先の陸地の突端をまわりこめばたぶん小屋だ。そうホッとして突端をまわりこむと、しかし、その先で海岸線はまったくおかしな方角に伸びていた。

何だこれ？ 何度もコンパスを確認したが、やはり海岸は地図的にあり得ない方向に向かっている。私は混乱した。おかしい。俺は一体どこにいるのだ？ もしかしたらイヌアフィシュアクの岬の先端のだいぶ手前にいるのだろうか。それともまったく別の場所にいるのか？

遠くを見渡すと、月光が照らす闇の世界に、周囲をとりかこむ丘のシルエットがぼんやりと浮かびあがっていた。地形と地図を照合し、何度もコンパスと海岸の向きを確かめるうちに、ようやく事態がのみこめてきた。どうやら私はあれだけ迷いこまないように注意していた真の半島の手前のごにょごにょとした〈半島もどき〉にまんまと入りこんでしまっていたのだ。これだけ月が明るいとどんな間抜けでも迷いこむはずがないと確信していたが、それはまったくの錯覚だった。

おおまかな位置が推定できたので、そこからコンパスを切ってふたたび真の半島の先端を目指した。真の半島と〈半島もどき〉の間の湾の海氷は潮の干満で全面的に隆起、沈降しており、ぼこぼこの状態で、至るところで氷丘や氷脈が形成され、その間の低いところや割れた氷の間には軟雪が吹きだまっていた。そのせいで橇がクソ重かった。必

死で動くうちに暑くて汗が噴き出し、それが防風服の内側で結露する。後ろからは犬の荒い息遣いが聞こえてきた。犬も必死だった。

暗闇の中で氷丘、氷脈を上下左右に彷徨ううちに方向感覚は完全に失われ、わけが分からなくなり、私は何度か氷丘にのぼって正しい針路を見極めようとした。そのうち前方に大きな雪山が見えてきた。雪山は月光に照らされぼわーっと亡霊みたいに浮かびあがっており、方角的にはちょうど目指す半島のほうに見えた。私はその山を真の半島の一部だと判断し、そっちのほうに前進した。

進むうちにだんだん雪山は巨大になってきた。そのうち異様にデカくなり、どう考えてもおかしいぐらいにデカくなった。

いやいやデカすぎでしょ、と私は思った。あまりにデカくて笑えてきた。北アルプスみたいだった。それに随分遠くにあるようにも見える。こんなにデカい山は半島近辺には存在しない。もしかしたら私はとっくにイヌアフィシュアクの半島を通りすぎてそのだいぶ先にある大きな岬の近くまで来てしまったのだろうか……。

混乱の極みに達して、何がなんだかもはや分からないが、とにかくコンパス通りに前進するしかなかった。ところがそこから少し歩くと、かなり遠くにあるように見えた例のデカすぎる雪山が急に目の前にあることが分かり、気付くと足元の氷も砂利の地面にかわっており、知らず知らずのうちに雪山の麓の陸地の上に乗りあがっていることに気付いた。よく見ると雪山は全然小さくて、高さ二十メートルの岩でできた単なる丘だった。ついさっきまで巨大に見えたのは闇と月光が作りだすホログラムのような錯覚だったのだ。

その丘をまわりこんでみると地図にある小さな島が現われて、どうやらそこがイヌアフィシュアクの半島の西側にあたることが分かってきた。岸沿いを忠実になぞるように歩くと、海岸は地図通りの方角にのびており、ようやく半島の正しい位置を確定することができた。

出発から十時間以上行動し、ついに私はデポを置いた小屋のある小さな湾に到着した。私も犬もかなり疲弊していたが、一刻も早くデポが無事かどうか確認したいという一念をおさえられない。何だかんだ言ってもう一月九日、村を出発して三十五日目となっており、私は村から持ちはこんだ食料やドッグフードの残存量に不安を感じはじめていた。とりあえず小屋にあるデポの無事を確認して、一カ月分の食料を確保して安心したかったのだ。

用心のためにライフルだけ担ぎ、橇をその場に置きっぱなしにして、海岸沿いに発達した乱氷を乗り越え陸地にあがった。すぐに見慣れた光景が広がった。昔の村人が使っていた古い橇の残骸が雪に埋もれており、その橇のあるスロープ状の斜面をのぼると雪をかぶった小屋の屋根が見えてきた。速足でまっすぐ入口に向かった。

小屋の目の前に来た。一見したところ動物に襲撃された様子は見受けられなかった。すぐに扉のほうをのぞいた。小屋の入口はトンネル状になっている。その奥に小さな扉があって、私はデポを運んだときにその扉を細引きやロープで固定していたのだが、そのロープ類も変化がなく、扉は私がデポした当時と何も変わらない状態で完璧に閉まっていた。

「よっしゃ、よっしゃ」

私は心底、安心してつぶやいた。とりあえずこれで一カ月分の食料は確保できた。まあ、あまり考えられることではないが、仮に英国隊のデポが無くなっているとしても、最悪、村に生きてもどれるだけの食料はこれで手に入ったのだ、とそう思った。

デポが無事であることはもう分かったので取り出すのは明日でいいけど、一応、中の様子だけ見ておくかという軽い気持ちでロープをほどいて扉を開けた。

＊

小屋のなかはガランとしており真っ暗だった。ヘッデンで照らすと、床に昔の住人ののこしたゴミが散乱していた。

おかしい、とすぐに直感した。というのも、私が朝食用にデポしていた人気の韓国製激辛食品いわゆる辛ラーメンの空になった袋が、床に一枚だけ、さみしげに落ちていたからだ。

デポはダッフルバッグの中に入れていたので、誰も来ないのに袋だけ落ちているということはあり得ない。私はデポを置いていた小屋の左側に目をやった。そして目をむいた。そこにあるはずの赤や黒のダッフルバッグが跡形もなく消え失せていたのだ。

ここもやられたのか？

よく見ると床のうえには辛ラーメンだけでなくアルファ米のパッケージや予備の魔法瓶等も散らばっていた。一瞬、何がなんだか分からなかった。入口の扉は完璧に閉まっており動物が入りこんだ痕跡は微塵もなかったのだ。

どういうことだ？

ヘッデンで中をつぶさに見回してすぐに、私はその理由を否応なしに、強制的に理解させられた。天井にぱっかりと、何者かによってぶち壊された巨大な穴が開いていたのだ。

何ということだ。白熊は天井をぶち破ってまでこの小屋を襲撃したのだ。やはりデポは食い荒らされてしまっていたのだ。

あまりのショックに私は呆然とした。呆然として天井の穴をみつめた。天井の穴からは月の光で薄紫色に明るくなった夜の空がのぞいていた。

まだあきらめるのは早い、何か残っているかもしれないと思い直し、ゴキブリのようにがさがさと小屋の床のゴミのうえを這って奥に進んだ。すると灯油を入れた五リットルのポリタンクが転がっているのが見つかった。だが残念ながら、鋭い爪跡で切れ目が入っており中の燃料は空っぽだった。もうひとつ見つかった二リットルのポリタンクのほうは灯油がのこっていたが、やはり一部が爪で切り裂かれており雪が混入して使えそうもなかった。

ぶち開けられた穴の直下には天井材としてつかわれていた地苔の塊が盛りかさなっており、それをどかして残り物がないか探した。だが何もなかった。床のうえにちらばった缶類等のゴミや古い雑誌の下も漁ったが、そこからも何も出てこなかった。デポバッグを置いたあたりをあらためて探すと、唯一、奇跡的にプラスチック容器に密閉された牛脂八百グラムが見つかったが、それ以外は完璧に消え失せていた。

橇にもどると犬はすでに寝ていた。ここにはドッグフードも二十キロデポしていたので、今日は犬を腹いっぱいにしてやろうと思っていたが、それも無理となった。

その晩はあまりの衝撃でまったく眠れなかった。

たしかに、この小屋のデポは半分ぐらいの確率で襲われているかもしれないと覚悟していた。だが本当に襲われているとは思っていなかった。なんだかんだ言って無事だと心のどこかで思っていた。それだけに実際に襲われた現場を目の当たりにして私は予想以上に動揺した。

天井に開けられたあの暴力的な穴を見たとき、私はそこまでやるかと正直唖然とした。飢えて半狂乱になった白熊がキングコングのように両腕をふり下ろして天井をぶち壊したその瞬間の映像が頭に浮かんだ。冷静になって考えると、そこまでやったわけではなかったのかもしれない。別に穴を開けようと思って開けたわけではなく、小屋のまわりからドッグフードか何かの臭いが漏れてきているのに気付き、入口に行ったがトンネル状の部分がせまくて身体が入らず、周辺をうろつくうちに天井のうえに乗りあがって、たまたま朽ちかけた弱い部分があってそこが崩落し、ドスンと床に転げ落ちて、イタタと思って顔を上げると目の前にお宝があってラッキー、といった感じで食い漁ったのかもしれない。その可能性が高い気がしてきた。

でも、デポを襲った白熊がかなり強い執着心をもって小屋の周囲を徘徊していたことはまちがいなかった。それを思うと急に英国隊のデポが心配になってきたのだ。これまで私は英国隊のデポについては九割以上の確率で大丈夫なはずだと楽観的に考えていた。だが、この小屋デポの惨状を目の当たりにし、私のその楽観的観測は大きく揺らいだ。九割の確率が六割五分ぐらいに下がった。

もしかしたらあっちもやられているんじゃないだろうか……。寝袋の中で私は一晩中、不安を鎮めることができなかった。落ち着いて考えれば英国隊のデポが襲撃されている可能性は低い。だがそれ以上に、この極夜探検の計画は最初から流れが悪すぎた。ここまでやることなすことすべてが裏目に出ていたのである。

裏目の最初は二〇一四年にアウンナットにデポしたあのドッグフード一袋だ。苦労して運んだものだったが、結果的にはカナックの猟師たちにすぐに持っていかれた。翌年カヤックでデポを運んだときも、本当はカナダ側とイヌアフィシュアクの二カ所に配置する計画だったが、途中で潮汐線を見誤ってドッグフードを流されたり、風で押しよせる浮き氷に閉じこめられたりして、結局、アウンナットまでしか運べなかった。さらに本来はその年の冬に極夜探検の本番を実行するつもりでいたのだが、デンマーク政府から在留資格の不備を指摘されて強制出国処分を受け、本番が一年延期になるというトラブルもあった。そして帰国後に受けたアウンナットのデポが襲撃されたとの衝撃的な報告。はっきり言ってここまで逆境つづきだと普通なら計画を断念してもおかしくないのだが、私は執拗に、自分でも呆れるほどこの探検にこだわって強引に今回の本番にこぎつけた。それなのに本番の旅をはじめても、いきなり氷河のブリザードで六分儀が吹き飛ばされるという不運につきまとわれた。

そしてこの日の小屋デポの破壊だ。

ここまでやることなすことうまくいかないと英国隊のデポも駄目なのではないかと弱気になってくる。私は何度も英国デポの状況を思い出して、気持ちを鎮めようとした。たしかにこの探検の流れは最悪だが、それでもあのがっちりしたデポが襲われるわけがない。私が運んだデポには干し肉やラードや牛脂、サラミなど白熊の好きそうな臭いを発する食材がふくまれていたので襲撃されるだけの理由があった。しかし英国隊のデポにはそのようなものはなく、アルミ袋で密封された遠征用のフリーズドライ食品やチョコレートバー系の菓子類など白熊が関心を示さなそうな食品がほとんどで、しかもすべて臭いの漏れない樽に密封されていた。ドッグフードの存在がやや気がかりだが、でもそれだって未開封なうえ、野生動物が嫌うといわれる黒いビニール袋で何重にも封がされており、用心深く地面の一番下に埋めこまれていた。周囲も要塞のごとく岩で覆い、ちょっとやそっとでは掘りだせないようにしてあった。何より彼らがデポしたのは二〇一三年夏で、私はその二年後の二〇一五年夏に徒歩でデポ地を訪れその無事を確認していた。つまり二年間は無事だった実績があるわけだ。あれから一年半がたっているが、二年間大丈夫だったのだから、その後の一年半だって理屈のうえでは大丈夫なはずである。

ただひとつだけ懸念があった。二〇一五年に徒歩で訪れたとき、私は、極夜の暗黒状況下でも場所が分かるようにと、赤旗をつけた竹竿をデポの岩石の隙間にさしこんでおいた。当時はこれで完璧だとニンマリしたが、今思うとあれは余計な処置だったかもしれない。もし小屋デポを食い荒らした白熊がその赤旗を見たらどう思うだろう。そいつはすでに、人間の構築物のあるところには旨い食い物が隠されていることを学習しているにちがいない。たとえデポから食い物の臭いが漏れていなくても、遠くから赤旗が目に入れば、あ、あれは人間の残したものではないかと気付き、それがデポ食料を食い漁ったときの良き思い出と接続されるのではないだろうか。

いずれにしても明日になれば答えは分かる。十中八九大丈夫なはずだが、もしやられていたら一気に追いこまれることになる。なにしろ食料が足りなくなるのだ。

私は緊張で眠れないまま朝を迎えた。

＊

翌日は気持ちが落ち着かず、いつもより早い午後五時に起床し、八時に出発した。丸く黄色い月がえげつないほど美しく光り、煌々《こうこう》と夜空を照らして、極夜とは思えないほど明るかった。

英国隊のデポは小屋から海岸線を南南東に四キロほど進み、半島の麓の小さな湾をすこし内側に入りこんだところにある。イヌアフィシュアクの半島の先端をまわりこんだ後、私と犬は海岸線を右手に見ながら南南東にゆっくり歩いた。

距離はわずか四キロほどなのでデポのある湾まですぐに着くかと思ったが、なかなか見えてこなかった。月明かりに照らされた海氷は、氷がぼこぼこ突き出したひどい乱氷帯に見えた。その乱氷を避けるために、右のほうにややまわりこんで行く感じで歩いていたが、歩いても歩いても見えている乱氷は近づいてこず、ただ真っ平らな新氷の上に物凄い距離を隔てて氷の突き出しが点在しているだけだった。ここでも暗黒と月明かりのホログラム効果で距離感が完全に喪失されてしまっており、ものすごく距離が離れている氷の突き出しがぎゅっと凝縮して乱氷帯に見えるという、ひどく人を混乱させる視覚世界がつづいた。そのせいか思ったより時間がかかった。海岸線の向きが内側に傾くたびに、デポのある湾に着いたか……とどきどきしたが、別の小さな入り江だった、ということをくりかえした。

闇と氷と月光がおりなす眩惑的な世界を二時間ほど進んだ。月光に照らされた海氷から大きな氷が突き出しており、私はしばらく前からそれを目印にして前進していた。ところが接近してみると急に、その氷はじつは氷ではなく巨大な雪の岩壁だということが判明し、またしても私は、ええっ、そうだったの？　と驚いた。そしてそれが岩壁だと判明した瞬間、その岩壁が英国隊のデポのある湾の奥にある岩壁だということにも気付き、私はすぐに右のほうを見た。すると案の定、海岸の向きは急激に内側にカーブして、白く光る海氷が半島の根元の湾の奥につづいている。私もまたその氷の広がりに導かれるように右にカーブした。海岸に黒い岩場がせりあがっているのが、月の黄色い光に照らされてうっすら視認できた。あのあたりがデポだったろうか、いや、ちがう。あっちだったろうか……。岩場を凝視しつつ進むが、デポの印である赤旗は見えてこなかった。だが、そろそろデポがあるはずである。奥に進むうちに異様な緊張感に胸が高鳴ってきた。デポが見つかれば予定通り旅はつづけられる。だが、万が一なかったときは……。

ついに湾奥に到着した。だが、それでも赤旗は見つからなかった。私は橇と犬をその場にのこし、潮の干満で岸沿いにできた乱氷を越えてデポを探しに向かった。周囲のおおまかな地形は月光によりかなり明瞭に分かった。デポの位置もはっきり記憶しており、私はその場所に向かった。大きな岩が視界に飛びこんでくるたびに、あった、あそこか！　と駆け寄ったが、それらはすべてデポを覆った岩山ではなく、ただの大きな岩だった。

そのうち雪の斜面を登り切り、反対側にある凍結した池の見えるところまで来た。そこは二〇一五年に徒歩でこの地に来たときにテントを張った場所だった。そこからデポのあった方向は明確に記憶していたので、その方角に下ってあらためて探した。だが見つからなかった。赤旗も見えなかった。さすがに私は、おかしい……と感じはじめた。もしかしたら俺はちがう湾を探しているんじゃないだろうか。

あらためて地図を確認して自分がほかの湾にいる可能性を検討した。しかし当然のごとくその可能性はなさそうだった。いや、なさそうだったではなく、ない、だった。遠くに朧気にうかぶ大きな丘の様子、湾の海岸線の向き、そして背後の池の存在。地形的要素はすべて私が正しい場所を探していることを百パーセント示している。しかし、だとしたらなぜデポは見つからないのか、不思議だった。仮にデポが襲われているとしても、そこには六十リットルもの容積の大きな青い樽が八つもあったのだから、それらがひとつも見つからないということは考えられない。それらがまったく見つからないということは、やはり記憶ちがいで場所の特定をあやまっているのではないか。結局、事ここにいたっても、私はデポが破壊されているという事態が本当に起こるなどと信じたくなかったのだ。

ふたたびうろうろと雪面を海のほうに下りはじめた。そしてついに決定的なものを発見した。

見覚えのある黒いキャップがついた半透明のポリタンクが目の前に転がっていた。英国隊のデポにあったガソリンのポリタンクだった。それは、デポ地を覆う岩の下にがっちりと封印されているはずのものだった。近づき、持ち上げてみると、空っぽだった。空っぽな理由はすぐに分かった。白熊の爪で裂けた跡があったのだ。

「あああ……」

狼狽《うろた》え、情けない声が口から漏れた。あたりを見まわすと、目の前に十センチから二十センチ大の岩が大量にころがった場所がある。その岩の隙間からは夥《おびただ》しい量の黒いビニール袋の切れ端が飛びだしていた。私はその場にうずくまり、また、あああ……と声をあげて、地面の岩をごそごそとどかしはじめた。

「ああ、やられてる……。やられてる……」

どれだけ岩をどかしても、出てくるのはちぎれた黒いビニールの切れ端、チョコレートバー系のお菓子の袋だけだった。六十リットルの大きな青い樽はすべてどこかに消えていた。英国隊のスポンサーのステッカーが貼ってある樽の黒い蓋がひとつだけ転がっており、それがそこがデポの跡地にほかならないことを雄弁に物語っていた。

膝をついて天を仰いだ。

「終わった……」

旅が終わった。完璧に終わった。すべて終わった。

ここまでやっても駄目なのか、と私は途轍もない虚無感に襲われた。何度も橇を引いてこの地を訪れ、カヤックで海象に襲われ、浮き氷に閉じこめられてデポを運び、おそらく四、五百万円に達するであろう資金を注ぎこみ、しかも私は金に関しては〈非スポンサー主義〉なので旅の資金はすべて自分で稼いだ自己資金であり、その資金を稼いだ時間もふくめて四年間という歳月をかけてこの旅のために準備をしてきた。だが、それでも駄目だった。

冗談ではなく、俺の人生は終わったと思った。私には、短い人生の中で三十五歳から四十歳という期間は特別な時間だという認識があった。なぜなら体力的にも、感性的にも、経験によって培われた世界の広がりという意味においても、この年齢がもっとも力の発揮できる時期だからだ。この時期にこそ人は人生最大の仕事ができるはずであり、その時期にできるはずの仕事を最高なものにできなければ、その人は人生最大の仕事、さらに言えば人生の意味をつかみ損ねると、そのように考えていた。だから私はその最大の仕事として極夜の探検をえらんだ。それはなぜかと言えば、極夜世界を旅してそしてついに昇る太陽を見るという行為こそが、古めかしい地理的探検にとってかわる現代的な探検表現になりうるからであり、脱システムという自分の思想をこれ以上ないほど華麗に実現できていると思えたからだった。それこそが私にとって人生最大の表現になるはずだった。実際、極夜の探検の準備にとりかかっている期間、私は自分が肉体的にも感性的にも人生の絶頂期にあることをひしひしと感じていた。と同時に、本番の極夜行が近づくにつれ、その絶頂期がじわじわと終わりに近づいている感覚もあった。たとえば中国の歴史などをふりかえっても、ひとつの王朝は二代目、三代目あたりに名君が登場し、天の道にのっとった仁政を敷き国は栄えるが、その後に愚昧な皇帝がつづき宦《かん》官《がん》を重用するなどして政治は腐敗し、苛政によって民の怨嗟《えんさ》が高まり最後は崩壊するというパターンを繰りかえしているわけだが、今回の本番を迎えるにあたって私にはだいたい三代目の終わりか四代目に入ったなあ、という感じがあった。だからこそ、私はこの探検だけはイメージした通りの最高の作品に仕上げたかったのだ。

だが、それも英国隊のデポが崩壊していたことで不可能となった。もうこんな旅はできない。もう四十歳だ。それもただの四十歳ではない。あと一カ月弱で四十一歳になる四十歳なのだ。同じだけの時間と資金をかけてやり直すほどの勢いが、これからの自分の人生にあるとは思えない。それにこれからは感性も衰えて、ひとつの行為のなかにこれほどの意義を見出すこともできなくなるだろう。私は人生最高となるはずの探検表現をすることに失敗したのだ。最高の作品をのこせなかった人生に何の意味があるのか。泣きたいと思った。ためしに泣いてみようとしたが、あまりのことに涙も出なかった。水分不足で涙が乾いてしまっていた。

くそっ、何か食い残しがあるかもしれないと思い、ふたたび地面の岩を摑んでは放り投げ、掘り起こした。がんがん掘り起こした。すると岩の隙間から段ボール箱が見つかり、一瞬光明を見た気がした。しかしなかに入っていたのはガソリンだった。次に黒いビニール袋が出てきたが、やはりガソリンだった。辺り一面掘り返してガソリンを二十リットルほど確保できたが、食料とドッグフードは完全に食い荒らされていた。出てきたのはガソリンばかりだった。

「燃料ばっかりあったって仕方がねえんだよっ！」

喚《わめ》きちらしてガソリンのポリタンクを蹴っ飛ばした。この旅は呪われていると思い、またうずくまった。そして天を見あげた。

天空の闇の中央では丸い月が神々しいほど美しく輝いていた。だが、その美しさは多くの人間の生き血を吸った日本刀のきらめきのような残忍で冷酷な美しさだった。月から滲みだしてくる黄色い光を見つめながら、これは極夜の意志なのではないかと思えてきた。

たしかにデポを襲ったのは白熊だ。しかし実際には極夜の主が白熊にのりうつり、それがデポを壊したわけであり、事実上、デポを破壊したのは極夜そのものなのだ。私にはそう思えた。

月は極夜の絶対支配者として、あたかも次のような言葉を発するかのごとく煌々と照っていた。

「うふふ。あなたは極夜を探検するとか言っていたのに、人様のデポなんか当てにして、それで悠々のんびり旅をしようったってそうはいかないわ。そう、デポは全部白熊に命じて私がぶっ壊したのよ。悔しかったらこの極夜世界の底をはいずりまわって生き抜いてみなさい。こんなところでデポを食ってごろごろしてたって極夜の闇の最奥には行けないわよ。自力で生きぬいて暗黒の深遠に到達してみなさいよ。それがあなたの言う極夜の探検ってやつなんじゃないの。おほほほほ」

月はそのように私のことを嘲笑《あざわら》っているかのようだった。

私はどうするか思案した。デポ食料が無くなった以上、もはや北極海を目指すなどと言っていられる状況ではなくなった。かといって村にもどることもできない。というのも村を出て最初に嵐を二発喰らった例のイキナ氷河だが、あの氷河の下り口は非常に分かりにくいのである。

イキナ氷河を下るための入口は地形的に非常にせまく、しかも両側をはるかに大きな別の氷河にはさまれているため、油断するとその大きな氷河に迷いこみやすい。私は過去二度、春の明るい時期にイキナ氷河を下ったが、いずれも非常に迷ったすえに下っている。もしこの真っ暗闇の時期に村にもどろうとしたら、ひとまず往路と同様、ツンドラと氷床の二次元平面空間をコンパスだけで突っ切らなければならない。しかも、往路ではどこかの時点でアウンナットの小屋にいたる長い谷に入りこめればよかったが、村にもどる場合はイキナ氷河のその極端にせまい下り口にピンポイントでたどり着く必要があるので、その難易度は往路にくらべて五倍から十倍は高くなる。いや三十倍ぐらいかもしれない。しかも仮に入口にピンポイントでたどり着けたところで、隣の大きな氷河に迷いこまずに下るのは至難の業だし、それ以前に、そこが本当に氷河の下り口かどうかは暗くて絶対に分からない。そして入口が分からないということは現在位置が分からなくなるということだから、アウンナットの小屋にももどれないし、村にも行けない状態になる。となると一か八か闇雲に目の前の氷河を適当に下るしかないわけで、それで海岸まで下りられれば幸運だが、どこかのクレバスに落ちて死亡する可能性もある。それは考えられるかぎり一番危険な行動だ。そんなことは怖くてできない。要するに村にもどるという選択肢は氷河を越えた時点で事実上、封印されていたわけで、帰還するためには極夜が終わり明るくなるのを待つしかなかった。

極夜が明けるのは二月中旬以降である。今日の日付が一月十日で出発から三十六日目に入っていた。村から持ってきた食料は二カ月分、途中で兎を仕留めるなどして多少は節約していたが、それでも残り一カ月分弱となっており、村にもどるには十分とは言えなかった。

だが私の食料よりも深刻なのは犬の餌だった。イヌアフィシュアクにドッグフードのデポが大量にある予定だったので、私は犬の餌を四十日分しか用意していなかったのだ。あらためて餌の残存量を調べると、どうやらこれまでけちけちして規定量ほど食べさせていなかったようで、食い延ばせばあと十日分ぐらいはありそうだった。これまで犬に元気がなかったのは極夜病などではなく、単に餌が足りなかったからかもしれない。それでも到底、村にもどれるほどの量はのこっていなかった。

このままでは犬が死ぬ。餓死する。野垂れ死ぬ。それを思うと急に胸が重苦しくなってきた。絶対にそれだけは避けなければならないと思った。

そう思ったのは、もちろん、この犬との過去の旅の思い出が蓄積して骨肉の情のような親愛感がはぐくまれていたこともあったが、それ以上に、私にはもうこの犬しか残されていなかったからだった。

この探検のために私は犬を手懐《てなず》け、何度もイヌアフィシュアクに足をはこび、道具を制作し、天測の練習をするなど様々な準備活動をしてきたわけだが、その活動のプロセスをつうじて私は自分自身の世界が拡張していく感覚をもつようになっていた。それはまるで私自身の〈私性〉が犬やイヌアフィシュアクという土地や六分儀や自分で作った様々な道具にしゅるしゅると延長して、一体化し、それらの土地や道具や生き物があたかも私自身の身体の一部と化したかのような感覚だった。私はその私自身が拡張しまくった感覚の中で極夜の探検を実行し、さらに世界を拡張させて、世界を〈私性〉によって膨張爆発させることを夢想していたのだが、ところが現実の探検で見せつけられたのは六分儀が吹き飛ばされ、デポが破壊されたことによる拡張した世界の崩壊だった。そして気付くと私が築いた私自身が拡張した世界、すなわち私自身そのもののなかで残ったのは、この犬だけになっていたのだ。犬が死んだらすべてが終わる。絶対に死なせてはならない、とそう思ったが、それはたぶん犬を死なせないことによって自分自身が築いたものを守りたかっただけなのかもしれない。

いずれにしても食料が足りなかった。犬を死なせないためにも何か獲物を狩るしかない。この暗闇の中、一か八かで村にもどるよりは、どこかで獲物を見つけて食料を確保したほうが安全性は高い。そう判断した。しかし獲物といっても兎や狐の小物ではたかが知れている。少なくとも海豹以上、できれば白熊か麝香牛級の大物をとるしかない。これらの大物獣を部外者が狩るのは違法だが、そのことはひとまず脇に置いておくことにした。もし大物の獲物が手に入れば、私と犬の分をあわせても一カ月以上の食料となるだろうから、一発逆転、北極海は難しくても北上する旅を継続することができるかもしれない。なにしろ燃料だけは腐るほどあるのだから。

獲物をとって犬を救うことで旅は継続でき、それが自分自身を救うことにもなる。絶対に獲物をとる、と私は天地神明に誓った。月に誓った。まだ旅を終わらせるわけにはいかなかった。

そしてどこで何をねらうか考えた。真っ先に妥当と思えたのは麝香牛をねらうことだった。白熊は海豹を探して海氷上をうろつきまわる放浪者なので、そのとき、その状況にならないとどこにいるか分からない。つまり白熊と会えるかどうかは運次第ということになる。しかし麝香牛はちがう。麝香牛は白熊にくらべてはるかに棲息頭数が多いうえ、私はここ数年アウンナットおよびイヌアフィシュアク周辺を歩きまわっていたので、実際に群れる場所を知っていたし、またどのような土地に群れる傾向があるのかもおおむねわかっていた。

セプテンバー湖だ、と私は思った。

セプテンバー湖は二〇一四年に私がはじめてこの犬と旅をしたときに立ち寄った湖で、そのときは湖畔や丘のうえに大量の麝香牛が群れていた。十頭前後の群れを五、六回は見たと思う。その様子はもはや麝香牛牧場と呼んでも過言ではなかった。あの当時、異様な寒さに震えていた私はそこで一頭の麝香牛を仕留め、その脂を食べまくることで身体が温まりなんとか旅を継続することができた。牛を狩ることで犬の餌も大量に手に入ったので、余ったドッグフードをアウンナットの小屋にデポしたがカナックの猟師に持ち去られてしまった、という例の因縁が発生した原因となったのも、セプテンバー湖の麝香牛である。あそこに行けさえすれば絶対に肉が手に入ると思った。そのときの牛たちの屯《たむろ》する映像が鮮やかに脳裏によみがえった。

残された時間は多くなかった。上空を見上げると丸い月が幻想的な黄色い光を放っていた。月はニヤニヤと笑っていた。この日の月齢は十一・八。月はまもなく満月をむかえて絶頂となり、それから五、六日間は極めて明るい期間がつづく。だがそれ以降は暗くなり遠くの獲物を識別できるほどの光量はなくなるだろう。この極夜世界で狩りをするには月の光をあてにするしかなく、そのためにはどんなに頑張っても今から一週間程度が限界だった。

時間がない……。私は焦り、即座に荷物のまとめにかかった。少しでも足を速くするため、予備橇一台と余分な灯油や装備を英国隊デポ跡地に置いていくことにした。一時間でも惜しかった私は「絶対に麝香牛をとるぞ」と犬に発破をかけてすぐに出発した。

歩くと月の高度がだんだん高くなりさらに明るくなった。満月期の月が南中すると何でも見える気がする。

麝香牛は黒くて丸くてもそもそ歩くので、春の明るい時期でも岩の塊と見分けがつきにくいほどだ。それでもこの月があれば大丈夫だと思った。私は何度も月光でほのかに映えた海岸に目をやり、そこに見える岩影を麝香牛に見立てて、大丈夫だ、あれなら見える、と自分に言い聞かせて歩いた。

追いつめられたことで脳下垂体から大量のアドレナリンが噴出して集中力が異様に高まり、わずか一時間でセプテンバー湖から流れる川（仮称・セプテンバー川）の河口近くの岬に到達した。

だがそこで急に、それまでぶしゃーっと噴出していたアドレナリンがぷしゅっ、ぷしゅっと切れたみたいにふと冷静になった。

その場に立ち止まり、本当に行けるのか？　と自問した。

二〇一四年にセプテンバー湖からセプテンバー川を下ったときのことを思い起こした。セプテンバー川は大きな丸石が河床全体にゴロゴロところがり、その上に軟雪がのっかったひどい川だった。進むたびに橇のランナーが石にひっかかり、あるいは横転し、わずか二十五キロを下るのに四日も要した。とても人間が橇を引いて歩くような場所ではなく、絶対にもうこの川は二度とルートに使わないとかたく誓ったほどだ。しかしもし本当にセプテンバー湖に行くとしたらその最悪の川を遡らなければならない。

落ち着いて考えろと私は自分に言い聞かせた。明るい時期の下りで四日かかったのだから、暗い中を遡ったら最低五日、下手したら一週間だ。私はもう一度、海岸の岩場に目をやり、五日後の弱まりはじめた月光で本当に麝香牛の黒い影と岩の見分けがつくか想像した。それに天気の問題もあった。今は晴れて視界がいいが、氷床のときみたいに上空が雲でおおわれたら何も見えなくなる。湖に着いたときに都合よく晴れているとはかぎらない。というよりその可能性は低いような気がしてきた。そして、とても無理だ、と思った。アドレナリンが切れたせいか急に弱気になって、月の光だけで麝香牛なんてとれるわけがないと思えてきたのである。もしセプテンバー湖に行き麝香牛がとれなかったら、他にルートはないのでまた川を下るしかない。だとしたら他にもっといい場所があるのではないか……。

今日はテントの中でじっくり考えたほうがいい。そう思い直し、私は、今度はとぼとぼ二時間近くかけて来た道を引き返し、英国隊デポ跡地の近くにテントを張った。

極夜の内院

テントの天井には皮の手袋や皮のズボンなどの乾かし物がところせましとぶら下がっている。

夕食の間も、寝袋に入ってからも、私はどこで何の獲物をねらうべきか延々と思案し、行き先を迷いつづけた。

残りの食料がかぎられている以上、狩りをする期間のリミットを決めなければならない。獲物がとれず村にもどることになれば、手持ちの食料で帰還しなければならないからだ。あらためて確認すると一カ月分弱の食料がのこっていた。

ただ、自分には目に見える食料以外にじつは隠れ食料が手元にある、ということに、私はデポが荒らされた後から気付いていた。

犬の肉である。

英国隊のデポが食い荒らされたことが分かったとき、私は絶対に犬を死なせないと誓ったが、その一方で、もし狩りに失敗して獲物がとれなかった場合は死んだ犬の肉を食って村にもどるしかない、ということも冷徹に見据えていた。獲物がとれなければ犬は必然的に途中で力尽きる。そうである以上、その肉を食わない手はなく、その時点で私の食料は自動的に増えることになる。アムンセンの南極到達行をはじめ昔の探検では犬を食料計画に組みこんでいたことは知識としては知っていたが、自分の犬の肉を食料にするなど現実として想像したことはなかった。講演会で「遭難して食料がなくなったら犬の肉を食べるんですか」と質問されたときも「ははは。そうならないように気を付けます」と笑って受け流しただけだったが、今やその可能性がゼロではない状況に直面していた。

実際に食う食わないは別として、獲物がとれなかったときのことを視野に、犬の肉を計算のうちに入れておかないといけない。犬の普段の体重は推定約三十五キロ、餓死して二十キロになるとしても臓物をふくめて十キロは食える部分があるだろうから、死んだら十日分の食料として見こめる。手持ち食料と犬の肉をあわせると残りの食料は三十五日から四十日分、となると今日が一月十日だから狩りが失敗しても二月十五日から二十日頃まで食い物はあることになる。この時期になるともう十分明るいので氷河の入口も判別できるだろうから、最悪、自分だけは村に生還できる。ひとまずこのあたりをデッドラインにして狩りに許された期間を逆算した。

アウンナットから村にもどるには往路と同様、ツンドラと氷床の二次元平面空間を越えなければならない。二月になれば昼間は明るいだろうから往路のように迷う心配は少ないものの、厳冬期の氷床は一週間連続でブリザードが吹き荒れることもあるので、十分な余裕をもって臨む必要がある。私はアウンナットから村まで予備日ふくめて二週間が必要と考えた。となると二月十五日に村に到着すると仮定した場合、二月二日にはアウンナットの小屋を出発しなければならないことになる。さらにイヌアフィシュアクからアウンナットまでは四、五日かかるので、遅くとも一月二十七日前後にはイヌアフィシュアクを出なければならない。ということは今日は一月十日なので、狩りに許された時間はざっと二週間少々というところだ。

期間を二週間に区切り、それに月が欠けていくことも考慮して獲物と行き先を決めなければならない。現実として対象となる獲物は麝香牛か海豹だが、それぞれメリットとデメリットがある。麝香牛はある程度棲息地が絞られるうえ、もし見つかれば接近して射程距離に入るのはさほど難しいことではない。過去に何頭か仕留めた経験もあった。ただ月光だけで姿を識別できるか分からないし、かりに射程距離に入ることができても、本当にヘッデンの光で照星と照門をあわせてその先に獲物を的として持ってくるという芸当の末に撃ちとめることができるか、自信はなかった。これまで二羽の兎を暗闇の中で仕留めたが、両方ともかなり至近距離だった。普通に考えたら弾はあたらないだろう。それにヘッデンの光で逃げられる可能性も高い気がする。

一方、海豹は呼吸穴が見つかれば、じっとその場で待って撃ちとめるだけなので、暗くても猟ができるのが利点だ。ただし呼吸口が見つかるかどうかは運次第であり、さらに言えば私自身に海豹の呼吸口狩りの経験がないことが最大のネックだった。

常識的に考えればアウンナットに引きかえすべきだというのは分かっていた。何しろ食料が十分ではないのだ。アウンナットにもどればそれだけ村が近づくわけで、肉体的にも精神的にも一番安全な選択である。それにアウンナットは兎が豊富で、麝香牛も時々姿を見せる。最近、数を増している狼がとれるかもしれない。何より小屋に余分な荷物をおけば身軽に獲物を探せるので、十日も滞在したらそこそこの量の肉が手に入ると思う。

アウンナットに引き返したほうが無難じゃないかという悪魔の囁きが何度も耳に聞こえてきた。だがそのたびに私はその考えを頭からふりはらった。というのもアウンナットにもどれば、もうその時点でこの旅は終わってしまうような気がしたからだ。それは理屈ではなかった。こういう旅で一度、撤退に気持ちが傾けば、そこからモチベーションを立て直すのは事実上、不可能になる。アウンナットにはもどらず、私はあえて北に突っこむことにした。村という人間界から少しでも離れてより深い極夜の闇の奥に突っこむ。そうすることで何か旅の活路が開けてくるかもしれない。それにもし獲物がとれなくても、北に突っこむことで今後、自分の選択を後悔しないですむはずだ。

地図を見て北方面に麝香牛が狙えそうな場所がないか検討したところ、約五十キロ北に進んだところにダラス湾というところがあった。その内陸に湿地が広がっており、いかにも麝香牛が餌場にしていそうな土地に思えた。しかもその湿地は南側で例の麝香牛牧場ことセプテンバー湖とつながっている。二〇一四年にセプテンバー湖に行った時、湖から山を越えて北に向かう群れを見たが、あの牛たちはおそらく湖とこの湿地帯の間を移動していたにちがいない。しかもダラス湾にはもう一つ有望な点があった。麝香牛は海岸より内陸部にいるケースが多いが、グリーンランドの地形は海岸に断崖がつらなり、重たい橇を引いて内陸まで進入できる場所はかぎられている。しかしダラス湾は地図で見るかぎり非常になだらかな地形が奥までつづき、容易に内陸部に進入できそうに思えた。

とりあえず私は方針を決めた。まずはダラス湾を目指して北上し、その途中で良さそうな氷の割れ目があれば試しに海豹の呼吸口を探してみる。海豹猟がうまくいきそうならそれに専念し、難しそうならダラス湾に直進して麝香牛にねらいをかえる。

翌日も快晴で月が煌々と照っていた。午後九時半に出発して英国隊のデポ跡地から北にある岬を目指した。氷点下三十五度の寒さだが、身体は寒さに完全に適応しており、橇を引いていると汗がにじんでくる。この極夜探検では連日、氷点下四十度から五十度台の寒さを覚悟して装備もそれ相応の準備をしてきたが、正直言って寒さに関しては恐れていたほどではなかった。

岬に近づくと幅四十センチほどの新しい割れ目がイヌアフィシュアクの半島の先端に向かってのびていた。岬の周辺は潮の動きのひずみで海氷に割れ目ができやすく、海豹はこうした割れ目に呼吸口をつくることが多い。私は橇をその場に残し、ライフルや海豹猟用の鉤棒《かぎぼう》などを肩にぶら下げて割れ目に沿って穴を探しはじめた。割れ目は潮の圧力でもりあがった氷丘や乱氷の間を縫うように延々とつづいており、歩くだけでも大変だった。五百メートルほど探したところで、呼吸口っぽく見えなくもない穴が見つかった。通常、呼吸口のまわりは海豹の吐息が凍って小高くもりあがるが、その穴のまわりはそうした吐息のもりあがりはなく、わずかにもこっとしているだけだった。だが、それも呼吸口がまだ新しいからかもしれない。一応、私は橇に一度もどって穴の近くまで引き返し、防寒着に身をつつみ、ライフルをかまえて穴の脇で海豹が呼吸しにくるのを待った。

風もなく音もなく、月と闇と沈黙だけがそこにあった。一時間ほどじっとその場で待ったが、何の動きもなかった。寒さに慣れたとはいえ、動きをとめると寒気が衣類と皮膚を透過して体の内側まで染みこんでくる。

呼吸口かどうかも分からない穴で待つのも非効率的なので、ひとまず橇を引き移動を再開した。また別の割れ目が見つかったので、同じように五百メートルほど探したが、やはり呼吸口は見つからなかった。そんなことをしているうちにもういい時間となり、私は先ほどの呼吸口かもしれない穴にもどり、鉤を三叉にした簡単な罠を穴に垂らして近くで幕営することにした。

うまいこと罠に海豹がかかればいいが、たぶん無理だろう。というか、ここはどう考えても呼吸口ではない。

一日やってみて海豹猟の非効率性について痛感した。ちょっとうろうろ探しまわるだけですぐに数時間経ってしまう。そもそも人力で橇を引きながら呼吸口を探すこと自体、無理がある。イヌイットが旅の途中で呼吸口を探すときは割れ目にそって犬橇で何キロも走って探すらしいが、人力橇で同じことをやろうとしたら乱氷のなかで橇を引いてまわらねばならず体力の消耗がはなはだしい。移動できる距離もたかが知れている。したがって橇は後に残して空身で探さなければならないが、そうすると残した橇を白熊に襲われるのが心配だ。海豹の呼吸口があれば、当然、海豹を餌にする白熊が近くをうろついていてもおかしくない。仲間がいれば橇を見張ってもらうこともできるが、単独行なのでそれも無理だ。白熊に橇が襲われたら私に残されるのは死、だけなので、怖くて橇からあまり遠くに離れられないのである。それにアウンナットに来てからというもの白熊の気配がほとんど感じられないのも気になった。一度、古い足跡を見かけたが、それだけだ。もしかしたら海豹は別の海域に移動しており、白熊もそれを追っているため気配がないのかもしれない。そう考えると、いる可能性の低い海豹をねらうのはあまり賢い選択ではないように思えてきた。

私は三度、計画を変更し、やはり麝香牛一本にねらいをしぼることにした。ダラス湾まで四十五キロほど。二日でたどり着けば一週間近くは月明かりを期待できる。麝香牛が駄目でも兎の二、三羽はとれるはずだと、そう考えた。

翌日テントを撤収すると犬が待ちきれないとばかりに私の糞をがっついた。私は犬が餌を食べるところを見るのが好きだ。本当に旨そうに食べるので、ずっと見ていても全然飽きない。飢えた犬がばふばふとじつに美味しそうな音を立てながら食事をするのを見ていると、それがたとえ人糞でも旨そうに思えてくるから不思議である。これまで行動日には村で買ったホールトマトの空き缶で三缶か四缶分のドッグフードを与えていたが、一昨日からは三缶から二缶に減らしたので、かなり腹が減っているのだろう。

朝食が終わると犬は離れたところに行き、遠くのほうを見ながら、いかにも気持ちよさげな恍惚《こうこつ》とした顔で脱糞した。野生に近い犬だがエチケットだけは私よりもよほどわきまえている。

「さあ、ウヤミリック行くぞ。お前が死んだら、もうこの旅も終わりだからな」

そう声をかけると、自分の言葉に涙腺が刺激されて思わず涙がこぼれそうになった。そして絶対に犬を死なせないという決意が高まり、ふたたびアドレナリンの噴出量が増した。どぴゃーっと出てきた。何としてでも月の明るいうちに麝香牛を仕留めなければならない、とあらためて決意をかためた。

脳内物質の助けもありダラス湾にむけて私と犬は飛ばしに飛ばした。歩いている最中も白熊がいないか目を凝らした。白熊が一頭、接近してくれさえすれば一気に問題は解決する。犬も激しく運動して橇を引いた。岬の周辺はひどい乱氷で手間取ったが、少し沖に離れると真っ平らな新氷帯となりペースは一気にあがった。

駆けるようにして橇を引く私と犬とのまわりには、壮絶なまでに美しい闇と氷の世界が広がっていた。

左手には月光を反射して薄ぼんやりと白く発光した氷の絨毯《じゅうたん》が広がり、それが奥のほうで見えなくなり闇空間にすいこまれて黒い天空と融けあっている。右手側には高さ二百メートルの垂直の断崖が延々とうちつらなり、その上に満月が母なる神のように照り輝き、慈しみに満ちた光で世界をやわらかくつつみこんでいる。そこに時折、エクトプラズムのごとき白緑色の靄のような気体性発光物が、断崖の上で、この前死んだ祖母の霊気みたいにゆらゆらと立ちのぼった。オーロラである。オーロラは太陽風とよばれるプラズマが地球の磁場にさまたげられることで発生する現象で、北緯六十七度近辺でもっともきれいに発光するので、今回の旅のエリアは緯度的に高すぎるのだが、それでも一応発生だけはするらしく、雲かオーロラか分からないけど動きがおかしいからたぶんオーロラだな、程度の弱々しい光で、きわめて妖しげにゆらめいていた。

月の光と、それに照らされて氷が闇夜に白くぼわーっと浮かびあがっている幻想的な光景のなかを歩きながら、私は完全に宇宙空間を探検しているような感覚に陥った。

音もなかった。風もなかった。光もわずかしかなかった。そこにあるのは私と氷と星と月。あとは犬。氷河という村との出入口が闇によって完全に封印されたせいで、私は事実上、宇宙空間のように人間界から隔絶された世界に閉じこめられていた。少なくともそんな気がした。逃げ場のない状況のなかにいるせいで、私は宇宙そのものである周囲の風景のなかに組みこまれ、溶けこみ、一体化していた。月、星、闇、風、氷、犬といった周囲の諸要素のひとつひとつが私の命運をにぎっており、そのことで私はこれらの諸要素とダイレクトに見えない糸でつながっていた（ただし犬とだけは実際にロープでつながっていた）。風景が美しく見えるのは、私が単なる観光客としてこの場にいるからではなく、生きようとする一人の人間としてそこにいるからだった。私のまわりで展開している闇や星や月は見た目の美しい観賞物としてではなく、私と本質的な関係をもつ物体や現象として、そこにあった。私は天体をよすがに旅をし、闇は私を支配する。こうした状況により、私はこれらの諸要素と相互に機能しあう環世界の中に完全に入りこんでいるわけだった。私はそのことを実感しながら歩いていた。組みこまれているな、環世界に入りこんでいるな、かなりいい感じで脱システムしているな、とひしひしと感じながらダラス湾に向かった。

いったいこのような壮絶なまでに美しい風景を目にしたことがある人間は、歴史上、はたして何人いるのだろうか、と私は思った。

文明社会で暮らしていると忘れがちだが、地球も結局は宇宙空間を漂う天体のひとつにすぎない。このとき私は闇と氷、あらゆる物体を凍らせる寒気にとりかこまれており、その中を月と星に導かれて移動していた。私のこの移動行為は、すなわち私という存在そのものは、闇と凍気の中で月と星等とつながることで成立しており、そのせいか、私には地球にいるというより、宇宙の一部としての地球の表面に俺はいる、という感覚が強かった。要するに私がこのとき歩いていたのは地球ではなく宇宙の一隅であり、それが宇宙探検をしているという感覚を私にもたらしていたのだ。そして、この宇宙そのものである極夜世界の奥地に入りこみつつあるのを実感しながら、私の内部では、狩りは成功するのかという不安とともに、自分がやりたかった探検のクライマックスはもしかしたらこれからはじまるのかもしれない、という変な期待も高まっていた。今、自分は真に未知の空間に入りこもうとしているのだ、と。

未知には表面的未知と根源的未知の二種類がある。たとえば二〇一七年現在における未踏峰登山のような類が表面的未知である。現在でも未踏峰はあるし、誰にも登られていない以上、そこは未知の空間なのだが、しかし登山という行為は現在はジャンルとして定着しており行為としてはかなり拓かれているし、未踏峰といっても、たとえばヒマラヤならヒマラヤ、アンデスならアンデスといった土地そのものが持つ未知性は現在ではほぼはぎとられている。その意味では未踏峰自体は未知だとしても、その周辺はすべて既知に取りかこまれているので、その未知性はかなり限定的で、つまりその山の登頂ルートが未知というだけの話である。それに対して根源的未知とは、その行為をとりまく全体状況そのもの、世界そのものが未知であることをいう。自然環境も状況も方法論も洞察の対象もすべてが拓かれていない、その位相空間そのものが未知な場合だ。つまり私たちが普段暮らしているシステムの外側にある世界。ダラス湾に向かいながら、私は、自分がその根源的未知状況のなかにいることをひしひしと感じていた。

そして皮肉なことだが、それが実現されつつあったのはデポがすべて破壊されたからだった。

もしデポが残っていたら、どうなっていたか。私は事前の計画通りイヌアフィシュアクで大量のフリーズドライ食品とガソリン燃料に守られて比較的快適にテントでごろごろしていただろう。そしてごろごろしている間に太陽は次第に地平線に近づき、じわじわ明るくなり、事実上、極夜が終わった一月末か二月上旬に私はデポ地を出発して北極海めざして北進していただろう。北極海まで行けるかは不明だが、まあ、ある程度良いところまで行き、太陽が昇るのを目の当たりにして、ああ、ようやく太陽が昇ったなぁとなんとなく予定調和的に感動して、どこかの地点で引き返しはじめていただろう。そして出発から約四カ月後に英雄然として村に帰還し、計画通り旅が終わったことを寿いだだろう。

しかし、それが本当に私が目指した極夜の探検だったのか。それをやったところで地理的探検にかわる新しい表現としての探検になっていただろうか。

計画通りにいけば確かに極夜期間は旅をつづけているので、極夜の探検というタイトルに嘘偽りはない。しかし実質をみると、そこには欺瞞《ぎまん》があった。なぜなら計画では本当に暗い真の極夜期間の後半は、ずっとデポ地でごろごろすることになってしまっていたからである。テントの中でごろごろしたところで極夜そのものの洞察が深まるわけではない。あくまで暗闇のなかを動きまわることで、この長い夜が人間の精神に与える影響、すなわち闇の本質を理解し、そしてその後につづく太陽を見ることで光の意味を知る。それが極夜の探検の本来の意図だったはずだ。ところが準備が進むうちに、その意図は現実にあわせて修正され、後半はごろごろ寝転がるという計画に変わってしまっていたのである。

なぜそんなことになったかといえば、目的地を北極海に設定したからである。いくら最大の目的は極夜を探検することです、と主張したところで、それが移動行為である以上、便宜上、どこか地理的に意味のある場所を目指すという体裁をとらざるをえない。たとえばワシントンランドの北端を目指しますと言っても、誰もそんな場所は知らないし、そこにどんな意味があるんですかと訊かれたら、私自身、いやースミマセンがよく分かりません、と答えに窮してしまう。そのうち、そんな無意味な地点に行かなくてもいいんじゃないかと自問がはじまり、移動するモチベーションが薄れてしまうだろう。このような負の連鎖を避けるためには、たとえ便宜上の目的地であっても、一応、目的地は有意味な地点であることが望ましく、シオラパルクから北でどこにそれがあるかといえば北極海しかなかった。そこで形としては北極海を目指すことにしたのだが、一度、有意味な目的地を設定すると今度は逆に私自身がその有意味性に捉われてしまい、北極海を目指すという地理的目標が独り歩きしてしまった。真の目的は極夜探検なので本来なら北極海なんぞ行けなくても全然いいはずなのに、ゴールにたどり着けないのはなんだか頂上に登れずに途中敗退した登山みたいで嫌なので、何とか北極海に行けるように計画を練りはじめた。すると北極海を目指すには、潮と結氷状況から二月中旬しかカナダ側に海峡をわたるタイミングがなく、それまでは待機しなければならないことが判明。

となるとどうやってもデポ地で三週間ほどごろごろしなければならず、結局、私は北極海を目指すために極夜の探検が中途半端に終わることを受けいれたのである。地理的探検にかわる新しい命題としての探検を掲げ、真の目的は地理的にどこかに到達することではなく極夜そのものを洞察することだと公言していたにもかかわらず、実際の計画は北極海という地理的目標に呑みこまれてしまっていたのだ。

もちろん私は自分の計画にこのような欺瞞が潜んでいることに気付いていた。だが、これはもう仕方がないとも思っていた。この程度の矛盾は自分で言わなければ絶対に他人にばれっこないし、一応、前半のイヌアフィシュアクまでは冬至前後の極夜中の極夜を移動することになるわけだから、後半をごろごろ休んでも極夜の探検というタイトルに偽りはない。それにごろごろして極夜探検が中途半端になっても、成功すれば極夜期間を越えて四カ月もの長い間、北極を旅することになるわけだから、たぶん皆そのスケールに圧倒されて、凄まじい旅という評価を得て、あわよくば植村直己冒険賞を受賞などするにちがいない。だからこの欺瞞は誰にも明かさず、自分の胸の中にこっそりしまっておこう、ウヒヒなどと思っていた。というか無意識のうちに自分でも気付かないふりをしてこの問題に蓋をしていた。

しかし極夜は、極夜の主である月は、私のこのような欺瞞を見逃さなかった。そして白熊に命じて、デポと一緒に私のこの欺瞞をぶち壊した。デポが破壊されたことで、ごろごろするという予定は北極海と一緒に吹き飛び、私は食い物を確保するため、闇夜の中、月明かりだけを頼りにダラス湾に進まざるをえなくなった。北極海を目指すという古典的な地理的到達行為はおしゃかとなり、私の旅は意図せずして、きわめて強制的に、極夜そのものの探検という本来目指していた正しいあり方に引きもどされ、あらためてこの闇の舞台に引っ張り出されたのである。

もはやこの旅はどうなるか分からなかった。本当に麝香牛を仕留めてふたたび北進するチャンスを得るのか、獲物がとれず村にもどることになるのか。暗闇という混沌だけではなく、予定調和がぶち壊されたことの混沌も新たにくわわり、完全に私は一切無分節的混沌の渦のなかに放り出されていた。

予定調和のストーリーが崩れることは、当然、書き手としての私にとっては当惑することで、最終的にはこんなテーマで本が書きたいという目論見があって事前に旅のルートなどをイメージしているのに、それが何が書けるのか分からなくなるわけだから、非常に困る事態なのだが、逆に行動者の私にとっては旅の先行きが見えなくなり面白くなってきたと思う面がなくはなかった。

これが極夜だ、これがノンフィクションだ。私は窮地に陥っていたにもかかわらず、ぞくぞくしながらダラス湾を目指した。

＊

ダラス湾に着いたのは一月十三日午前、英国隊デポが破壊されているのを発見してから三日後のことだった。

餌を減らしたうえ、一気に進んだことで犬は急速に痩せ衰えはじめていた。寒さに強い犬種とはいえ、氷点下三十度以下での重労働である。あばら骨が浮き出て腰まわりが貧相になり、後脚から尻にかけての筋肉がごっそりなくなっていた。身体中をなでて確認するたびに、可哀相で思わず涙が出そうになる。ドッグフードはあと五、六日で無くなりそうな気配だったので、もし餌が切れたときには自分用の海豹の脂やベーコンなどを犬に与え、少しでも延命させることにした。

一方、月はあまりにも明るかった。犬に憐れみを感じるのと同時に、私には、これだけ明るければダラス湾の内陸で絶対に獲物は手に入るはずだ、というなかば確信に近い期待も生まれた。月が消えるまでまだ一週間ほど猶予がある。一週間、ツンドラをうろつけば麝香牛の群れに遭わないわけがないし、麝香牛は的がデカいので一発ぐらい弾も当たるにちがいない。麝香牛が無理でも兎はうじゃうじゃいるはずだ。過去の明るい季節の旅行では、何度か食料が乏しくなり兎を狩りにでかけたことがあったが、その気になれば簡単に三羽でも四羽でもとれた。一日中やればそれこそ十羽ぐらいは確実で、最低一日一羽仕留めれば私と犬の一日分の食料にはなるので、兎を仕留めながら十日でも二週間でも粘り、空がある程度明るくなってから麝香牛を撃ちとめてもOKだ、なども考えていた。満月の光が、ただでさえ病的に楽観的な私をさらに楽観的にさせた。

ダラス湾の湾内は、全面的に、潮の圧力で高さ三、四メートルの巨大な氷丘がもりあがり、その隙間は軟雪でおおわれていた。前進が困難になり岸のほうに逃れていくうち、私と犬はいつのまにか、気付かないうちに定着氷のうえに乗りあがっていた。

定着氷のうえにはうれしい光景が広がっていた。

雪をかぶり真っ白になった海岸に、期待通り兎の通り道が縦横無尽に走っている。よく見ると定着氷のうえも兎の足跡だらけだった。よっしゃあと私はガッツポーズをとりたくなった。やはりこの地には獲物がたくさんいるのだ。早速、兎の肉でも確保するか、と思い、私は橇を残して周辺を歩きまわった。初日から兎肉三羽ゲットぉぉ！　ウホっ、みたいな都合のいい妄想をふくらませて、目を爛々《らんらん》と光らせてしばしの間ルンルン気分でうろついた。定着氷から兎の足跡の小径を辿り、海岸の小さな雪の丘を登り、向こうを見やる。先に兎に勘付かれると逃げられるので、慎重に岩陰から首をのばす。しばらく兎の通り道をうろついたが姿を発見することはできなかった。

意外と見つからないなぁ、やっぱ暗いからかなぁと思ったが、このぶんだと兎などそのうち嫌でもとれそうな感じもあったので、私は本命である麝香牛を探すため内陸を目指すことにした。定着氷を進むと湾奥にそそぎこむ谷の河口らしき空間が現われた。地図を見るとその谷を上流に登ればセプテンバー湖とつながる湿地帯に出るようなので、私は定着氷から陸地にのりうつって谷をさかのぼりはじめた。谷は緩やかで雪も固く、快適な登路になっていた。一時間ほど登り、最後の雪の急斜面で橇を引っ張り上げると、その上は真っ平らな雪原が広がり、そこで幕営して翌日さらに谷を上流に向かった。

すでにいつ麝香牛が現われてもおかしくない場所に私と犬はいた。月光で雪原は薄ぼんやりとした白い光を帯びており、ヘッデンをつけなくても地形は何となくつかめた。だだっ広い雪原はまもなく大きな谷筋にかわり、蛇行をくりかえしながら南へのびている。内陸部は概して無風で谷筋は軟雪におおわれ、その下には河原石みたいな丸石が隠されている。そこに突っこむと橇が引っかかって一気に体力が消耗したが、ただ雪の多い谷筋には所々、麝香牛が雪をほじくり返した餌場が点在しており、いよいよ麝香牛の棲息エリアに入りこんできたという緊迫感がたかまってきた。

月明かりで目は暗闇に慣れていたが、さらに目を凝らして歩いた。

満月前後の月は二十四時間沈まない極夜の白夜といった状態となる。そのため雪原は一日中、月光を照りかえし、雪原そのものが独自にきわめて微弱なＬＥＤでぼわーっと発光しているように見える。全体がかすかに、きわめてほんのりと白く浮かびあがっているので、かなり遠くの物体まで見えているように見えるが、しかしそれは錯覚で、すぐそばまで近づいてみないと実際はどうなっているのか分からない。そんなことは今回の旅で嫌というほど自覚していたが、現実にかなり遠くのほうまで見えているような現状況に取りかこまれていると、やはりかなり遠くまで見えているなぁ〜というふうに感じられてきて、明るい月明かりのもと、私は本当にかなり遠くまで見えているような気分になっていた。

そのような光学的心理状況が一方にはあり、その一方には麝香牛みたいな色と大きさの岩がごろごろといたるところに転がっているという地質的状況があった。

さすがにすぐ近くにある岩は麝香牛ではなく岩だと分かるが、百メートルとか二百メートルとか先にある黒い影は岩なのか麝香牛なのか区別がつかない。というより現実にはそれが百メートル先か二百メートル先かあるいは五百メートル先かも分からないのだが、感覚的には二百メートルぐらい先に見えたりする。そういう怪しげな黒くて丸い影を見ると、私は、あれは麝香牛では……と思い、犬に「あれは麝香牛かなあ?」と問いかけて視線を向けるようにうながした。というのも犬は何度か麝香牛を食べているのでその肉の味を知っており、かなり大好物で、しかも飢えているので、それが本当に麝香牛なら涎《よだれ》を垂らしながら、こっちが啞然とするような勢いで橇を引いて走り出すはずだからである。だが、私の問いかけにも犬は無言かつ無関心な様子で寝そべっていた。ということはその黒い影は麝香牛ではなく麝香牛もどきの岩、すなわち麝香石である可能性が高いのだが、しかし私の目にはあくまで麝香牛である確率が高いように見えた。私は橇を止め、防寒着を着用し、ライフルを肩からぶら下げて、期待に胸をときめかせて接近をはじめた。

前方約二百メートルに単独行動をしている雄の麝香牛らしき影発見。ラジャー。そんな感じで気分を高ぶらせ、私は麝香牛に気取られないようにゆっくりと一歩一歩雪を踏みしめて歩いた。ゆっくり、じっくり、息を殺して近づく。五十メートル近づいた。百メートル近づいた。ところが、二百メートルほど先にあると見積もっていた影のほうは全然近づいてこなかった。おかしいなと思い、ゆっくり歩きをやめて無造作に速足で近づくと、麝香牛かと思った影はやはり麝香石で、しかも二百メートルどころか三百メートルぐらい歩いてもまだだいぶ先にあった。要するにそれはかなり遠くにある麝香牛とは似ても似つかない大岩だったのだ。

その後も雪原のまわりには麝香牛ぐらいの大きさの真っ黒い麝香石がごろごろしていた。遠くにあるのはどうしても牛である可能性が否定できないので、またそぞろ歩きで接近を試みるが、結局、麝香石だと分かる。そういうふうに麝香牛らしき影を発見しては、忍び寄るということをくりかえした。三回か四回ぐらいやった。だが、結局、いずれも麝香牛ではなく単なる岩だということがつづき、次第に徒労感とバカらしさが募っていた。麝香牛だけでなく、あれだけ道になるほど足跡のあった兎も、姿となると同じように見当たらなかった。

獲物が見当たらないまま、私は谷を奥へ奥へと登っていき、やがて源頭らしき雰囲気がただよいはじめた。

そのとき闇の奥から、クワァァァッ！　という薄気味の悪い絶叫が沈黙を切り裂いた。

私は叫び声が聞こえたほうに顔を向けた。

だが、そこには何もなかった。闇しかなかった。闇の中で、ただ月にほんのりと照らされた雪原がつづいているだけだった。叫び声により切り裂かれた沈黙はすぐに復活し、すでに闇空間となって世界を押しつぶしている。だが、絶叫が聞こえたのはまちがいない。それは鳥の鳴き声を巨大にしたかのような不気味な悲鳴で、もちろん聞いたことはないが、白亜紀に生息した史上最大の飛翔動物ケツァルコアトルスの鳴き声はこんな感じだったんだろうなぁと思わせる甲高い声だった。幻聴かもしれないが、幻聴で片付けるにはあまりにもはっきりとしていた。もしかしたら馴鹿《となかい》の子供か何かが狼に襲われたのかもしれない、と私は思った。隣のカナダ・エルズミア島で増えすぎた狼は、獲物をもとめてグリーンランド側にわたり、近年、かなり数を増やしている。その狼たちが近くで狩りをしているにちがいない。

狼という存在が急速にリアルなものとして私の前に浮かびあがってきた。

翌日テントを出ると月が裏山の陰に隠れてしまっており、暗かった。

満月がすぎて月の高度が落ちはじめると、何か妙に物悲しくなる。この極夜の旅の間、いつもそう感じていたが、このときも早くも月の高度が落ち、これからどんどん暗くなるサイクルに入ったことが現実に突きつけられ、私はどんよりと暗い気持ちになった。残された時間はそれほど長くはなかった。

そこそこ内陸に入りこんだので、本来ならそろそろどこかにテントを張って空身で周辺をうろついて麝香牛の群れを探すつもりだった。橇を引きながらの狩りは限界があるし体力を消耗するので、下手に動くより餌場の近辺で群れが来るのを待ったほうが得策に思えたからだ。それに移動をやめれば犬の体力も温存できる。犬だけではなく、ここ数日は自分の体力も急激に消耗してきているのを私は実感していた。何だかんだ言って旅を開始してから四十日ほど橇を引きつづけている。とくにダラス湾から内陸に入りこんでからはきつい登りにくわえ、丸い河原石や岩、軟雪に橇がはまり、引き上げたり踏ん張ったりといったことばかりで、急激に疲労を感じるようになっていた。寒さも氷点下四十度近い日がつづき、体力の消耗とあいまって寝袋の中で突然ぶるぶると震えに襲われることが多くなった。

しかしそれでも前日の絶叫を聞いて考えが変わった。空身で獲物を探す間に狼にテントを襲われることを思うと、恐ろしくてそんなことはできなかった。それに前々日からまる一日以上うろついたのに、麝香牛どころか兎一匹見あたらない。もしかしたらここはまだ動物がそれほどいないエリアなのかもしれない。それなら月が明るいうちにもっと群れのいる確率が高い内陸の湿地帯に入りこんだほうが賢明ではないかと、そう思えてきたのだ。

地図を見るかぎり内陸の広大な湿地帯はセプテンバー湖とつながっている。二〇一四年の旅で見た麝香牛の群れの映像が頭から離れなかった。群れのなかには湿地帯方面へ走って逃げた集団もおり、それを考えるとこの先の湿地帯に牛たちの一大棲息エリア、すなわち麝香牛牧場＝楽園《パラダイス》があるのはまちがいないところだった。どう考えても内陸に行ったほうが群れと遭遇する可能性は高そうである。

私はさらに谷をさかのぼって楽園と思しき湿地帯を目指すことにした。前日の途中からルートを誤り本流から脇に迷いこんでいたので、右手の河原を強引につっきって本流らしき大きな谷筋にもどった。それからはコンパスと地図をみて慎重に谷を登っていった。麝香牛らしき影を見てもどうせ岩なので、前日みたいにいちいち確認しなくなった。それよりもとっとと楽園に入りこんだほうが効率的だ。

「ウヤミリック元気か？　麝香牛いないか？」

私は何度か立ち止まって犬に声をかけた。犬はいよいよ瘦せこけ、橇を引く力も明らかに弱っていた。

私と犬は大きな谷を登っていった。朝方、山に隠れていた月はすでに天空で黄色い光を放ち、世界を妖しく照らしていた。月は欠けはじめたとはいえ、まだ十分に世界を慈光で満たす力は残されていた。そのため周辺の地形は容易に把握可能なように見えたが、谷をさかのぼっていくと意外と地形は複雑で、谷筋が細かく分岐していた。分岐した谷筋はさらに上流でじんわりと特徴を消失させながら境目で闇と融合しているため、私はいつものようにルートがよく分からなくなった。

半信半疑のまま月光に導かれるように正しいと思われる小さな谷を登っていくと、その谷は向こう側の湿地とこっち側の谷間をつなぐ野生動物の通り道になっているらしく、麝香牛と兎の足跡で埋め尽くされていた。夥しい足跡がそこにはあった。まさに楽園への入口だった。足跡のあまりの数に私は驚愕し、瞠目し、興奮し、まもなく訪れるかもしれない群れとの遭遇にぞくぞくしつつ、亀川・折笠コンビに託された一眼レフカメラをまわしてその模様を実況した。

だが、いくらキョロキョロあたりを見回し、遠くの闇を凝視しながら歩いても麝香牛も兎もまったく姿を見せなかった。夥しい数の足跡はあるのに動物の気配はなく、ただスポンジのような軟雪に私の体力が吸収されていくばかりである。獲物が見つからないことに次第に焦燥がつのっていった。

その谷をしばらく登ったが結局、正しい谷ではなく支流だったので、私と犬はまた本流にもどって別の小さな谷をさかのぼり、まもなく谷の源頭に到達した。源頭は丸石だらけの急斜面がつづき、こんなところ、アレクサンドル・カレリンじゃねえんだから橇を引いて登れるかよ、と思わず悪態をつきたくなるほどの傾斜をもってせりあがっていた。だがそこを越えないと楽園への道は開けない。私は雄叫びをあげ、全身の血管を膨張させるほど全力で踏ん張って橇を強引に引っ張り上げた。犬も私の絶叫にあわせてゼーハーと呼吸を激しく荒げて四肢を踏ん張った。急傾斜の丸石斜面との格闘が終わるとやがて傾斜はゆるんでいき、反対側の谷へとつづく峠が見えてきた。

峠から少し下ると、足元に荘厳な光景が開けた。

雪で塗りつぶされた広大な湿地帯の谷間が、闇夜の中、天空から照射される月の薄光により遠くまで白く発光して浮かびあがっていた。雪原はどこまでも奥につづき、闇の向こうで朧気に消えている。それは壮絶なまでに美しい、あまりに美しすぎる光景だった。幻想的かつ眩惑的な世界に私はしばし見とれた。あきらかに地球上の風景のレベルを超えており、地球以外の惑星ですと言われても、ええそうですかと、とくに疑問もなく受け入れられる展望が広がっている。地球というよりはむしろ木星、あるいは木星の衛星ガニメデとか、ケンタウルス座α星とか、SF映画によく出てくるような太陽から離れすぎて全球凍結した天体とかのほうがしっくりくる光景だった。闇の中に月光で朧気にうかぶ雪と氷の風景は、今自分は地球という枠組みを離れて宇宙の一角にいるという私の感覚をさらに強めた。このような光景をロバート・ピアリーや、「お前たちは月から来たのか、太陽から来たのか」と訊ねた十九世紀のイヌイットも見ていたのだろうか。

この景色を見たとき、私は、私たちが知っている地球の裏側にあるもう一つの地球、太陽が常に存在する私たちの住むシステムの外側に人知れず存在してきた地球の別位相に入りこんだのを感じた。

すなわち極夜の内院である。

そしてその極夜の内院たる谷間こそ、私が麝香牛牧場＝楽園じゃないかと考えていたエリアだった。その楽園谷《パラダイスバレー》は南東の方角にゆるやかにのびて闇の彼方へと消えており、その先でセプテンバー湖につづいている。

かなり疲労を感じていたが、月光が現出するあまりに美しい光景に吸いこまれるように内院のさらに奥へ進むことにした。このままセプテンバー湖まで行ってもいいと思った。谷底まで下りると、軟雪の下に隠された丸い河原石に橇がはまるのは分かりきっていたので、左側の山の中腹に見つかった平坦なテラス帯をトラバースすることにした。雪は柔らかく、橇は埋まり、まもなく下半身の内側にじっとりとした重たい疲労を感じた。犬も痩せこけて疲弊しており、まともに橇を引けなかった。私と犬は疲れはてていたが、それでも獲物との遭遇を期待してさらに先へと進んだ。今この周辺の雪質は軟らかく、足をとられて疲労するが、もう少し先に進めば、たぶんしっかりとした堅そうな雪面がつづいている、そんなふうに見える。私は麝香牛の群れとの遭遇と、そして月光が約束してくれているように見えるその歩きやすそうな雪面を期待して、軟雪のなかをかまわず先に向かった。どんどん進んだ。月は消耗した私たちに手招きをして、うふふと誘い、さらに奥に進むことを促した。私は月光を信じ、薄光に導かれ、谷間の奥へ、奥へと入りこんだ。

ところが、先に進んでも風景は新たに展開するわけではなく、あの先に行けば……と思った場所に着いても、結局はこれまでと同じただの歩きづらい軟雪帯がつづいているだけだった。

周囲にうち広がる荘厳な谷間の風景は相変わらず壮絶なまでに美しかった。しかし進んでも進んでも同じだった。軟雪はつづき橇のランナーが埋まり、体力をいたずらに消耗する。私は本当に疲れてしまっていた。そこから少し先に行くと、雪面がほじくり返されて散々に荒らされた麝香牛の餌場に出た。足跡も大量にあった。予想した通り、この湿地帯の周辺を麝香牛が大量に行き来しているのは明らかに思えた。しかし、どうしても姿だけは見えないのだ。

いくら移動しても全然獲物が見つからないので、幕営中に麝香牛の群れが現われることを期待して、その餌場の近くにテントを張ることにした。これまでの旅でも餌場に幕営しているあいだに麝香牛がテントの近くにのそのそとやってくるということが何度かあったからだ。

テントの中で夕食をとり寝袋に入ってヘッデンの光を消した。

旅をはじめてからまともに眠れた日はほとんどなかった。月が出るとその運行時間にあわせて行動し、月が消えると太陽の運行にもとづいた一日二十四時間制にもどすという生活をつづけていたせいで、旅の間はこの太陽と月の時差ぼけに終始悩まされていた。とりわけ、ここ何日かはそれがひどくなっており、この日も寝袋に入った途端、目が冴え、頭のなかで余計な思考が延々とくりかえされた。

それにしても、なぜ獲物は現われないのか……。冷静に考えれば昔のイヌイットでさえ困難だった冬の狩りに、私のようにまともに射撃の訓練さえしたことのない半可通が簡単に成功するはずがない。この闇の中で簡単に動物が狩れるなら、あの毛綿鴨と呼ばれた男は子供を殺す必要はなかったはずである。結局、今まで明るい季節に狩りに成功していたのは、たまたま歩いている最中に向こうから現われた獲物を撃っていただけで、自分から積極的に獲物を探しまわると簡単に見つけることはできないのだ……。そんな思いがぐるぐると頭をめぐった。

それに寒かった。就寝から五、六時間ほど経つと夕食で摂取したエネルギーが底をつき、急にぶるぶると震えが襲ってくる。旅を開始してから四十日。今回の旅ではいつも通り一日五千キロカロリーを目安に食料を用意していた。だが、前半はさほど空腹を感じなかったので肉や脂は規定量より少な目に食べていたし、デポが破壊されていたことが判明してからはなおさら無意識に食料をセーブしがちだった。それがこの段階でのカロリー不足につながり、さらにこれまでの積み重なった肉体的な疲労や、ダラス湾からはじまった内陸部独特の河原石と軟雪がおりなす気が狂いそうな雪面状況、そして氷点下四十度に達する本格的な冬の寒さ……などが全部一度に重なって、私は肉体の急激な消耗を感じるようになっていたのだ。

ああ寒い……。

寝袋の中で身体の内側からこみ上げてくるぞわぞわとした寒気に、私は震えた。寒気というよりそれは怖気のようだった。極地探検中に感じる寒さは死の恐怖と直結する。極地はスケールがでかい。人間界にもどるにはまた何十日もかかる。その何十日の間に寒さと疲弊で身体が動かなくなるのではないか、そんな不安がいつまでもまとわりついているのである。

ここにきて私はこの極夜世界をはじめて恐ろしいと感じていた。寒さや空腹ではなく、暗さそれ自体が恐ろしい……。こんな暗い中、俺はあまりに奥にまで入りすぎてしまったのではないか、本当に生きて帰れるのだろうかと急速に不安になってきた。

翌日テントを出ると、あいかわらず威圧的な闇と巨大な沈黙が、黒いエーテルとなって私の一身にのしかかっていた。風も音もない大気はただ重たく、見えない暗黒物質の粉末が大気中にぎっしり詰まって、ぎゅーっと押し固まっている感じだった。

そこに月が慈愛と抑圧をまぜあわせた光を放ち、太母のように君臨している。

ただ、月は昨日よりもさらに欠け、高度も落ち、明るさは失われていた。許された時間はあとわずかしかないように思えた。

私は前日にひきつづき、例の楽園谷の奥へ向かおうと南下をつづけた。楽園谷の底に下りると軟雪の下の丸石河原にはまる危険があるので、この日も斜面につづいていた平坦なテラスをトラバースすることにした。

月光が照らすところによれば、その先には他愛のない、いかにも歩きやすそうなベタッとした真っ白な雪面がつづいているように見えた。私はその歩きやすそうな雪面を進むことにしたが、いざ奥へ進むと、そこは、もう橇を引いて登り返すことは到底不可能なほどの急な下り斜面につながっていた。くそ、全然話がちがうじゃないか、そう思った。その斜面に一頭の麝香牛の足跡がつづいていた。ここを下りるともう登れないが、だが別のルートを探すのも面倒くさい。それにこの地形の感じだと、いずれはどこかで楽園谷の谷底まで下らなくてはならない。そう考えた私はそのまま麝香牛の足跡をたどって斜面を下ることにした。下りはじめるとやはり橇は斜面の途中の岩にひっかかって二度、三度と横転した。大声をあげて全力で横転した橇を起こすたびに、私は肉体の内側の臓物や血管や関節の隙間に、もはや除去することなど能《あた》わないどろっとした疲労が油汚れのようにこびりついているのを感じた。いつのまにこんなに疲れてしまっていたのか。つい数日前、ダラス湾を目指してアドレナリンがどばどば噴出して爽快に歩いていたときと、肉体の状態が一変していることに、われながら驚いた。

橇を立て直して何とか斜面を下りたが、その先も雪は深く、しかも柔軟剤で洗ったバスタオルみたいにふわふわ柔らかかった。おまけに雪の下にはごろごろ転がった直径数十センチの丸い河原石が隠されており、一歩歩くごとに私の重たい橇のランナーは石にひっかかり、スタックして動かなくなった。

こんちくしょー！　またかよっ！　くそがっ！　この野郎ーっ！

私は狂人のように喚きちらした。そしてスキーを脱ぎ、うごあがあああっという大声をあげて全力で橇を持ち上げ動かそうとしたが、その瞬間、雪の下の丸石に毛皮靴の底がつるっと滑って転倒。くそっと言って立ちあがったら、また転んだ。

何だよっ！　馬鹿野郎ー！　ふざけんじゃねえよっ！　くそったれがぁっ、くぅおらあっ！

頭のネジがはじけ飛んだ私は怒りにまかせ、特に意味もなくストックを振りまわして、ああああああっと大声で狂乱した。私がストックをぶおんぶおんと振りまわして暴れるたびに、犬はびびって後ずさりした。

そんな狂人のような姿態を演じた挙句、私はふと冷静になり気付くにいたった。

これ以上、先に進むのはやばいんじゃないか。暗いから気付かなかったが、こんな丸石のごろごろした谷など、人間が橇を引いて歩くような場所ではない。これ以上先に行けば肉体的に消耗しすぎて帰れなくなるかもしれない。

そう思うとゾッとした。この暗さは命にかかわる暗さだと思った。

そして、くそっ、月に騙された、と思った。

月明かりがすべてを照らし、まるでこの谷を楽園のごとく美しく見せるから私はそれを信じてこんなところまでやってきた。それなのにここには何もいない。見つかるのは足跡ばかりで、麝香牛だって姿を見せる気配は一向にない。牛どころか兎一匹いないではないか。そうだ。月明かりが照らす世界など所詮はすべてが虚構なのだ。この地球外惑星のような幻想的な世界は実際、幻なのだ。調子よく世界が開けている感じに見えるから、ついつい気持ちよく先に進んできてしまったが、実際に近づいてみるとそれらは偽物ばかり、ウソばっかりじゃないか。

月のやり口はまるで夜の店の女と同じだった。さらに具体的にいえば、私が十年前に通った群馬県太田市のクラブOのナンバーワン・キャストAと同じだった。

十年前――。当時の私は太田市と県境を挟んだ埼玉県熊谷市で新聞記者をしていた。ある日、たまたま前任地で仲の良かった別の会社の新聞記者が太田市に赴任していたので、二人で飲む約束をした。友人はすぐに酔いつぶれたので私は彼を家に送ったが、まだ飲み足りなかったため駅前をぶらつき何の気なしにそのクラブOという店に入った。一時間ほど飲んだところでそろそろ閉店が近くなり店を出ようと思ったときに、店側が放ってきた刺客がAだった。

おそらく最後にAと飲ませることで、私をカモにしようというのが店側の魂胆だったのだろう。その証拠にAは凄まじい美貌と色気の持ち主だった。目元は妖しげで唇は熱情的、まるで上戸彩と井上和香を足して二で割らなかったような容貌をしていた。身体つきも、ほっそりとしているくせに胸はむしゃぶりつきたくなるほど豊満で、推定Gカップ。要するに男の欲望をすべて具現化した女族最終兵器のごとき女、それがAだった。隣に座ったAと最後の十分間会話をしただけで、私は彼女の全身からにおいたつ芳香に眩暈《めまい》をおこした。当然のごとく何日か後にまたすぐさまクラブOに行き、Aを指名した。しかしAは超人気嬢なので、指名してもテーブルで話ができるのは一時間でわずか五分ほど、そこで駄目元でアフターに誘ったところ奇跡的にAからOKが出た。

深夜の太田駅前を歩きながら、彼女はこんなことを言った。

「今日は指名が二十七本だった。いろんな人からアフターの誘いを受けたけど、私は基本的にアフターには応じない。だけど、どうして今日は来ちゃったのかなぁ～」

その瞬間、私は天空から女神が黄金の光につつまれて降臨してくるのを見た気がした。そう、彼女にとって俺は特別な男なのだ。夜の太田のピンク色にきらめく怪しげなネオンが私にそれを確信させた。それ以降、私はAの虜になった。Aから電話が来ることだってあった。

「今お風呂に入っているの」

彼女は艶やかな声でそうつぶやき、それが嘘でないことを示すように電話口でお湯をぴちゃぴちゃと滴らせた。その瞬間、私の頭では、すべてのムダ毛が処理され、まるで牛乳石鹸のようにすべすべしているにちがいないAの肢体が妄想され、夥しい量のテストステロンが全身を駆けめぐり、下半身がいななないた。今から思えば当然営業電話なわけだが、おめでたいことに当時の私はこれを私的な電話だと思いこみ、またせっせとクラブOに通った。会社からクラブOまでは車で三十分、店で二時間ほど飲み、車中泊して、朝方、熊谷に帰るということを幾度もくりかえした。本来、新聞記者というのは事件や火事に備えて職場を離れてはならないので、太田に越境すること自体、職務規定違反なのだが、そんな細かいことはどうでもよかった。さらに言えば朝になっても酒は抜けきっていなかったので飲酒検知に引っかかったら警察に逮捕され〈新聞記者、飲酒運転で逮捕〉と報道されて、会社を馘首《くび》になり人生を棒に振るのも確実だったが、その程度のリスクもAの美貌を思えば受け入れざるをえなかった。

しかし興奮はいつか醒めるものだ。何度も通ううちに、私はAの挙動に不可解なものを感じはじめた。私は彼女にとって特別な男である。そう思わせる言葉や態度、仕種がいくつもあったので、それは疑いのないところだった。それなのにプライベートでは絶対に会ってくれないのだ。何月何日と約束しても絶対にドタキャンされる。そのうちアフターも付きあってくれなくなった。冷静になると彼女の言動にはおかしな点がいくつもあった。そもそも彼女のような絶世の美女がキャバクラで働かなければならなくなった背景には当然、不可抗力的な事情があり、それは交通事故で親の軽自動車を壊してしまったので修理しなければならないというきわめて説得力に満ちあふれたものだった。店に通いはじめた当初の私はその話を、聞くも涙、語るも涙、お父さんの車のために不本意にも肉体的に過酷な夜の仕事を耐え忍ぶなんてなんと美しい心の持ち主だろうか、容姿ばかりではなく心まで美しい、聖母マリアかお前は、と共感し崇拝していたのであるが、しかしよく考えればそんな話、嘘っぱちの戯言に決まっている。彼女は、なにしろ一日二十七本の指名が入るような女なのだから（ちなみにそれは今でもまちがいないと確信している）、軽自動車の修理費用などとっくに払い終えていておかしくない。そのほかにもいろいろと言葉や態度に矛盾した点があり、ついに私は気付くにいたったわけである。そうか、俺は騙されていたのかと。

夜の女が綺麗に見えるのは店内の照明が絶妙な加減で薄暗く調整されており、女の顔が昼間ほどはっきり見えないからである。それにくわえてこっちはアルコールが入って判断力が曇っており、それまでのキャリアで磨いた女の見事な会話術もブレンドされて、あぁすげえ美人だ、これはいける、今日はまちがいなくいけそうだなどと思ってしまう。月のやり口もまったく同じだった。

極夜の暗黒空間は意味化以前の未発の世界である。それはどういうことかといえば、たとえば普通の太陽の光がある空間では、椅子とか机などといった物体に光があたるので、その物体は椅子だとか机だと分かる。すなわち物体に光があたって輪郭が明確になることで、はじめてあれは椅子だとか、あるいは机だという各々の物体の固有性が生まれる。それと同じようにこの世界にあふれかえる諸々の物体も、光があたることでそれぞれに明確な輪郭をもって固有の位置をしめており、お互いにお互いを侵犯していない。つまり椅子の輪郭と机の輪郭が混ざりあって、融けあい、どろっと一体化するなどということは起きていない。

ところが極夜のような闇の世界には太陽の光が射しこまないため、それぞれの物体の輪郭線が消えてしまう。輪郭が消えると、椅子とか机といったそれぞれの物体の固有性は消失し、各物体に椅子だ机だといった固有の意味を与えていた根拠が失われる。それは物体をさし示す言葉も存在しなくなるということだ。

われわれは普段、あらゆる事物に言葉を与えて意味化して、同時に言葉によって特性を浮かびあがらせた事物を満遍なくいきわたらせ、それらにとりかこまれることで世界をつくりあげている。それなのに光のとどかない闇空間では物体をさす言葉自体が消失しており、私を存在させている世界そのものが溶けてしまっている。このような未発の世界では物体の輪郭線は明確ではないので、椅子と机の輪郭がお互いに混ざりあって融合する、というような普段ではありえない状態が発生する。各物体は本来、光のもとで適切な位置を占め、秩序だって整然と存在しているはずなのに、光がなくて輪郭線が消失しているせいであらゆる物体が固定した位置を失い、ぐにゃりと溶けあって、混在したカオスと化している。

そのカオスに月は絶妙な加減で光を投げこんでくる。そう、たしかに月は闇空間がもつ未発的なカオス性をやわらげる。月の光が投げこまれることで、物体は朧気に照らし出されて、やんわりと固有性が復活する。完全なカオスだった世界に微妙な秩序がもたらされ、ああ、あそこに岩があるやとか、雪の斜面がありそうだということが薄ぼんやりと判明する。そして極夜のように極端な闇空間では月があるのとないのとでは世界の見え方の印象が劇的に異なってくるので、ひとたび月の光が射しこむと、すべての物体が浮かびあがり、世界はほとんど完全に復旧したように感じられる。

しかしそれは現実には錯覚にすぎない。

月には太陽ほどのパワーはなく、世界が復旧したといってもそれは太陽の光による復旧具合と比較すると一割程度にすぎず、残りの九割はまだ輪郭線の融けた物体同士が混ざりあった無分節な一元的世界がつづいている。しかしこっちとしては、もう、その印象の劇的ぶりゆえ八割ぐらい復活したように錯覚しているので、思わず月の光が照らしる。出す世界が真実だと思わされてしまうのだ。その結果、月に騙されるという事態が生じる。

これまでも私はずっと月に騙されつづけてきた。氷河では橇を見失いあやうく旅が中止になりかけ、イヌアフィシュアクでは半島もどきに迷いこんだ。ホログラム効果で小さな岩山が北アルプスみたいな巨大な雪山に見えたし、大きな距離で隔たった氷の突き出しが距離感が失われることで乱氷帯に見えたりもした。旅を通じて月の光を完全にあてにしてはならないことは重々承知していたが、これまでは体力も十分だったし、はまるといっても氷丘がもりあがったちょっとした迷宮に迷いこむ程度で、大きな問題にはなっていなかった。しかし、このダラス湾の内陸部では事情が一気に深刻になった。私は月の光に誘われ、あそこはなだらかで行けそうだ、この先にはもっと麝香牛がいるにちがいない、まるで楽園のように美しい谷だと思い、奥へ奥へ進んできたが、しかしそれはAにくらくらしていたときと同様、暗くて判断力が曇っていることから引き起こされる幻影にすぎず、現実には先に進んだところで軟雪がのった河原の丸石帯がつづくばかりで、麝香牛はいないし、橇はスタックして動かないし、蟻地獄のように体力を消耗するだけで、カネはむしり取られ、カモとしてあしらわれ、いいように翻弄され、気付くともう後もどりできないんじゃないかというギリギリの境界線まで来てしまっていたのだ。

私は絶望的な気持ちになった。

自分は今、極夜の深淵の縁に立ち、底の見えない黒々とした闇をのぞき見ている。そんな気がした。一歩足を踏み出せば奈落の底に転落する。あの毛綿鴨と呼ばれた男が見た極夜にかなり近い極夜にいる。そんな気持ちだった。ぞくぞくというより、ぞわぞわした。この先で極夜はさらに深い闇となり底なし沼のような口を開けているが、闇のさらなる奥を目指せば、雪の下の見えない河原石に体力をしゃぶり尽くされ、もう二度ともどれなくなるかもしれない。

もう駄目だ。これ以上、先に進むのは怖い。

そう思った私はその場にテントを張り、そこをベースに空身で周辺を動きまわって獲物を探すことにした。周辺に兎の足跡が縦横無尽についていたので、三カ所に罠をしかけてその日はもうやめにした。

*

時間感覚が消失し、次の日は何時に起きたのか分からなかった。朝起きるとテントの脇で犬がぶるぶると震えているのが伝わってきた。肉がごっそり落ちたせいでいつもより寒いのか、最近はテントの脇の少しでも暖かいところで寝ることが多くなった。「中に入れよ」と声をかけてテントのなかに入れようとしても、嫌がって入ってこない。外に出て糞便のチェックをすると量だけはやたらと多かった。餌はもう一日二百グラムほどしか与えていないので、食う量より出す量のほうが明らかに多い。残り少ない自分の筋肉を消費してこの寒さに耐えているのだろうか……。

兎の罠を見に行くためテントを出発すると、犬は私について来ようとして橇を必死に引っ張った。橇はテントにつないでいるので動かなかったが、置いていかれると不安になったのだろう。身体をさすってやると気持ちよさそうな顔をするが、目はしょんぼりとしており覇気というものがまったく感じられなかった。

兎の罠には変わった様子は見られなかった。そのまま前日テン場にした餌場に向かって山を登った。月の月齢は十九で、満月からだいぶ欠けて半月に近くなっていたが、正中時刻前後はそれなりに遠くまで光がとどいているように感じられる。だがそれもおそらく月一流の眩惑術で、実際にはたいして見えてないのだろう。麝香牛の姿も兎の姿も見あたらなかった。

あまり長い時間テントをあけていると狼が心配だった。というより正直に言って、この頃になると私はもう、狼より自分の犬に食料を食われることのほうを心配していた。犬はもう相当飢えているはずだ。理性を失いスポーツバッグを食い破り、私の肉や脂を食い荒らすかもしれない。植村直己だって北極圏一万二千キロの旅で何度か自分の飼い犬に食料を食われて窮地に陥っている。私の犬は性格的に従順なので大丈夫だと思うが、そう信じたいが、残念ながらこのときの私はもう犬の忠誠を全面的に信じることができなくなっていた。一時間ぐらいテントを離れると自分の食い物が心配で落ちつかなくなって、テントにもどらずにいられない。そして無事を確認してひと安心し、お茶を飲んで休憩してまた獲物を探しに出かけた。

　山のほうは見つからないので、次は楽園谷のだだっ広い谷底を探した。谷の両側の岩場には兎の足跡が所せましとついているが、やはり動く影ひとつ見あたらない。ごろごろとした丸石で埋め尽くされた河原を突っ切り、下流に向かって進んでいくと大きな湖に出た。

　湖の様子に私は目を見張った。闇のもとで広大な雪面が月光に照らされて、薄くＬＥＤ発光したみたいにぼんやりと浮かびあがっていた。そしてそこには、麝香牛が雪をほじくり返してできたぼさぼさとした食《は》み跡が広がり不連続な影をつくっていた。今回の旅程のなかでは断トツに広大で濃密な麝香牛の食み跡だった。すごい、ここはやはり楽園だ、と私は一瞬、興奮した。しかし、その興奮はすぐに失望にかわった。これだけ濃密な食み跡であるにもかかわらず、やはり麝香牛の姿はまったく見あたらなかったのだ。

　風はなく、何の音もなかった。暗黒エーテルが隅々までいきわたり、暗く、重苦しいほどの沈黙に支配されていた。そして、足跡はあるのに動物の姿が一切見られないことが、その沈黙に奇妙な薄気味の悪さを与えていた。それは、住人が忽然と消えてしまった空き家の薄気味の悪さに似ていた。コンロに鍋がかけてあったり、読みかけの本が開いていたり、子供のおもちゃが散らかっていたり、そんなふうについさっきまで人が住んでいた生活の痕跡や空気が濃密に残されているのに、ただ人だけがいなくなってしまった家。事件に巻きこまれて一家が拉致されてしまったような家。そこに人がいるべきなのに、いなくなってしまった家。臭いだけある家。そんな空き家の不気味さと同じ気持ち悪さがそこには立ちこめていた。

この光景を見たとき、私はもうこの谷では麝香牛は見つからないと観念した。そこは明らかに恒常的に麝香牛がいると思われる場所だった。これまで私はこのグリーンランド北西部を広く旅して何度も麝香牛を見かけてきた。単独で放浪している個体と偶然出会うこともあれば、セプテンバー湖のようにいくつもの群れが寄り集まる、ここには常に群れがいるんだろうなと思わせる場所もあった。この谷間は明らかに後者だが、それでも姿は見られなかった。

つまり麝香牛はたぶんどこかにいる。一キロぐらい離れた先でこっちを見ている。でも、私には彼らの姿が見えていない。

テントにもどるとどっと徒労感に襲われた。時計を見ると午前八時。いろいろと疲れたので少し休んで、それからもう一度、さっきの餌場を見に行こうと思った。だが、絶対に動物を狩るという緊張の糸は、この日、私のなかで切れてしまった。寝袋に入ると何もかもがどうでもよくなった。

どうせ獲物は見つかりっこない。

犬もあと一週間ぐらいで死ぬだろう。

闇の中で動きまわるのがもう嫌だった。早く太陽の光を見たかった。

浮遊発光体との遭遇

それから十一時間、熟睡した。

目が覚めて寝袋の中で村にもどる道のりのことを思うと、自然と緊張感が高まってきた。残りの食料を考えるとそろそろ村へもどることを視野に入れなければならない時期に入っているわけだが、この暗さのなかで本当に氷床で迷わずに氷河までたどり着けるのか、そしてそこから氷河の入口が分かるのか、そもそも自分にまだ帰還する体力は残されているのか等々を考えると、急速に不安が募ってくるのだった。空腹感は日々増しており、食事をしてもすぐに消化、吸収されて満腹感をえられない状態になっている。腹が減り、そして寒かった。

唯一はっきりしているのは、獲物がとれないのに、こんな闇の奥地に長く留まっていても仕方がない、ということだった。今日は一月十八日。氷床ではブリザードに遭う可能性もあるので、アウンナットの小屋から村まで最低二週間はみておく必要がある。それに小屋で何日か明るくなるのを待たなければならないことを考えると、許された時間はほとんどなかった。なぜこんな奥地まで入りこんでしまったのか、と後悔の念さえわいてきた。

ただ、不安は大きかったが、明確な死の恐怖があったかといえばそこまでではなかった。

　なぜかといえば、この頃になると私はもう犬の肉を食べることを、ほぼ完全に視野に入れていたからだ。村にもどるには一カ月近くの物資が必要だが、手持ちの食料はそれには全然足りない。だが、ここまで獲物がとれない以上、犬が死ぬのは避けられず、死んだ犬の肉を食えば最低でも十日分の食料にはなる。食い延ばせば二週間はいけるだろう。それだけあれば十分村にはもどれる。絶対に犬を死なせない、旅を終わらせないと固く決意してここまで来たが、現実として獲物がとれず、暗闇のなかで体力がむしり取られていくうちに、私は犬の命や自分の旅に段々無関心になっていった。そしてもはや犬の死肉は完全に計算のうちに入っており、犬が将来死ぬことを想定することで自分が死ぬ恐怖から逃れることができていた。

　とにかく、ひとまずアウンナットまで撤収する以外に選択の余地はなかった。帰る途中で大物と出遭うかもしれないし、海豹狩りが成功するかもしれない。まだ村まで引き返すことが決まったわけではないので、運がよければ北に向かう旅を再開できるだろう。

　準備を終えてテントを出ると、月の明るさが一気に落ちて世界は前日よりはるかに暗くなっていた。一日でこんなに変わるのかと唖然とするぐらい月光の力は弱まっている。外に出たのはちょうど月の正中時刻前後で、その日一番明るい時間帯だったが、それにもかかわらず明るさはかろうじて山の稜線が見える程度で、足元の雪の状態さえよく分からなかった。暦を見ると月齢二十、正中時の高度は八度。と数字を並べても読者にはよく分からないだろうが、三日後には地平線の下に沈み、それから八日間はまたおさらば、という状態だ。あの満月時の壮絶なまでに美しかった若々しい面影はすでに月から失せており、今や薄暗い店内で妖しげな色気を漂わせる文壇バーのママみたいになっている。出発後も月明かりが暗いせいでルートはよく分からず、例によって丸石河原の中に突っこんだり、無駄に坂を登ったりして体力はいたずらに奪われていき、苛立ちが募るばかりだった。これまでの騙す、騙されるという関係があったせいか、役に立たない月明かりなど私にとっては、ただそこにいるだけで無性に腹の立つ存在と成りはてており、月を見るたびにむしゃくしゃした。

テン場から楽園谷に下りて、前日に見つけた広大な牛の食み跡を通過した。食み跡に群れがいることを少し期待したが、当然のごとくいなかった。地図を見ると少し下ったところに小さな支谷が入りこんでおり、それを登れば往路に通過した峠に出るようである。一度、斜面を登ってあたりの地形を偵察し、下流に向かうとそれらしき明瞭な支谷が現われた。支谷は雪が風にたたかれて歩きやすく一時間ほど快調に登れたが、上部に出るとふたたび軟雪地獄と化し、あたり一面ぼさぼさの麝香牛の足跡だらけになった。一度麝香牛っぽい影があったので久しぶりにそぞろ歩きで接近したが、やはりそれも単なる大岩だった。ぼさぼさの食み跡地帯を越えると峠となり、まもなく眼下に往路と同じ谷が見えてきた。

暗かっただけに正しいルートに出られたことに私は安堵した。

峠から背後を見ると月は早くも姿を消しており、世界は陽光も月光もない真の夜の闇に沈んでいた。そこからは重苦しい暗黒世界の中をダラス湾にむけて谷をひたすら下りた。

だが、谷を下る途中で今回の旅ではじめて希望を感じさせる光景を目の当たりにした。午前十一時頃から南の空がうっすらと明るみ、そして急速に赤く染まりはじめたのだ。それは曙光《しょこう》ともいえない、曙光のプレ段階の朝の兆しレベルの明るさにすぎなかったが、それでも太陽がその下にあるということは感知できる。考えてみるともう一月十八日、冬至から一カ月近く経っている。アウンナットを出発してから月の動きにあわせて夜間行動していたのでずっと気付かなかったが、やはり空はじわじわと明るくなりはじめているのだ。

地平線のはるか下から滲みだした太陽の光は、南の空のごく一部を赤く染めた後、地平線から順に橙、緑、水色、青とスペクトルを変化させて夜空に吸いこまれている。午後一時頃から三十分ほどの間はヘッデンなしで歩くことさえできた。これは信じがたいことだった。驚異的なことだった。太陽の存在を感じられただけで私は歓喜をおぼえた。身体の内側に喜びの炎が灯され、それが闇の鬱屈に沈んでいた心を明るくしていった。今回の旅ではじめて前向きな気持ちになれたのである。スキップで歩きたい気持ちだったがスキーを履いていて無理なので、ヒャッホーみたいな叫び声をあげるにとどめた。これから世界はどんどん明るくなる。明日は今日よりも明るい。明後日はもっと明るい。

素晴らしすぎる、そんなことが本当に起きるのか。これはもう言葉にならない喜びだった。喜悦極まりなかった。心の底から解放感に満たされ、私の顔はおのずとほころんでいた。

太陽の明るさがあることが判明したので、次の日からは行動時間を昼間に移すことにした。もうみるみる欠けて死にゆく月にあわせることはない。偽りと虚飾にまみれ駆け引きばかり仕掛けてくる月の助けなど、もはや必要ない。これからの私には太陽があるのだ。

「とっととどこかに消え失せろ。俺の前に二度と顔を見せるな、このくそババアが！」

つい先日まで月頼みだったくせに、曙光に触れた途端、私はもう用済みとばかりに月に対して呪いの言葉を吐いた。

と、陽光の再来が感じられたことで一気にテンションはあがったのだが、翌日、テントの外に出て天気を見た途端、私はまた絶望的なほど暗黒な気持ちに沈んだ。悲しいことにぶ厚い雲が上空を覆いつくし、太陽の光はまったくとどいていなかったのである。

月光もすでに消滅しているので、太陽がないと完全な闇のなかでの行動となるのはまちがいない。前日、希望に満たされただけに、その反動は大きかった。ようやく闇夜の桎梏《しっこく》から逃れ出る予兆が見えたのに、ふたたび暗黒エーテルに満たされた世界に逆もどりしてしまったのである。

暗闇の中でヘッデンをつけて歩くことに、私は今や気が狂いそうなほどの憂鬱をおぼえていた。

歩きだすと案の定、暗くてルートがよく分からなかった。出発当初こそ往路のトレースが見つかったのでそれを辿ったが、まもなく見失った。ヘッデンをつけても照射された雪面の様子が分かるだけで、全体状況は分からない。広くゆったりとしていた谷間は右に左に細かく屈曲をはじめ、いつしか私は谷筋を外れて岸にのりあがっていたらしく、あきらかに往路で登った谷とはちがう谷に入りこんでしまっていた。谷の両側は麝香牛の足跡まみれの麝香牛牧場で、これだけ足跡があればどんなに暗い状態でもばったり正面から出くわす可能性も十分あるし、実際、春や夏はそういうことが少なくないのだが、今回の旅は完全にそういうツキからは見放されていた。時折、何度か麝香牛らしき岩を見つけてじっと見つめたが、やはりそれは牛のような岩、すなわち麝香石にすぎなかった。そのうち霧に巻かれて完全に居場所が分からなくなった。谷を下っていくと急に開けた地形のところに出て、よかった海に出たようだ……とほっとひと安心したが、しばらく行くとまた小さな滝が出てきて、まだ谷がつづいていたのかと愕然とした。コンパスを見ると谷筋は三百度の方角を向いているが、地図にはそんな角度の谷は見当たらない。高度計を見るとマイナス七十三メートルの表示。もう、意味不明である。あとは海に出て海岸を西に向かえばいいだけなので、ひたすら真っ直ぐ進んだが、そうすると知らないうちにまた谷の岸の砂利地面にのりあがって動けなくなったり、右に曲がると谷は左に曲がっていたりして、ストレスと苛立ちは極限に達した。五十メートル先の谷筋の向きさえ分からず、すでにこんな日が何十日もつづいており、私は本当に気が狂いそうだった。もう暗い中で動くのは心底嫌だった。

ようやく海岸に出たときには私も犬も疲れ切っていた。内陸を彷徨《さまよ》っている間に大潮をむかえたせいで、定着氷は新しくかぶった潮が凍りつきつるつるになっている。氷の状態は往路よりよくなっていたが、それでもスピードは出ず、私たちは敗残兵のようによたよたと海岸を歩いた。

＊

翌日は寝袋の中から出る気がしなかった。ヘッドランプで暗い中を動くことを考えると、反吐《へど》が出そうな気分だった。アウンナットを出てから毎日、停滞なしで遮二無二動きまわっており、身体は疲れ切っていた。どうせ獲物はとれないし、獲物がとれない以上、犬はそのうち死ぬわけで今日動く必要もない。そんな気がして、一日中テントのなかで無駄な時間をすごした。

昼間に外に出ると、犬が脚を伸ばして背伸びをして、ああ暇だった、早く出発しましょうよ、旦那。実際、停滞すると暇で暇でたまりませんよ、といった表情をして尻尾をふってくる。私が近くで排泄行為を開始すると、犬は隣に来て私の顔をぺろぺろと愛おしそうに舐めた。そして私が用を足し終えると即座に私の尻の右側に回りこみ、待ってましたとばかりに糞にとびつき、じつに旨そうな音をたててむしゃむしゃと貪った。

そんな犬の仕草を見ていると、本当になんとか無事に村に連れて帰りたいものだと思い、涙が出そうになった。

犬はげっそりと痩せこけ、惨めな身体つきになっていた。前日よりも明らかに腰回りの肉が削げ落ちており、一日一日と小さくなっていく。雄々しい狼のようだった顔つきも飢えた狐のように卑屈になっている。

身体つきだけではなく行動にも今まで見られなかった顕著な変化が現われていた。何かというと、私に物乞いのような仕草をするようになったのである。

前日の行動中に休憩しようと橇に座って行動食の袋をあけたときだった。犬はゆっくり立ちあがり、のろのろと私の横にやってきて、お座りの姿勢をしたまま、カロリーメイトやチョコやナッツなどを頬張る私の様子を、力を失ったくぼんだ目でじーっと見つめた。

お願いですからその旨そうな食い物を私にも分けてくれませんか、本当に少しでいいんです、分けてください、頼みます……。

そんな訴えをするかのように犬は私のことを凝視する。これまでそんな行動をとったことはなかったので、私は狼狽えた。一瞬、カロリーメイト一ブロックぐらい分けてやろうかとの思いが頭をよぎったのだが、思いとどまった。自分自身、肉体の消耗が激しく、村まで無事にもどれるのか不安だったからだ。逡巡した挙句、私は小さなレーズンを二粒、足元に放り投げることを決断した。それは決断と呼ぶにふさわしい英雄的行為だった。バクバクと犬は一瞬でレーズン二粒を呑みこみ、ああ旨え、という表情をして唇を舌でべろりと舐めた。そして座りこみ、おねげえです、今のじゃ全然足りないんです、旦那……という顔でまた私のことをじーっと見つめた。

「やめろ。そんな目で見るな」

そんな言葉が口から吐き出された。レーズン二粒でさえ私にとっては大きな決断だったのだ。

休憩のたびに私と犬の間ではそのような心理戦が展開された。それでも私はレーズン二粒以上の食料を犬にわけてやろうとは思わなかった。ダラス湾に向かう段階では、もしドッグフードが尽きたら自分の食料から海豹の脂やベーコンや兎のあばら肉などを分け、何とか犬を延命させようと殊勝なことを考えていたが、今となってはそんな余裕があったことすら信じがたい。犬に食料をやるなんて、俺はあのとき一体何を考えていたのか、キリストか俺は、ぐらいに、それは遠い過去の話になっていた。

どれぐらい痩せたかを調べるため、私は頻繁に犬の身体をさすった。私の犬は身体を触られることがことのほか好きで、私がさすった途端、いつものように恍惚として、気持ちいいです、旦那、もっと……といった顔で目をつむるが、その恍惚感とは裏腹に尻や背骨のまわりにはもう肉が全然ついていなかった。

こんなに痩せてしまったのか、かわいそうに……。

四十をすぎ、娘もできてすっかり涙腺がゆるんでいた私は事あるごとに犬の命運が可哀相で涙が出そうになった。だが犬に憐憫《れんびん》を感じる一方、最後は犬の肉を食えば生きて帰れると思ってもいる冷徹な自分もいて、身体をさするたびに、俺の食う肉はもうこれしかないのか……と暗い気持ちにもなった。しかも、俺の糞ばっかり食っているから肉も臭くてまずいだろうなぁ、などという心配さえした。

いつも犬のことばかり考えていたせいか、夜、寝袋に入ると、犬が死ぬシーンが延々と脳のなかでくりかえされ、興奮し、目がばっちりと冴えて全然眠れない日がつづいた。いや正確にいえば、それは犬が死ぬシーンではなく、私が犬を殺すシーンだった。

なぜ犬を殺すことになるのかといえば、たとえば仮に十日後、テントで私が寝ている間に犬が力尽きて死ぬとする。そうなった場合、なにしろ氷点下三十五度前後の寒さがつづいているわけだから、翌日の朝に私がテントを出るまでに死体はがちがちに凍ってしまうだろう。完璧に凍結すれば皮はぎはできず、肉をうまく解体できなくなる恐れがある。橇を引いている間に自然死してくれれば問題ないのだが、そう都合よく死ぬとはかぎらない。いずれにしても犬が助かる見こみがゼロである以上、犬の死を無駄にせず肉を食料として確保するためには、餌が完全に尽きて犬が動けなくなった段階で自分が手をかけるしかない。犬の肉がなければ私の食料は足りないわけで、死んだ犬の肉は内臓もふくめて絶対にすべて回収しなければならない。

という理由で寝袋のなかでは毎晩、自分が犬を殺《あや》めるシーンが思い浮かんだ。しかも、私の場合は物書きとして自分の行動を文章作品にすることを最終目的にしていたので、そのシーンは必ず文章化されて脳内でくりかえされた。

〈犬はもう一歩も動けなかった。三日前に餌がつきて以降、橇引きからは解放していたが、それでももう前に進めないのだった。ついに私は決断した。もう犬を殺すしかなかった。私はライフルを手に取った。だが、すぐに思い直した。ライフルで頭を撃ち抜くのが一番手っ取り早いが、私には、そのように自分の手を汚さない安易なやり方で犬を殺処分することは許されないことではないかという思いがあった。この犬が死ななければならないのは私が旅の相棒として選んだからだ。犬の死の責任は私にある。だとすると私は犬の苦しみと悶絶をこの手で直接感じとり、己の罪業を肉体に刻みつけなければならない。私は銃殺ではなく絞殺することにした。ロープで輪っかをつくり犬の首にかけ、一方の端を足でしっかりと踏みつけ、もう一方を両手で握った。犬はいつもと同じ従順な目で私を見つめる。私は犬に別れのを言葉をかけて、手に力をこめて思い切り縄を引いた。その瞬間、ぐおえっ、という大きな音が犬の口から洩れ、すごい力で四肢をばたつかせた。私の顔の横で犬が牙をむき、薄い紫色の唇の端から泡が噴き出した。ごぼぼ……とくぐもった声が漏れたかと思うと、動かなくなった。私はぐったりと跪《ひざまず》き、両手を見つめた。犬を殺した手を見つめた。こんなはずじゃなかったのに、まだこの犬とは何度も旅をするつもりだったのに。極夜の旅が終わったらカナダに渡り、千キロも二千キロも雄大な旅をつづけるつもりだったのに。犬はもう動かなかった。目から魂が消えていた。人間を殺した気持ちだった……。〉

職業病のようなもので、望んでもいないのに、そんな文章が毎晩勝手に、自分の意思とは無関係に頭のなかで湧いてきて、正直たまったものではなかった。しかも推敲が繰りかえされ、新たな要素が加わり、スリリングで自己憐憫に満ちたものに仕上がっていく。そしてその文章自体に私の気持ちも昂《たかぶ》り、感傷的になり、異様に興奮して目が覚めてしまう。そんな夜がつづき、寝る前はいつも、また犬の死を想像して眠れないんだろうなと憂鬱だった。

行動中も憂鬱、就寝中も憂鬱。そして起床時間はさらに憂鬱だった。ほとんど眠れないまま起床時間をむかえ、寝袋に入った体勢で腕時計の内蔵ランプを点灯させて時間を確認する。真っ暗な中で時計の表示板が青く点灯する。そろそろ起きるかと目を開くと、そこには孤独で絶望的で重苦しい闇しかない。ヘッデンの灯りをつける。すると結露しまくって冷凍庫と化した冷え冷えとしたテントの真っ白い生地が照明の先に照らされる。すべてを凍てつかせる冷酷な空気、半径何百キロのなかに生存している人間は自分しかいないという孤絶感、それらが闇の絶望に拍車をかけ、起床の瞬間に全重量をもって私にのしかかってくる。今日も暗くて寒いという厳しい現実がヘッデンの照明の先で明らかとなる。当然、外に出たくないという葛藤がはじまる。その巨大な絶望の重みに逆らって寝袋から出るためには、今日歩かなければ村にもどれないかもしれないという、より深刻な現実を天秤にかけて意志の力を総動員する必要があった。毎日、毎日、そういう暗さ、寒さ、孤独と格闘する朝がつづき、私は心底うんざりしていた。闇の憂鬱は一日経ってもリフレッシュされることなく、蓄積されていった。旅の序盤は闇の中で起床することに大きなストレスは感じなかった。むしろ暗さより衣類の濡れが乾かないことが不快だったが、しかし三十日、四十日と経つうちに闇の憂鬱は知らず知らず膨大な量の澱《おり》となり私の内部に沈澱していたのだった。この闇のストレス澱は、何もかもうまくいかない状況がちょうどいい促進剤となって薄汚く発酵し、腐臭をはなつアオミドロというかクロミドロまみれのヘドロと化し、今や私の精神はこの暗黒性ストレスヘドロで満たされて決壊寸前のダムのように臨界をむかえつつあった。

次の日も正直いえば動きたくなかったが、そうも言ってられなかった。今日もまたヘッデンをつけて歩かなければならないのかと思うと、私は発狂しそうだった。

テントを出発してしばらく定着氷の上を歩きつづけたが、途中で犬が立ち止まり、背後を見ながらクンクンと鼻息を荒げた。

「何かいるのか？」

海で出会うとしたら白熊の可能性が高い。緊張が高まった。ヘッデンを最強にして背後を照らしたが、海氷は闇に溶け、そこに動く影は見られなかった。

白熊が来たら撃ち殺す、と覚悟をしているつもりだったが、実際に闇に閉ざされた現実を目の前にすると、その自信はなかった。これだけ暗いとかなり至近距離にならないと白熊の姿を視認することはできない。白熊はのそのそしているように見えて、その動きはじつは素早い。迅速に近づく白熊にヘッデンで照準をあわせて対応できるとは正直思えなかった。実際に接近してきたらかなり慌てるだろう。

天気がよかったので昼前後になるとまた太陽の光が滲んで空がうっすらとわずかに白んだ。太陽の存在が感じられるだけで、精神の内側にへばりついた憂鬱ヘドロはとりのぞかれて気分はかなり上向きになる。だが薄明るい時間はわずかで、すぐにまた辺りは闇の幕がおりていった。

行く手にはもろい岩質からなる高さ数百メートルの岩壁が伽藍《がらん》のようにつらなり、薄暗闇のむこうで巨大船の舳先《へさき》のような岬が雄々しく海にせり出しているのが、かろうじて分かった。その岬の手前でそれまでつづいていた伽藍の岩壁は切れ、比較的大きな谷が陸地の内側に切れこんでいた。

その谷間に差しかかったときだった。暗闇の中で二つの小さな緑色の光がゆらゆら怪しげに蠢《うごめ》いているのが見えた。光は定着氷の右側の端っこをゆっくりとした動きでこっちに近づいてくる。

「何かいるぞ……」

二つの光が、動物の目玉がヘッデンの光に反射して輝いているものだというのは、すぐに分かった。ついに獲物が現われたのだ。狼か？　と一瞬思った。だが暗いせいでヘッデンで照らしても光はそこまでとどかず、ただ小さな緑色光が闇のなかで独立して浮遊しているばかりだ。動きがのろいので狐だろうと判断した。狐一匹とったところで犬の数日分の餌にしかならないが、それでもないよりはマシだ。私はライフルを肩から下ろし、腰を落とした。狐らしき光はこちらの様子を見つめているのか、二十メートルほど先で動きをとめた。肉食動物は好奇心が旺盛で、おかしなものがあれば様子を見にくる傾向がある。もう少し近づいてきそうだ。ただでさえ狐は的が小さいのでこの暗さと距離では絶対にあたらない。私は限界まで目玉の光を引きつけることにした。

だが、光の玉は動きを速めたと思ったら、突然どこかにパッと姿を消した。定着氷から下の海氷に逃げこんでしまったのだ。あわてて定着氷の端に駆け寄りヘッデンで海を照らしたが、狐の目玉らしき緑色の光は乱氷帯のなかにまぎれこんで薄闇のなかに消えていなくなった。

「くそー。行っちゃったよ」

私はぼやきながら橇にもどった。犬は無表情で私の様子を見ていた。すぐにまた橇を引きはじめたが、狩り目的で出発してからはじめて見た動物の姿だっただけに、私は逃げられたことが悔しくてならなかった。……ならなかったのだが、しかし驚いたことに、百メートルも進まないうちに、また左手の大きな谷間で緑色の光がゆらゆらと浮遊してくるのが見えた。

しかも今度の光は四つだ。つまり二匹である。

うわお、と思った。これまであんなに獲物を見つけることができなかったのに、今日は突然降って湧いたかのように次から次へと光の玉が降臨してくるではないか。たぶん近くの海で白熊に食われた海豹の死体があり、このへんの狐どもが続々と山を下りてその餌場に向かっているのだろう。狐は冬の間、白熊の食い残しを狙っており、海氷では所々に、狐の足跡がうじゃうじゃと連なり完全に獣道と化した場所もある。とにかく二匹もいる以上、今度は絶対に逃すわけにはいかない。私は即座に橇のロープを外し、肩からライフルを下ろした。

四つの緑の目玉は小さな霊魂のようにゆらゆらと闇のなかを漂い谷を下りてきた。そして五十メートルほど離れたところでぴたりと止まった。私の様子を観察しているのだろう。さっきは必要以上に狐を引きつけようとして失敗した。これだけ距離があると当てるのは至難の業だが、また逃げられるぐらいなら撃ったほうがいい。私は膝を立ててライフルをかまえた。ヘッデンの光で照星と照門をあわせてその先に緑色の光が来るように銃身の位置を微調整する。無理だ、遠すぎる、と思った。どう考えてもこの距離で命中させるのは神業としか思えない。だが、まぐれでいいから当たってくれと祈り、九割九分神頼みで引き金を引いた。

三十口径のライフルから、どごーん、と爆発音のような銃声が轟いた。その瞬間、四つの緑の光は先ほどとは全く異なった素晴らしくダイナミックな動きで流れるように谷の奥のほうに移動しはじめた。闇の中に光跡をえがき、つむじ風のごとき見事な速さで浮遊して谷の向こうに消えていく。

その動きを見た瞬間、途轍もない後悔が私を襲った。しまったああ、と思った。そのスピード感はどう考えても狐ではなく、狼のそれだった。

私はスキーを履いたまま目玉の光が逃げた闇に向かって駆け出した。くそお。狼だった。狼だった。失敗した。激しく悔やみながら私は闇の奥に消える緑の光を追った。私が後悔したのは、狼というのは放っておけばどんどんこっちに近づいてくる習性があるからだ。昔、カナダ北極圏で長期徒歩旅行をしたときに何度も狼と遭遇したが、連中は必ずといっていいほど様子を見るために接近してきた。中にはテントのすぐ脇までやってきて、頭を撫でることができるんじゃないかというぐらい近づいてきたのもいた。あの緑の光が狼なら、そのまま待てば十メートルぐらいまで近寄ってきたはずだ。十メートルならさすがに暗くても当たる。つまり、もっと引きつければ確実に撃ちとめられたのだ。しかも狼は身体もでかい。体重五十キロぐらいあるので、少なくとも村にもどるぐらいの犬の餌には十分になる。なんという馬鹿なことをしたのだ、ぐおおお！　と歯ぎしりをして悔やしがった。

私は必死に目玉の光を追いかけた。幸運なことに四つの光は百メートルぐらい浮遊移動したところでまた止まった。五十メートルぐらいまで近づいて、私はまた片膝をつきライフルの引き金をひいた。銃声が鳴ると、光の玉はまたそれに反応して谷の奥に向かって浮遊を再開した。その見ている者をうっとりとさせるほど優雅かつ滑らかな動きを見ていると、とても弾丸が当たったとは思えなかった。雪面の上に血痕を探したが、やはり真っ白な雪面が広がっているだけだった。ぐおおお、また外したのだと思い、私はふたたび走って追跡をはじめた。恐怖は微塵も感じない。狼に逆襲される可能性に思い至ることもまったくない。脳下垂体からアドレナリンがぶびゃあっと噴出していた私は、絶対に撃ちとめる、絶対に撃ちとめるとそれだけ考え、闇の中を自由に浮遊する四つの発光体を追った。背後から犬がうおおん、うおおおんと吠えるのが聞こえた。銃声を聞き、私が何か獲物を仕留めたと勘ちがいし、俺も連れていってあんたが手に入れた肉を食わせてくれ、と叫んでいるのだ。

四つの浮遊発光体はＵＦＯのようにうぃーんとスムーズなカーブを描いて右手の岩壁のほうに上昇していった。奇怪な動きであったが、狼が岩場をこともなげにクライムしているのだろうと考えると合点がいった。発光体は闇の中空、すなわち岩場の途中でまた止まり、私の様子を観察しはじめた。

これがたぶん最後のチャンスだ。私は片膝をついて三度ライフルを構えた。距離は推定五十メートル。慎重に照準の先に浮遊発光体を重ねあわせ、微妙にその下を狙って銃を撃ち放った。どごーんという三発目の銃声が轟いた。しかし銃声とともに浮遊発光体は闇の中空をまたしても漂いはじめ、ぐいーーんという擬音語を想起させる動きであっという間に谷の奥に姿を消した。

今度は本当に姿を消した。二度ともどってこなかった。駄目だった。とても無理だ、こんなんで当たるはずがないと思った。極夜の主が与えてくれた唯一の望みを逃したのだ。私は肩を落としてとぼとぼと橇にもどった。

犬がうおおおん、うおおおんと裏返った声で気が触れたように吠えまくっていた。橇にもどると、犬は私が獲物を捕らえたと完璧に勘ちがいし、異常興奮をきたして、ほとんど錯乱状態となり、重い橇を五十メートルぐらい引っ張って雪の盛りあがった段差に突っこんで動けなくなっていた。

こいつ、まだこんなに力が残っていたのか……と私は別の意味で驚愕した。

「すまん、駄目だった」

そう声をかけると、犬はとろんとした目にもどり不満そうな小声をもらした。何という情けない飼い主だろうか。犬は橇を引き、白熊対策の番犬としての役割をはたしているのに、私はその犬の労働の対価に見合う報酬をあたえることができていないのだ。

私と犬はふたたび橇引きを再開した。定着氷を移動しながら私は何度も背後を振りむいて狼の現われた谷を見つめた。浮遊発光体がまた現われて、後でもつけてきてくれないかと期待したが、それも虚しい願いだった。

だがこの日のイベントはそれで終わらなかった。

谷から一キロほど歩いたところで、犬がまたくんくんと鼻を鳴らして横道にそれはじめた。何か発見したのかもしれない、と思って好きなように行かせてやると、犬はうろうろ臭いを嗅ぎながら崖のほうに近づいていき、そこで白い奇妙な物体を発見した。そしてその白い物体にかぶりつくと、がふがふとがっつき、うごーうごーと呻き声をあげた。

見てみるとそれは麝香牛の頭蓋骨だった。古いものなのか、乾燥して半ば白くミイラ化し、半分が定着氷の中に埋まっている。

散々狩りに失敗したが、これは最後に思わぬ見っけものをした、と私も喜びをわかちあった。頭蓋骨は犬が牙をたてても中々砕けないので、私も助勢し、先端を尖らせた鉄棒で破砕作業を手伝った。がつがつと鉄棒を突き立て頭蓋骨の周りの雪を掘り下げ、犬の顔面を傷つけないように注意して骨も砕く。麝香牛の頭骨は雄が決闘するときに走ってぶつかり合って雌雄を決するために使用するので異様にぶ厚く硬かったが、それでも思い切り突くと砕けて、中から肉か髄のようなよく分からない凍った柔らか系の組織が出てきた。それを鉄棒の先端でこそぎおとして犬にやると、犬ははあはあ言いながらその凍肉にむしゃぶりついた。

闇の中、私と犬は餓鬼のように麝香牛の死骸に群がった。頭蓋骨全体を氷の中から掘り起こすと、私は鋸《のこぎり》でそれを切断して十センチぐらいに小分けにした。角の中も骨髄がつまっているのでそれも鋸で切断し、鉄棒で砕いて食えるようにしてやった。犬は私が切断した骨片を両前脚で押さえて、皮に噛みついて引き剝がし、残った茶色い毛をむしり取り、むき出しとなった凍った組織をべろべろと舐めて解かし、牙でこそぎ落とした。肉や皮膚の残存物や髄だけではなく、骨もがつがつと砕いて呑みこんでいった。頭蓋骨を処理するのに三時間を要したので、その場にテントを立てることにした。この頭蓋骨で五百グラムぐらいは食べただろうから、この日はドッグフードを温存することにした。餌を一日分食い延ばせば、犬は一日延命されたことになる。

翌日の犬の糞を調べると真っ白だった。糞というよりむしろ糞の形状をした骨である。昨日は肉や髄や皮などを十分食べたと思っていたが、じつは食べていたのはほとんど骨だったようで、骨が消化器官で砕かれ粉状になり腸の中で糞状に成型されて肛門から出てきていた。

その日の行動中、犬がぜーはーぜーはー息を荒げて突如、立ち止まった。

「どうしたんだ？　大丈夫か？」

心配して声をかけると、犬の腹でごぼごぼという低い奇妙な音が鳴りはじめた。そしてエイリアンが卵を産むときみたいに、ぐぼぼぼと気持ち悪い音をたてて口から茶色い物体を吐き出した。

吐瀉物は胃液にまみれて茶色くなっており、黒い毛が絡みついて鼻をつく異臭を放っていた。

「お、お前……何食ったんだ？」

私はまた犬が途中で妙なものを見つけて勝手に食ったのかと思い心配になった。だが、よく見るとそれは昨日の麝香牛の骨だった。消化液で半分解けて消化不良の人糞みたいにしか見えないが、たしかに骨である。硬すぎて完全に消化することができずに吐き出したのだろう。何だこれと思い顔を近づけると、犬は奪われると勘ちがいしたのか、ぐるる……と喉を鳴らし、普段は絶対に逆らわない飼い主の私にたいして威嚇の声をあげた。犬のそんな態度を見たとき、そこまで飢えているのかと、私はゾッとした。犬はその汚物にしか見えない吐瀉物をさも愛おしそうにぺろぺろと舐め、嚙みつき、目だけ私のほうに注意を払いながらばりばりと音を立ててじつに旨そうに呑みこんだ。

＊

天気はふたたび悪化し、雪の舞い散る空模様となった。気圧が下がり気温が氷点下十七度とそれまでより二十度も上昇して、奇妙なほど生暖かい。上空には雲が広がり昼になっても太陽の光の恩恵は受けられず、また冬至で新月だったときと変わらない二十四時間の暗黒が復活した。

定着氷から海氷上を歩いていると、往路ではほとんど見られなかった白熊の足跡が至るところについていた。ダラス湾の内陸で彷徨している間に、海の生態系に何か変化があったのだろう。もしかしたらこの近辺の海氷が沖のどこかで割れて開氷面が現われ、そこに海豹が集まり、それをつけ狙って白熊も移動してきているのかもしれない。種はちがえど、極地のような自然の未開地の中では人間も白熊も似たような判断にもとづいて行動を起こすようである。海氷上には所々軽い乱氷帯があり、人間は通常、そういう所を避けて歩きやすいルートを選ぶわけだが、歩きやすいところを歩くのは白熊のほうも同じで、結局、私と犬が歩く場所には必ず白熊の足跡がつづいていた。前方が乱氷っぽくなっているのでここで左に方向を変えようと思うと、白熊の足跡もやっぱり左に進路変更している。ということは、もし今、われわれの近くに白熊が来たら、かなりの確率で鉢合わせするということだ。足跡は単独行動のものがほとんどだが、中には大きな足跡と小さな足跡の二頭組、つまり子熊をつれた母熊の足跡もあった。一般的に子熊をつれた母熊は気がたっているのでより危険だとされており、白熊と道を共有するのはあまり良い気分ではなかった。

というか、まわりに白熊がうようよしているかもしれないと思うと、不気味で仕方がなかった。往路のように月が出ていれば姿が見える可能性があるが、今のように月もなく、真っ暗な状況で白熊が接近してきたら察知しようがない。ヘッデンをつけて歩いているので、おそらく半径二十メートル以内でないと気がつかないだろう。それも照明の方向に熊がいればの話で、それ以外の方向から接近されたら完全にアウトである。この暗黒状況では知覚の大半を視覚に頼り切ったわれわれホモ・サピエンスが、迫りくる飢えた白熊の存在を感知するのは事実上不可能だった。

となると頼みの綱は犬だけである。犬なら歩行中も臭いで白熊の存在を感知して吠える……はずである。風下から接近されたら分からないのでは、という疑念はないではないが、それでもきっと気付いてくれるはず……という心の支えがあるだけで恐怖はかなり軽減する。もともとそのために私はこの犬を旅のパートナーとして連れているのである。これだけ足跡があれば、おそらくアウンナットの小屋まではあたり一面白熊だらけという状況がつづくはずだ。アウンナットまで最低でもまだ五日はかかるだろうから、それまでは残りわずかとなったドッグフードを食い延ばして何とか犬を延命させようと、白熊の足跡が増えてからはそんなことばかり考えるようになっていた。

がりがりに痩せ細った犬に橇を引く力は残されておらず、休憩直後は元気よく飛び出すものの、五分で力尽きて橇など引けない状態になった。それでも一応、私に対してというか、DNAに刻まれた人類全般に対しての忠実度は失われていないらしく、健気《けなげ》に橇を引こうとした。やろうと思えば橇上の私の食料を食い荒らすことも可能なのに、そうせず死ぬまで人間に忠誠を誓っていた。

そんな犬の姿を見ると、私は自分が犬に依存していることを痛感しないではいられなかった。犬が私に餌を依存しているだけでなく、私も犬に旅を依存している。犬がいなければ旅が不可能であるばかりか、この暗黒白熊ワールドでは、移動さえおぼつかないと感じられるぐらいのレベルに達している。

もともと私が犬と旅をしたいと思ったのは、白熊対策の番犬という意味があったが、この〈人間―犬〉の依存関係の先には何があるのか知りたかったということもあった。

それは私にとって人類と犬との原初的な関係性を探る試みでもあった。狼が犬に進化したプロセスに定説はないらしいが、最近の研究だと後期旧石器時代には狼犬とよばれる動物が登場し、人間と行動を共にしていたと考えられているらしい。当時のユーラシア大陸にはネアンデルタール人や洞穴熊や洞穴ハイエナ等の強力な捕食者集団が存在し、生存競争を繰りひろげていた。そうした過酷な環境のなかで狼の一部は自ら主体的に人類に接近することを選択した。つまり人類の狩猟の補助活動等をおこなうことで人類と生活をともにし、その庇護下に入ったほうが生存に有利だと判断し、狼犬そして犬へと進化していったわけだ。

一方の人類も生存のうえで最大のライバルだった狼を手なずけ、彼らの能力の一部を利用したほうが狩猟＝生存を効率的におこなえることに気付き、彼らを家畜化した。そしてこの二つの生物種は盟友となり手を携えることで他のライバルたちに打ち勝ち、後期旧石器時代の荒々しい原野を生き延びたのだが、このとき人類と狼および犬との間にどのような関係性が生じていたかといえば、これは完全に私のイメージであるが、盟友という言葉では言い表せない、もっと深くて、お互いの命を依存しあうことで成立する融合状態にあったのではないかと考えられる。ホモ・サピエンスとかイヌ族といった生物学上のカテゴリーの間に立ちはだかる壁が消えて混ざりあってしまったような、そういう一体化状態だ。そのようなイメージが私にはあったので、この極夜の世界で一頭の犬とマンツーマンで命運を託しあうようなかたちで長い旅をすれば、旧石器時代人と初期の狼犬が実現していた根源的な異種動物間結合状態を経験することになるのではないかと想像していたのである。

実際、旅が進むほど私は犬に依存していた。予想以上に依存していた。犬に暗闇の目となってもらい白熊が来たときに吠えてくれることを期待していただけでなく、橇引きの力としても依存していた。だがそうした実務的な役割よりもはるかに、極夜の闇のなかでの孤絶感を癒してくれる精神的なパートナーとして私はこの犬に依存していた。

正直言って、この長い闇の世界の旅を犬なしで完全に一人でできるかと訊かれれば、それは無理だと答えるよりほかない。犬はいるだけで私の心に平静を与えた。犬がいないと旅を続行できない私は、この旅の間中、犬は元気だろうか、身体は大丈夫だろうか、足の肉球の傷は治っただろうか等々、常に犬の身体の状態を案じていた。朝、テントを出るときは必ず健康状態を確認するために犬の糞を見に行き、足や背中に傷ができるたびに外傷用軟膏を塗りこんだ。橇をきちんと引かないときは死ぬほどムカつき、怒鳴り、殴りつけることもあったが、それもふくめて自分のほかに気にかける他者がいるだけで私の孤独感は癒された。テントの外からみしみしと犬が雪面を踏みしめて歩く音が聞こえただけで、一人ではないことが分かり気持ちが安らぐのである。そして、最終的には犬が死んだときにその肉を食えば自分は生き残れると考えることで死の不安から逃れることができていたぐらい、私は犬に依存している……。

犬の死肉を食うことで生き延びられるという依存形態は、現代人の常識的感覚からすればあきらかに歪んだものだ。しかし、私がこの犬と一対一で旅することで見出したかった人間と犬との原始融合状態とは、もしかしたらこういうものだったのかもしれない、とも思う。

私は以前からシオラパルクにくるたびに、この村のイヌイットと犬との関係は現代人とはちがうモラルによって営まれており、どことなく狼が犬に進化して人間と共存するようになった後期旧石器時代における人間と犬との間の相互依存を、今に残しているような雰囲気を感じてきた。その謎が、自分自身が犬と命運をたくしあう旅をすることで解けた気がした。シオラパルクの人間と犬の間に後期旧石器時代的な雰囲気が感じられるのは、両者の関係に欺瞞というものがまったく存在しないからだ。

現代の先進国では、犬は人間の欺瞞を象徴するような存在と化している。表向きは愛玩犬としてひたすら可愛がられ愛護されているように見えるが、見えないところでは、不必要とされた犬が保健所で殺処分されているし、犬を可愛がるという一方的な欲望を満たすために無駄なブリーディングを施して奇形としかいいようのない犬種を生み出してもきた。どんなに愛護的に扱っていようと、根底において人間は恣意的に犬を扱っているわけで、都合のいいときにその時々にあった仮面を使い分けている。つまり先進国における人間と犬との関係を徹底的に煮詰めれば、最終的には人間の側の薄暗い欺瞞しかのこらない。ところがシオラパルクの村人と犬との関係には、こうした欺瞞はない。

たしかに村人はいうことをきかない犬を容赦なくぶん殴るし、年老いた犬や橇を引けなくなった犬はあっさりと絞殺されるため、先進国的なモラルから見ると残酷で歪んでいるように見えるが、しかし彼らの犬に対する態度には、自分たちの恣意性や正当性を取り繕うような欺瞞は生じていない。彼らが一見残酷にも思えるやり方で犬との関係を築いてきたのは、極北という過酷な大地を生き延びるためにそうせざるを得なかったからであり、厳しい自然環境は人間と犬との間に欺瞞を生み出す余裕など与えなかった。彼らには生きるために犬が必要なのであり、犬もまた生きるために人間が必要だ。生きるために犬を生かすこともあれば殺すこともあり、彼らはその責任から逃れられないことを知っている。生きることが最上位の徳目である生と死のモラル、野生の掟によって営まれた生活には欺瞞など入りこむ余地はなく、われわれのように都合よく仮面を使い分けていない。

おそらく人間と犬が共存をはじめた原始の関係もこのような欺瞞のない、むき出しの生と死のモラルによって築かれていたのではないだろうか。はからずも犬の肉を食って生き延びようとすることで、私もまたこのむき出しの生と死のモラルの一端に触れることとなった。

〈俺はお前をパートナーにする。だがいざというときはお前のことを食う〉

現代システムでは歪《いびつ》なものとして否定されるこの生と死のモラル、欺瞞なしの本性を前提にしたむき出しの関係性こそ、原始の人間と犬が交わしていた忘れ去られた密約だったにちがいない。犬はこのとき、私という現代人の表面を覆う外向けで公式的な態度や言動の奥にある、犬を殺しても生き延びたいという歪な心性を引きずりだしてきた。それまで仲間としてあつかい、この犬を食うことなんか考えたこともないと公言してきたにもかかわらず、結局のところ、私は最後は食ってしまおうという態度でこの犬に臨んでいる。この生きる者としての罪深き歪な心性こそ、究極のところで顕わになった私という人間のまぎれもなき本性であり、犬は私の本性を開示させる者として、そこに存在している。私にとって犬とはそういう意味での相棒だった。

次の日も雪で、その次の日も雪だった。ヘッデンの光が降雪に反射して往路よりも視界が悪く、知らず知らず軟雪帯にはまりこんでまた徒《いたずら》に体力を浪費した。もう一月二十四日だというのに、私はまだ極夜の深い闇の中で呻き、喘いでいた。ようやくイヌアフィシュアクの手前の湾にたどりついたが、そこまで来ても周囲の陸影がまったく見えないので位置がよく分からない。分かるのは白熊の足跡がつづいているということだけだ。昨日は一日中雪だったので、足跡は明らかに昨日か今日ついたものである。もしかしたらその辺にいるかもしれないと思うと、気は抜けなかった。

正午をすぎると雲がわずかに薄くなり、南の空がじわりと明るくなって、ようやく正確な位置がつかめた。英国隊のデポ跡地に燃料を残していたので、私はそれを回収するため湾の奥に向かった。デポ跡地付近に到着すると、まず斜面を登って残していった予備の橇とその上にデポした燃料を回収した。そしてこの日のテン場を決め、白熊に荒らされたデポ跡地の現場をあらためて見に行くことにした。

不思議なことに、ヘッデンの光に照らされた二週間ぶりに見るデポ跡地は、私の記憶といくらか印象がちがっていた。

私の記憶によれば、地面は全面的に私が掘りかえした岩でごろごろしているはずだが、あらためて観察すると、どうもまだ掘りかえしてなさそうな整然とした一角が残っている。あのときは混乱していたので、全部掘りかえしたつもりだったが、そうでもなかったのかもしれない。もしかしたらガソリンがまだ残っているかも、と思った私はその整然とした一角の岩を手でどかしはじめた。

すると案の定、すぐに黒いビニール袋に入ったガソリン容器が見えてきた。容器は二缶。一缶五リットルなので十リットルである。正直、燃料は十分なので不要だったが、一応、回収し、他にもないかまた岩を掘り起こした。すると、またすぐに黒ビニールが見えてきた。まだあるのか、どれだけあるんだ？　と訝《いぶか》しく思いながら、そのビニールを触ってみた。すると、ぼこぼこっとした変な感触があった。んん？　と思った。ガソリン容器はプラスチックなのでこんな手触りではない。まさか……。期待を押し殺しながら私は次から次に岩を放り投げて一気に掘りだしを進めた。次第にビニール袋が露わになっていく。触ってみるとやはり柔らかく、ぼこぼことした感触があり、しかもガソリンの入っていた袋とちがって黒いガムテープでしっかり封もされていた。マジかよ、これは……本当か？　息遣いがはあはあと荒くなり、猛烈な興奮が押しよせてくる中、私はすべての岩をどかし、ついに袋全体を摘出した。

礫の中から姿を現わしたのは四角い大きな袋だった。動かすとばらばらと音がした。

もうまちがいなかった。

「うおおおおおおおっ！　うおっ！　うおおおおおっ！」

私はベスビオス火山のように喜びを爆発させて、両拳を握りしめてヘラクレスのごとき雄叫びを三発はなった。

雄叫びが全宇宙にこだました。

「やったぞおっ！　ウヤミリック！　ドッグフードだあっ！」

もう一発叫んで犬のほうに駆け寄り、抱きついた。

「やった、やった、これでお前、死ななくて済んだんだ。おおおおおお」

さらに猛り狂って咆哮し、絶叫を加え、うっほ、うっほと小躍りし、興奮のあまり犬に顔をなすりつけて歓喜で目頭を熱くした。狩りに成功して獲物を自力でとるという格好いい結果ではなかったが、それはもういい。そして犬が死ななくて済んだということは、私は犬の肉を食えなくなるわけで、村にもどるまでの食料が足りなくなるわけだが、それもとりあえずいい。とにかく犬を死なせずに済んだことに、私は自分でも想像を絶する喜びの波に呑みこまれた。俺はこの犬を、この俺の犬を殺さなくて済んだのだ。そう思うと嬉しくて仕方がなかった。

もちろん犬のほうは私の狂喜乱舞の意味が分からず、終始、無反応だった。気の抜けたような顔でボケーっとしていた。

「ほら、食え食え」

私は即座にドッグフードをその場にばらまいた。残りわずかだった元々持ってきたほうのドッグフードを全部ぶちまけ、新たに見つけたほうの袋もあけて二キロぐらいばらまいた。計三キロぐらいばらまいた。餌をあたえられると今度は犬のほうが狂ったような歓喜の波に呑みこまれた。餌と同時に酸素を吸いこみすぎた犬は、ばふばふと豚みたいな過呼吸気味の鼻声を鳴らし、大量のドッグフードをものの数分で平らげた。そして恍惚とした顔で見事なゲップを一発放った。

英国隊は二十キロ入りドッグフードを四袋もデポしていたので、もしかしたら他にもドッグフードがあるかもしれない。私は再度地面を徹底的に掘り返した。しかし結局、見つかったのはその一袋だけで、他の場所からは引きちぎられた袋の切れ端しか出てこなかった。つまりデポ地を襲った白熊は他の三袋を完璧に食い荒らしたのに、どういうわけかこの一袋だけは気付かずに食い残したということになる。

これは奇跡だと思った。とにかく奇跡以外の何物でもない、と思った。

冷静に考えれば単に白熊の食い残しを二週間前は見つけそびれていただけなのだが、このときの私は、今、このタイミングでドッグフードが見つかったことに、何か因縁めいたものすら感じた。もし二週間前にこのドッグフードを発見していれば、私はあれほど必死に獲物を探さなかっただろう。ダラス湾に向かって内陸部に入りこみ、あの極夜の闇の奥の奥を放浪することもなかっただろう。結果的にこれほど深く極夜の闇を見つめるという経験も持てなかったはずだ。つまりこの一連の過程はすべて極夜の意志であり、白熊に命じてデポを破壊させつつも秘かにドッグフード一袋は残しておき、でも最初は私にそれを発見させず、そしてダラス湾内陸で真の極夜探検をさせ、狩りに失敗させて絶望の淵に追いこみ、極夜の何たるかに触れさせたところでじつはドッグフードありましたよーと発見させるという、まさにこのノンフィクションとは思えない展開、角幡はノンフィクション書いているって言っているけど、あいつのやっていることは単独行で第三者の目で事実検証できないから結局都合のいいところでフィクション書いているんじゃないの、などとアマゾンのレビューで書かれても仕方のないこの展開は、すべて極夜の意志だったのではないか？　そんなふうにさえ思えたのだ。

私は空を見上げ、極夜の主である月に語りかけた。

なかなか粋なことをしてくれるじゃないか、月め――。

ただ、残念ながらこのときは月は出ていなかったが。

曙光

色々な意味でドッグフードの発見は旅の局面をがらりと変えた。当然のことながらもっとも劇的に変化したのは犬の栄養状態だった。

翌日は停滞して身体を休めることにしたのだが、その日の朝、私がテントを出ても、犬は寝そべったまま微動だにせず、これまでならあれほど興奮していた私の排泄物にさえ、何の興味も示さなかった。その態度は、ドッグフードで腹一杯になった今、お前の糞にはもう糞ほどの価値もないと言わんばかりだった。犬からは卑屈さが消え、何日かたつと元気を取りもどし、毎晩のように堂々とテントのまわりをがさがさうろつき、ンーーー……という聞いたことのない不快な声をあげながら糞をして、寝ている私を苛立たせた。

風景もその日を境に大きく変わった。昼頃に前日仕掛けた兎の罠を見てまわる間、私は地平線にじわじわと薄明かりが広がる光景を目の当たりにした。

それは久しぶりに感じる太陽のパワーだった。

先日、ダラス湾の内奥で、私は今回の旅ではじめて太陽の存在を感じさせる、あの薄光を見たわけだが、それ以降、曇天がつづき、しかも新月前後という月が不在のサイクルに入ったため、ひたすら世界は暗黒エーテルで満たされ、太陽の再来を感じる機会はほとんどなかった。しかし、この日は久しぶりに雲ひとつない快晴となった。連日の暗闇で気付かなかったが、やはり天空では太陽の影響力が確実に強まっており、世界は格段に明るくなっていたようなのだ。

イヌアフィシュアクの半島の上に立ち、地平線を眺めていると南の地平線がオレンジ色に燃えたち、一気に周囲を赤く染めていった。その下では太陽が天然の溶鉱炉となり猛烈なエネルギーを発散させていることが手にとるようにわかる。太陽はそこにあり、やがて生命力とみなぎる力で世界をあまねく照らすだろう。それはもうまちがいないところであり、まちがいないと私自身、確信できることだった。いよいよ現実的に漆黒の闇が剝ぎ取られ、長い夜が明ける時期がきたのだ。絵具の色彩が無地のキャンバスににじわじわ染みこんでいくように空が明るくなっていくのを眺めながら、私はそれまでの闇の放浪で固く張りつめていた緊張感が急に解きほぐされ、ぐにゃぐにゃっと溶解していくのを感じた。

この状況の変化は翌日になると、よりいっそう如実なものとなった。

私と犬は英国隊デポ跡地を出発し、イヌアフィシュアク半島の基部のもっとも狭まった部分を越えて反対側の海に出た。昼前になると空には太陽の薄明かりが広がり視界は完璧に確保された。ヘッドランプの助けを借りる必要などまったくない。空は星も見えないほど明るく、昼間に見える星は唯一、南の空の地平線の上でぎらぎらと眩く煌めく金星だけとなった。海岸は激しい乱氷にかこまれていたが、陽光の明るさに助けられ、私と犬は難なく乱氷の切れたスロープ状の斜面を見つけ出し、海氷に下り立つことができた。たったそれだけのことが驚異に感じられた。

真っ平らな新氷をアウンナット方面に向けて歩きはじめると、右手のほうにイヌアフィシュアク半島の先端にある小高い丘がはっきりと望まれた。その丘の様子を見たとき、私は信じられない思いに満たされた。それは、つい十七日前、アウンナットからイヌアフィシュアクに向かったときに、北アルプスみたいに巨大に見えて私を混乱させた、あの丘だったからだ。

太陽の光により明らかとなった丘の正体は、もちろん北アルプスみたいに雄々しいものではなく、ポコッと突きだした単なる地形上の小さなイレギュラーにすぎなかった。それは、がっかりするほど迫力に欠けていた。あのときの虚構と眩惑とまやかしの美に満ちた月明かりの世界では、錯覚が引き起こされて、真実の姿がゆがめられ、丘は巨大な冬山のような威容を誇り威圧的にふるまっていたのに、ひとたび地平線の下から太陽の光が漏れ出しただけで、丘はもろくも本当の姿を完全に曝け出し、その矮小さを露呈させている。

あんなものに騙されていたのか、と何だかやるせなさが込みあげてきた。

この丘を見たとき私は、極夜が今まさに終わろうとしているのだと感じた。いや、終わろうとしているのではなく、今まさに終わったのだ、と思った。もちろん太陽はまだ昇っていないので物理現象としての極夜はまだ終わっていない。この地域で太陽が昇るのは、まだ一ヵ月近く先の話だ。しかし二十四時間延々と闇の底で這うような旅をつづけてきた私にとって、昼間の何時間か視界が確保されただけで、それはもう闇の苦悩からのほとんど完璧な解放を意味していた。

この昼間の明るい時間は予想以上に長くつづいた。先日、はじめてダラス湾内陸で太陽の光を見たときは、たった一時間ですぐに暗くなったので、この明るさも三、四時間で終わるだろうと思っていたが、実際は午後三時になっても余裕で明るかった。四時になってもまだまだ全然明るい。五時になるとさすがに薄暗く、前方にベガとデネブの光が煌めき、地平線の空は夕暮れのような赤色に染まったが、それでもなんとかヘッデンなしで行動できるぐらいの視界はあった。極地のような高緯度地帯では日本のような中緯度地帯とちがって太陽の軌道に大きな傾斜角はない。もっとも高くなる極上正中（南中）時ともっとも低くなる極下正中（北中）時の高度差は小さく、太陽はいわばごろごろ転がるように水平的に移動しているため、ひとたび太陽が地平線に近づいてくると、明るい時間があれよあれよという間に長くなっていくのである。

それからは日々明るくなるのを肌で感じとりながら旅をつづけた。太陽は、まだ本体を見せていないにもかかわらず、その圧倒的なパワーで闇を一気に駆逐していった。ついこの前まで月が君臨していた闇の領域を、有無を言わさぬ力により侵食し、明るい世界に染めあげていく。その様子は、私の目には、まるで月と太陽に象徴される闇と光の二頭の巨獣が天空を舞台に取っ組みあっているかのようなイメージで観察された。世界はこれまで月に象徴される極夜の黒い巨獣に支配され、横暴、苛政、好き放題のもとにあった。ところがそこに太陽に象徴される光の巨獣が現われる。力は光の巨獣のほうが圧倒的に上なので、取っ組みあった瞬間、黒い巨獣は腕をひねりあげられ、ぐいぐいと喉元を締め上げられ、最終的にぐわあああという断末魔の叫びを上げ、存在自体がミスト状になり大気の中で霧消してゆく。そんな感じだ。昇りつつある太陽の光は、着実に、あらかじめ決められていた仕事を粛々とこなすかのように極夜の闇を葬り去っていった。そしてそんなふうにこれまでの不条理な極夜の闇が、自分の力のおよばないところで制圧され、力を失い、衰亡していくさまを、私はなかば呆然とした心地で見つめていた。そして、終わりつつあるというか、唐突に終わってしまった極夜を前に、私は自分でも予期しなかった不思議な感情に支配されていた。

それは、ひと言でいえば喪失感だった。

ああ、終わってしまった、俺の極夜が終わってしまったんだな、とそんな思いを嚙みしめながら私はアウンナットへの道のりを歩んでいた。

極夜の闇の底を徘徊している間、私は、錯覚、錯覚の連続に極度の苛立ちをおぼえ、早く太陽にもどってもらって世界を明るく照らしてもらいたいと切に願っていた。ところが実際に世界が明るくなって闇の力が消失してみると、私の心には何とも言えない奇妙な寂寞《せきばく》の念がわいている。たしかに極夜の闇はストレスフルで、もうこんな世界二度と嫌だ、勘弁してくれと思わせるのに十分だった。月を恨み、呪いの言葉も吐いた。しかしその一方で、ダラス湾から内奥に入りこんだとき、私には、ここは俺だけが知っている世界なのだという奇妙な手応えもあったのだ。底の見えない暗黒の深淵。人類の生存活動にとって不都合な空間と時間。あらゆる動植物の息遣いさえ聞こえてこない完全に静まり返った死の沈黙。

そこはまだ誰の目にも触れていない地球の裏側の禁断の領域であった。毛綿鴨と呼ばれた男や「お前たちは月から来たのか、太陽から来たのか」との言葉をのこした男たちだけが知っている世界だった。もう二度ともどりたくないし、もどるべきではないし、もどってはいけない、そういう世界。しかし同時にそこは私だけが潜入に成功した、私だけの秘密の場所でもあった。すなわち私が築きあげた世界そのものだった。それが失われていく。私だけの世界が死んでゆく。もう極夜の旅をすることは金輪際ないだろうし、ふたたびやることには何の意味もない。仮にまた極夜世界を旅したとしても、今回の旅でそれがどんな世界か知ってしまった以上、同じような新鮮な感覚で極夜に接することなどできるわけがないからだ。あれだけの経験をし、あれだけの驚愕をもって、私は極夜の闇に震えたが、それは一度きりの経験であり、もう二度と味わえないものである。それを思うと、私は今回の旅で極夜の世界を獲得したのと同時に、永久に失ってしまった、とも言える。今、太陽の光によりその闇夜が消失してしまえば、ふたたびあの暗い世界に舞いもどることはできないのである。

現実にその感情をテントの中でノートに書きつけても、早くもその言葉にはどこか上滑り感が生じていた。言葉はすでに、闇のなかで感じた苦悶や懊悩とうまく噛みあわなくなっている。世界が明るく一変したせいで、暗い世界の記憶が早くも肉体から漏れはじめていた。今後、さらに明るくなれば、私の気分も晴れやかになって、どこか浮き浮きとした弛緩したものになっていくだろうから、あの、暗かったときの不条理な力に縛りつけられていた緊迫感は完全に思い出せなくなり、記憶はいっそう肉体からダダ漏れしてゆくことだろう。そして極夜の経験は、微妙な上滑り感のあるこのノートの言葉以外に何も残されず、あのときの完璧な経験はもう二度と取りもどせなくなる。それはじつに悲しいことでもあった。

*

アウンナットの小屋に着いたのは一月三十日のことだった。

小屋に着くまでの間に世界はさらに明るくなっていき、前日には狐の肉も手に入れることができた。定着氷付近の乱氷帯の中を彷徨っているときに撃ちとめた獲物である。闇の中で浮遊発光体を見たときとちがい、もはや明るく視界も十分だったので狙いをさだめるのはさほど難しくなかった。三十メートル付近に近づいたところで発砲したら弾はあっさりと命中し、すぐにその場で肉を解体した。狐は兎とちがって肉厚で丸みがあり、体重も六、七キロはある。おかげで犬を食うという選択肢がなくなったことで足りなくなっていた自分の食料をある程度補うことができた。北極狐の肉は味も臭いもなく、食感だけが肉というゴムみたいな不思議な味だったが、数日たつと熟成が進んで、少し旨みが出てきた。その日からしばらくは毎日、狐の肉を食って過ごした。

　イヌアフィシュアクを出た時点ではまだ、もし大きな獲物がどこかで手に入れば今からでも北に向かって旅をやり直すのもありかもしれない、などと少し考えていたが、それも極夜の消滅を目の当たりにしてから徐々にしぼんでゆき、アウンナットの小屋に着く頃には完全に失せていた。極夜はもう事実上死んだ。私が探検したかった対象は消滅してしまった。ここまで来てしまったら、大型動物を仕留めて北に向かったところでダラス湾の北に行くのがせいぜいだろうし、無駄に殺生して明るい極地をふらふらする行為にあまり意味があるとは思えない。それに結果的にではあるが、私には極夜のかなり深いところに入りこめたという探検的な手応えもあり、そのせいか、このときはもう、すっかり気が抜けてしまっていた。食料もぎりぎりなので、小屋に着いた時点で私は村にもどることを最終的に決断した。

　とはいえ、そこはまだ氷点下四十度の寒さにつつまれた厳冬期の北緯七十八度の超極北地である。しかも村にもどるには二月の内陸氷床越えという難所が待ちかまえていた。主観的には、明るくなって、もう素晴らしい世界にもどってきたぜ、ウヒヒという感覚が強く、二月の厳冬期とはいえ明るい氷床なんだからどうにでもなる、ぐらいの楽観的な認識しかもてなかったが、客観的に考えればそれが簡単な旅路ではないのは明白である。冬の氷床でブリザードが吹き荒れると行動はまず不可能、一週間ぐらいは平気でテントに閉じこめられることもざらである。

私は緩みまくっている気持ちにボルトを締め直し、村までの帰路について検討した。前にも書いたように、村にもどるには例の往路でブリザードを二発食らったイキナ氷河を下りなければならないが、この氷河の入口は非常に分かりづらい。明るくても迷うぐらい分かりづらいので、二月中旬以降になって完全に明るくなった段階で下りはじめるのがベターである。それに氷床でのブリザードにそなえて、全体的な日程にも余裕をもたせる必要がある。明るいし荷物も軽くなっているので往路のときのように時間を食うことはないだろうが、それでも小屋から氷床まで四日、氷床越えに四日、氷河を下りて村まで二日はかかると考えたほうがいい。ブリザードで停滞するリスクを考えれば、さらに予備日も多めに必要だ。そう考えると小屋から村まで最低でも二週間は見ておく必要がある。

私はまず小屋で五日間ほど過ごして太陽待ちをして、二月五日に二週間分の食料と燃料をもって出発するという計画を立てた。問題は食料が足りるかどうかだ。手持ちの食料を調べると、アルファ化米が一・四キロ、インスタントラーメン一キロ、行動食五キロ、ベーコン二・八キロ、脂一キロ、マッシュポテト五百グラムが残っていた。これを小屋を出発してからの二週間分の食料にすることにし、太陽待ちの小屋での一週間分には前日とった狐の肉を充てる。さらに小屋の中を探すと、おそらく私のデポが食い荒らされているのを発見したデンマーク陸軍のシリウス隊が残したと思しき乾パン五百グラム、それに友人である荻田泰永君が春にカナダから歩いてきたときに残してくれたパスタやアルファ化米（後日訊くと、これらは雪の下に埋まっていた私のデポの生き残りだったらしい）、また流しの下には小屋の備品のオートミール等もあり、それも少々拝借して小屋での食料にした。

おそらく小屋にいる間に兎の一羽か二羽は手に入るはずだ。これらの食料で、なるべく身体を動かさず、体力の消耗を抑えて、小屋の中にテントを張ってそこでしばらく太陽待ちする。そう決めた。

太陽待ちをしている間は、何もすることがなくて暇を持てあました。ただでさえ極夜が明けて緩みがちだった気分が、意図的に体力回復のためにごろごろしていたことで、いっそう緩んでいった。毎日昼頃に兎を探しに出かけたが、以前は小屋のまわりで群れを成しており、それこそ窓から狙っても獲れそうなほど兎だらけだったのに、今回は全然姿を見かけない。足跡が無数につき、獣道もできているが、姿は見えない。近くでは見つかりそうもないので、小屋から十分ほど歩いたところにある谷間で探したが、そこでもほとんど見かけなかった。午後のひと時、そうやって兎を探して谷間をうろつき、午後四時頃、兎が判別できるほどの明るさがなくなると、小屋にもどってまたごろごろした。テントでごろごろしながら小屋にあった例の昔の週刊宝石を広告面にいたるまで丹念に読み耽り、一冊だけ持ちこんでいた文庫本の頁をくりかえしめくり、これまでの旅で湧き出てきた思弁の内容をノートに書き留めた。そして夜になって日本が朝を迎える時間帯になると、待ってましたとばかりに衛星電話の電源を入れた。

この頃の私の最大の楽しみは電話で家族の声を聞くことであり、それは、一日のすべての時間がその瞬間のためにあると言っても過言ではないほど待ち遠しかった。

GPSは使うべきでない、冒険とは脱システムだなどと言っているくせに、衛星電話はOKなのか、矛盾しているではないかと思われるかもしれないが、それはまったくその通りで、たしかにこの点に関しては私は完全に矛盾していた。

以前の私は衛星電話を冒険の現場に持ちこむことにGPS以上の異常な抵抗を感じていた。他人から見ると、そこはかなりどうでもいいことに思えるらしいが、私にとっては本質的な問題だった。

衛星電話を携帯するということは、万が一のときに救助を呼べるということだ。現代の交通運輸システムはGPSの座標軸を基準に運行されているので、GPSと衛星電話があればピックアップ態勢はほぼ完璧になる。連絡体制が確立され、いざというときにピックアップしてもらえるのなら、そこがたとえ人間界から隔絶した人跡未踏の荒野であっても、その人跡未踏性は失われ、現代システムの網の目に組みこまれる。いつでもどこでも好きなときに離脱できるのなら、そこはもう混沌とした未知の世界ではなく、管理されたスポーツ競技場と変わらない。本当に混沌とした自然のなかで、自分の力だけで命を維持する自由を確保するには、テクノロジーの管理から可能なかぎり逃れたほうがいい。簡単に言えばそれが私のテクノロジー否定の論理である。

脱システムは今回の極夜探検の大きなテーマで、多くの人類が暮らす〈太陽が毎日昇る世界＝普通のシステム〉を脱して、〈太陽が二十四時間昇らない暗闇の世界＝極夜システム〉に入りこみ、その未知を探るというのが今回の基本的なモチーフだった。だが、この太陽関連の本筋の脱システムとは別に、やはり今述べたようなテクノロジーの面からも脱システムするのが理想だったので、私は最後まで衛星電話を持っていかないことにこだわりたかった。

だが結局それはできなかった。なぜかと言えば結婚して子供ができてしまったからだった。二歳の娘を抱えた妻を家に残し、極夜という異境を三カ月も四カ月も生死不明のまま彷徨するのは、さすがの私も倫理的に、というか心情的にできなかった。十九世紀の極地探検みたいに手段がないのなら話は別だが、今は現実的に衛星電話という余計なものが存在してしまっている。もし、その現状を無視して自分のこだわりを貫くなら、私は妻と離別し、家族を解散してやらなければ筋が通らない。しかしそんなことをできるわけがない。結局、私は電話は必要最低限の範囲で家族に生きていることを連絡するだけだという理屈を自分への言い訳に、脱システムが不完全になること、つまり旅の完成度が落ちることを受けいれた。要するに、この問題についてはなかったことにした。

三十代前半に私は、衛星電話を携帯して極地探検しても意味がないとまで書いていたが、それもこっそり無視することにした。情をもとに結びついた人間関係の深さは、私の書生めいた脱システムの理想よりはるかに強固で、人間社会のあらゆるシステムの中で最も脱システムするのが難しいのは、じつは太陽でもGPSでもなく家族だということを私は今度の旅で嫌というほど痛感したのだった。

家族システムに搦《から》めとられた私は小屋で太陽待ちをしている一週間、家族に電話したくてしょうがなかった。村を出てしばらくはバッテリー残量に不安があったため通話は必要最低限に抑え、連絡は基本的に数日に一度のショートメールに留めていたが、極夜が事実上終わり気が抜けてからは、それも歯止めがきかなくなり、毎日のように電話してしまう。スマホじゃないので顔は見れないが、他の人間との一分の会話が猛烈に待ち遠しい。

プルルと電話が鳴り、「もしもし」と妻が出ると、極夜の緊迫感が失われ気が抜けまくっている私の口からは、ついつい家でも出さないような幼児語が洩れてしまう。

「もちもち〜、僕でちゅよ〜」

「どうしたの、そんな声出して」

「いや、寂しいんだよ。ここは、とても暗いから。まだ太陽が昇らないんだ」

「そうなの？」

「ところで何か面白いことあった？　ニュースに飢えているんだよ、俺は。何しろ二十年以上前の週刊宝石しかないからね。村山さんが首相だった時代だ。コンビニもないし、くじら軒もないから。ひどいところなんだ」

「ニュース？　特にないよ。トランプが大統領になったぐらいかな」

「トランプなんかどうでもいいよ。子供の話とかないの？」

「そういえば、この前、ハルちゃんの誕生日会があって皆でアンパンマンミュージアムに行ったんだけど、そのときにうちの子がユイ君の背中に鼻くそつけちゃってさ」

私は爆笑した。「すげえ面白いじゃん。そういうのが聞きたかったんだよ。当然、鼻くそは小っちゃかったんだろうね」

「ううん、すっごいデカかった」

と毎晩、こんな調子で会話を交わすうちに、私のなかに残っていた極夜探検中のシリアス感は必然的に抜け落ちていき、私はさらなる脱力のスパイラルに落ちこんでいたのだった。

そんなふうに事実上の極夜が終わった脱力感が抜けきらないまま、私は二月七日に小屋から村への帰路につくことにした。五日に出るつもりだったが、気が抜けて出発する気が起きず、二日間余計に小屋でうだうだしてしまった。まるまる一週間、小屋の中でテントを張って炊事をしていたため、壁の内側は全面的にぶ厚い霜が張りついている。ブラシで霜を徹底的にこそぎ落とし、箒で掃き掃除しているうちに、あっという間に二時間が経っていた。

小屋に滞在した一週間は毎日兎を探したにもかかわらず、結局一羽も仕留めることができず、食料は犬の分もふくめてぎりぎり二週間分しかなくなっていた。兎が見つからなかったのは、おそらく狼が増えすぎてアウンナットにいた兎の多くが別の土地に移動してしまったからだろう。それを示すように雪面はあたり一面、無数の大きな狼の足跡がついていた。食料がぎりぎりなだけでなく疲労も完全に回復していなかった。二カ月間の旅の疲労が全身の隙間に染みこんでおり、一歩踏み出して橇を引くたびに、それが澱のように粘つくのを感じる。犬も少し太ったように見えたが、朝、あらためて身体を触ってみると、まだがりがりに痩せこけたままだ。

それでも明るかったので不安はほとんど感じなかった。世界はこの一週間でさらに明るさを増しており、あと一週間少々でついに太陽が昇る時期となっていた。厳冬期の氷床越えをなめてはいけないと意識して気を引き締めようとするが、徐々に近づく初日の出を前にやはり気分は間延びしてしまう。それに嵐に遭遇するかもしれないとはいえ、正直、その危険は低いとも思っていた。二〇一四年二月、三月の厳冬期に氷床を越えたときはそこまでの嵐はなかったし、今回、十二月に往路で氷床を越えたときもさほど強烈な風は吹かなかった。そういう経験があったので、出発前の私は久しぶりに歩く明るい雪原・氷床が楽しみでさえあり、半分ピクニック気分だった。

小屋を出て定着氷をすこし進み、二つ並んだ奥のほうの小谷にたどりついた。足元には兎の足跡が道となり、狼の足跡も大量についている。しばらく急勾配がつづくので、スキーを脱ぎチェーンスパイクを履いて橇を引いた。

「おら！　お前、もう飯食ってんだから引けやーっ！」

時々、大声で犬に活を入れて急斜面で橇を引く。一時間ほど登ったところで勾配が落ちてペースが上がった。左手には小屋の背後に立つ特徴的な丘がせりあがり、海の沖を見やると灰色の雲が湧き上がっていた。緩やかな斜面を登っていくと、そのうち地形はふたたび両側を尾根にかこまれた谷に変わり、雪面が風にたたかれて固く締まっていた。行進中もライフルを肩に担ぎ、兎がいないかきょろきょろと見回したが、それらしき影は見当たらない。

ここからしばらく登ると谷は左に小さく屈曲して鞍部に出て、そこから氷床に向かう大きな本谷にうつるが、この日は小屋の掃除にすっかり時間がかかってしまったし、久しぶりの行動なので本谷に出る前にキャンプするつもりだった。午後四時半をすぎると辺りが薄暗くなり視界が悪くなってきた。ちょうど鞍部への詰めに差しかかったところで堅雪の平坦地が現われたので、そろそろ今日はテントを張ろうかと後ろを振り向いた。

その瞬間、私は自分の目を疑った。あれ？　犬が二頭に増えている、と思った。

犬は、どういうわけか、びよーんと分身して、分身したもう一頭のほうが橇のすぐ後ろにぴたりとくっついて護衛していた。……と、一瞬そんなふうに見えたが、もちろんそんなわけはなく、分身かと思われたのは犬ではなく狼だった。私の犬と同じようなふさふさと白い毛におおわれた大きな狼が、堂々と、ぴくりともせず、後ろから私のことをうつろな目で見つめていたのだ。

狼だと気付いたとき、私は一瞬心が凍りついた。いつからかは分からないが、この狼は私に気取られないまま延々と背後を付けてきていた。やろうと思えばいつでも私の喉元に食いつき、息の根を止めることのできる位置にいたわけだ。と同時に、よし、これで肉が手に入る、とも思った。二週間分の食料はあったとはいえ、一日分の割り当てはこの時期の極夜を歩くにはぎりぎりで、少し不安だった。肉が手に入ればそれだけ時間的に余裕ができるし、時間に余裕ができるということは死ぬリスクが減るということだ。

私は反射的に肩に担いでいたライフルを構え、片膝をついて狙いをさだめた。五、六メートルの至近距離、撃ち損じる可能性はない。狼を撃つことに、私は何の躊躇《ためら》いも感じなかった。私を殺すチャンスがあったのに、私を殺さなかったこの狼が悪いのだ。そう思った。

狙いを定めても狼は微動だにしなかった。顔は一見、無表情に見えるが、その奥には明らかに複雑な感情がひそんでいた。目は恐ろしく虚無的で、その視線には私の行動をすべて見透かしているのではないかと思われるほど透徹した鋭さがあった。狼の行動には人間の心をざわつかせる何かがあり、とくに目を見るかぎりでは、この動物には人間とさして変わらない高度な知性が宿っているにちがいないとさえ思えてくる。狼ほどの知性があれば狙われた瞬間に自分が狙われたことを悟れるのではないか、なぜ逃げないのだろうと、そんな疑問をもつのと同時に、私はトリガーを引いていた。
撃った瞬間、弾丸が狼の肉体の致命的な部分を貫いたことが、手応えで分かった。
私は照準から目をそらして狼を見つめた。ところが、狼は相変わらずその場で微動だにせず立ったままだった。あれ、外したのか……？　と思った瞬間、狼はばたりとその場に倒れた。

確認すると、狼は目を見開き、口を開け、牙をむき出しにして絶命していた。ふさふさとした白い毛の塊から、犬より長い、妙にアンバランスな細長い四本の脚がつきだしている。顔は私の犬と瓜二つだ。死顔を見たときに一瞬、高い知性をもつ高貴な生き物を殺してしまったという罪悪感が心にきざしたが、そのセンチメンタルな感情は、暗くなる前に解体しなければならないというより切迫した実務的な事情によって消え去った。

不思議なことに、いつもなら、うおおん、うおおんと吠える犬が、このときは何の反応も示さず、ただ、突然現われたもう一頭の犬が私に殺されるのを、やや戸惑ったような態度で見つめていた。よく考えると狼が接近してきたのに犬は全然吠えてくれなかった。犬の反応に少し不可解なものを感じながら、私はすぐに解体に着手した。首のあたりからナイフを入れはじめたとき、谷間の下のほうから別の狼の遠吠えが突然響きだした。私が射殺したのは雌の狼だったので、おそらくつがいの雄が異変を感じて声を上げたのだろう。

うおーんという裏返った声が谷間にこだましつづけた。私を威嚇しているのか、死んだ狼に呼び掛けているのか、それとも伴侶の死を知り、それを嘆き悲しんでいるのか……。遠吠えをする理由は分からなかったが、もしかしたらこの二頭は先日、ダラス湾からの帰りに緑の浮遊発光体となって現われたあの二頭ではないかという、かなりどうでもいい疑問が私の頭から離れなかった。あの二頭はずっとわれわれの後をつけて食料を奪う機会を探っていたのかもしれない。

しばらく放っておいたが狼の遠吠えは止まらなかった。すでにあたりは薄暗い闇に溶けこみ、狼の姿はまったく見えなかった。ただ遠吠えだけが小谷の下の闇の奥から響いてくる。次第にその声は重苦しいものとなって私の心にのしかかってきた。

復讐に来るということはないだろうか……と私は思った。

少し恐くなってきた私は解体作業の手を止めてライフルを手に取り、遠吠えが聞こえてくる薄暗闇に銃口を向けた。

「うるせえんだよっ！　とっとと消えうせろ！」

私は喚きちらしながらボルトを引き、闇にむかってドン、ドンと二発発射した。銃声と同時に遠吠えの主はどこかに消えた。ふたたび静寂に包まれた暗い谷間で私は狼の解体を再開した。

血を見ると犬もさすがに興奮し、ぎゃんぎゃん鳴きはじめた。

結果的にはこの狼の肉が最後に私の窮地を救うことになった。

極夜の延長戦

空が宵闇に沈む中、私は狼の肉の解体をつづけた。

狼は狐や兎とちがって大きな動物である。白熊や麝香牛ほどではないが、犬よりも一回り大きく、雌でも体重は四十キロ以上あるだろう。大雑把に捌《さば》いても十キロ以上の肉と臓物はかるくとれるはずで、それだけで私と犬の一週間分の食料になる。あまり考えられることではないが、運悪く、万が一、一週間の停滞を余儀なくされるような超ド級のブリザードが吹き荒れ、氷床で閉じこめられても、これだけ肉があれば大丈夫である。

作業の横では犬が興奮して橇を引っ張って、ひーんひーんと情けない声を出して喚きつづけていた。犬はまだがりがりに痩せていたため、まずはこいつに肉を食ってもらおうと思い、ひとまず前脚を切断してポーンと目の前に放り投げた。犬は怪訝な表情でくんくんと鼻面をつきたて臭いを嗅ぎ、はじめての肉を警戒するように少しずつ肉を食いちぎって口に入れた。

解体を再開し、私はまた皮剝ぎ作業をつづけた。だが、ふと犬のほうに目をやると、犬は目の前に転がる肉を無視して私の様子を無言で眺めている。

「何だ？　何で食わないんだ？　内臓が欲しいのか？」

前脚を食べないので、私は腸を引きずりだして切断し、それをまた放り投げてやった。

ところが犬はまたくんくん臭いを嗅ぐばかりで、まったく手を付けようとはしない。

その様子を見て、私ははたと気が付いた。もしや犬にとって狼の肉は共食い感が強すぎて食べられないのだろうか。

たしかに犬と狼は交配可能な同族同士。特にシオラパルクのエスキモー犬は原始性が強く、狼が人間と生き延びることを選択した始原の名残を感じさせるような佇まいをしている。なかんずく私の犬はひときわ狼のような風貌をしており、ディレクターの亀川さんが一目見るなり「もののけ姫の狼みたいですねぇ」とぞくぞくしたぐらいだ。

犬の中には平気で同族の犬肉をカニバリズムするのもいるらしく、要するに犬も個体差が大きいわけだが、私の犬は心が優しく、人懐っこい平和主義者なので、たぶん同族の狼肉を食べることに著しい心理的抵抗を感じているのだろう。以前、アウンナットの近辺で狼の死骸を見つけたときも、この犬は臭いを嗅ぐばかりでまったく口に入れなかった。狼が近づいてきたときにまったく吠えなかったのも、この犬からしてみれば、お、こんなところに友達が近づいてきたぞ、しかもイカした雌犬じゃないか、よーし久しぶりにセックスでもするか、ぐらいの感覚だったのかもしれない。それなのにその相手が目の前でいきなり弾丸で撃ち抜かれて即死したわけだから、それは驚愕したにちがいない。肉が喉を通らないのも無理からぬ話である。

とはいえ肉をのこすのも、殺された狼に対しての礼を欠く。私は狼の肉を捌きながら、この狼の肉は内臓もふくめて、すべて食べようと心に決めていた。それは、この高潔な獣に対する罪滅ぼしというより、単にもったいなかったからである。主観的には気がゆるんでいたものの、客観的に見れば、厳冬期の氷床越えは何があるか分からない難所であるのは明白なので、万が一にそなえて食える物はすべて運んでいきたかった。

私は解体した肉や臓物を犬の前に放り投げた。

「ほら、食べろ！」

半分怒鳴ると、犬は仕方なさそうに少しずつ食いちぎった。せっかく仕留めた獲物なので、この日はドッグフードは与えず、犬の目の前に肉と臓物を五キロほどてんこ盛りにしてテントに入った。

もちろん私の夕食も狼肉である。寄生虫がいるかもしれないので薄切りにしてしっかり鍋で炒め、塩をふりかけて口に入れた。この狼焼肉は狐肉とはちがって絶品だった。味に奥行きがあり、嚙むほどに旨みが滲みだしてきて、とりわけ背中や首回りなど柔らかい部位は今まで食った肉の中で一番というほど極上だった。脂も牛肉のような風味が口の中に広がり濃厚かつ芳醇な味わいである。シオラパルクの村人は、狼が増えると麝香牛や馴鹿が少なくなって困るとぼやいていたが、麝香牛や馴鹿より狼を狩ったほうがいいんじゃないかと思うほど、味に関しては群をぬいている。おそらく麝香牛や馴鹿などのいい肉を食べているので、その旨みが肉にしみこんでいるのだろう。

翌朝、外に出ると、さすがに犬も支給された肉の半分ぐらい平らげており、腹いっぱいになったためか橇もよく引いてくれた。氷床に向かう大きな本谷に入り、私と犬はひたすら南にむかって歩いた。

谷間の途中でテントを張り、その日の深夜のことだ。谷の下流部のほうから狼たちの遠吠えが聞こえてきた。しかも今度は一頭や二頭ではない。十頭あるいは十五頭はいると思われる狼たちが谷の両岸にわかれて、おおーん、おおーんと哀切な声を響かせ、呼び交わしている。

この本谷に入ってからも狼の足跡は途絶えず、谷全体にくまなく、大量に広がっていた。これほど狼の足跡を見たのははじめてのことだった。いつも見かける兎の姿は一匹も見当たらず、そのことが狼に棲息地を追われた可能性を示唆していた。狼は予想以上のスピードで数を増やし、今ではもう、この谷で大きな群れを作ってわが物顔でのし歩いているのかもしれない。

おおーん、おおーん。

遠吠えはいつまでもこだましていた。肉食獣の群れが近くで威声を張り上げているのを聞くのは、あまりいい気分ではなかった。寝袋のなかで、私は、やつらは昨日射殺した雌狼の仲間なのだろうかと考えていた。単独やつがいで動く狼は人間を襲わないといわれるが、大きな群れはどうだろう。しかも私は彼らの仲間と思われる狼を撃ち殺している。

私は寝袋から出て、入口のライフルを確認した。弾倉には四発入っており、安全装置も下りていた。遠吠えはその後もしばらく止まず、狼が来ないか心配しているうちに、うとうとしはじめ、気付くと朝を迎えていた。

翌日も谷を遡り、往路で苦労したツンドラ中央高地に達した。それから若干下り、だだっ広い雪面を氷床にむかって進んだ。

どういうわけか狼はツンドラの内陸部までは進出していないらしく、足跡は谷の途中でぱたりと途絶えた。それと軌を一にするかのように中央高地の手前から兎の姿が一気に増えた。やはり兎たちは増えつづける狼たちに追われて棲息地を移したのかもしれない。

中央高地へと詰める谷の源頭で最初の兎の群れを見かけたとき、この先もしばらく現われないかもしれないと思い、一応、一羽だけ仕留めることにした。首尾よく撃ちとめた後すぐに捌き、レバーと背ロース、もも肉だけ袋に入れて、あとは内臓と頭もふくめて全部その場で犬にやった。狼肉とはちがい、犬はいつものように、もう堪らないといった顔で過呼吸気味にばふばふと鼻息を荒げ、勢いよく貪った。少し行くとまた別の群れが現われたので、用心のためにもう一羽仕留めておき、ふたたび臓物や頭を犬に与えた。しかし、それからはきりがないので兎をとるのはやめた。帰りの中央高地近辺は兎の楽園であり、あっちで五羽、こっちで十羽といった状態で、無数の群れがいたる所で動きまわっていた。こちらが接近しても気付かずに眠りこけているのもいて、やろうと思えば素手でも捕まえられそうだ。犬も肉の食いすぎで、腹は毬腹みたいにぱんぱんに膨れあがり、休憩するたびにその場で四肢を投げ出して、もう動けないっす、旦那……と顔を苦しげに歪ませるほどだ。

兎だけではなく、次の日は麝香牛の群れも現われた。きわめてくっきりとした輪郭線を持つ、鮮やかなまでに黒い五、六頭の影が、五百メートルほど先の白い雪原をゆっくりと横切ってゆく。極夜の闇の中で散々、麝香牛を追い求めた日々がはるか遠い過去のように思えた。あの群れの一頭を仕留めてまた北に向かったら、どこまで行けるだろうか……と一瞬、そんな考えが頭をかすめたが、もうそんなことを実際にやろうとは思わなかった。群れにゆっくりと近づき、カメラを回して、その様子を記録に撮って橇にもどった。

氷床が見えてきたのは二月十二日だった。小屋を出て以来、天気は濃霧や雪ばかりで、氷点下十五度から二十度前後と、この時期としては異様な高温がつづいた。視界がまったくきかずに停滞した日もあったが、この日は久しぶりに朝からぐっと冷えこみ、氷点下三十二度まで気温が下がった。天気が回復し、それまであたりを覆っていた靄も晴れて一気に視界が広がり、氷床が雪面の彼方で、私たちを見下ろすかのようにせり上がっているのが見えてきた。氷床は巨大で、灰色で、陰鬱で、不敵不敵《ふてぶて》しいほど傲然《ごうぜん》としており、どこか見る者に覚悟を迫る威圧感があった。

だが氷床のその威圧的な感じも、やがて射しこんだ光によって和らいだ。氷床の真南近くの一角が、朝陽というのか夕陽というのか、まだ極夜明け前の、地平線の下にいる太陽から放射される光を受けて、眩《まばゆ》く橙色に輝きはじめたのだ。

もうすぐそこに太陽がある。巨大な灼熱の光球が、天然の核融合放熱装置が、すぐ、あの光の下にあるのだ。それが嫌でも分かった。分からせられた。太陽はもう明日にでも昇りそうだった。というか、あと十分ぐらいで昇っちゃうんじゃないかと思った。それぐらい氷床の光は眩かった。やがて橙色の光は全体に拡散し、氷床全体を焼きつくすように赤く染めた。さらに太陽の光を受けて、目の前の雪原からは夏のような陽炎《かげろう》が立ちのぼった。さすがに陽炎を見たときは、いやいやいくら何でもやりすぎでしょと思ったが、とにかくつい二十日ほど前の暗黒ぶりを思えば、まったく信じられない光景が展開されたのだった。

おそらく氷床に出たらすぐに、もしかしたら明日か明後日にでも太陽が昇るのではないか。シオラパルクでは太陽が昇るのは二月十七日前後だが、氷床上のほうが高度があり視界もまわりの陸地にさえぎられないので、何日か早くご来光するという話である。

もし明日、太陽を見ることになったら、いったい俺はどんな風に感動したらいいんだろう、などと私は考えていた。何しろもう四カ月近く太陽を見てないので、心の準備というものが必要だった。

午後になると太陽の光は失われ、灰色で傲然とした氷床の姿がもどった。ドッグフードが思ったより減っていたので、最後に景気づけに兎を一羽撃ち取り、氷床の基部でキャンプした。

＊

翌二月十三日から最後の関門である氷床越えにとりかかった。

小屋を出てから天気は悪かったが、その後も不可解なほどに不安定な状態がつづいた。晩は無風だったが、その日の朝食の途中から急に風が吹き出し、数日前に降った雪でひどい地吹雪となった。これまでの経験から判断すれば、氷床で強風が吹きはじめると確実に止むことなく一日以上はつづく。これは今日は駄目だ、と判断した私は停滞を決め、朝食が終わると寝袋の中にもぐりこんだ。ところが眠りにおちようかという段階で、風は突然ぱたりと止み、完全に無風にかわった。

それまでテントはばたばたと激しく揺れていたのに、突如シーンという嘘みたいな静寂につつまれた。

何だ、これは……？

急激な天候の変化に、私は戸惑った。まる一日つづくと覚悟した風がわずか一時間半で止んでしまったのである。時計をみると十一時、まだ時間はたっぷりある。仕方がないので慌ててコンロに火をつけ、凍った毛皮靴を解かし、靴下を温めて、出発の準備をととのえた。

アウンナット側からの氷床越えはまず急な雪面登りからはじまる。往路のときに闇の中で袋を落として思わず駆け出した、あの雪の急斜面だ。この急斜面を三十分ほどで登り切ると、次はスキー場の不整地斜面のようにぼこぼことコブがつきだした裸氷帯となる。コブの間の雪が詰まったところを選んで南にまっすぐ進んでいくと、やがて足元の傾斜はゆるんでいき、だらだらとせりあがるきわめて平坦な氷床の全体的な景観が視界に入ってきた。

すっきりとしない曇り空が広がり、今日、昇るんじゃないかと期待していた太陽の姿は、そこにはなかった。雲を通してにじみ出してくる陽光によって、空に薄紅色がうっすらと照り映えるだけだった。

おかしなことに、歩いているうちにまたしても風が吹きはじめ、あっという間に強まって一気に行動不能な暴風と化した。濃霧が立ちこめ、ガスが強烈な風に乗って雪崩のように押し寄せ、視界も消えてゆく。何なんだこれは？　と私は思った。時計を見るとまだ二時半、今度はたった三時間半で嵐に逆もどりしてしまった。わけが分からないが、風は相当強く、風速二十メートル近くあるのではないかと思われ、とても行動できるような天候ではない。ちょうど平らなところが見つかったので、私は緊急避難的にテントを立てることにしたが、明るくなって気持ちがゆるんでいたせいか、このとき普段なら絶対しない初歩的なミスをおかした。テントの本体が強風の圧力を受けているのに、強引にストラップを引っ張ってポールを立てようとしたのだ。ぐいっとテンションをかけた瞬間、極地用特注テントの太いジュラルミン製のポールが、ぼきっと木の枝みたいに簡単に折れてしまった。

状況としては風がすごい唸り声をあげて吹き荒び、霧も相まって視界もほぼゼロ、体感温度は氷点下四十度といったところである。この風ではとても悠長に修理などしていられない。身体はすっかり慣れているので寒さは感じないが、肉体は物理的な環境に反応するので、こんな状況でのろのろしているとすぐに手足は凍傷になるだろう。仕方なく私は地面でばたつくテントの生地の中に荷物を入れて、風上側に積みあげて内部に多少の空間を作った。そのまま風がやむまでビバークしようかと思ったが、いつまで嵐がつづくか分からないので、中でポールを修理し、もう一度強風の中、テントの設営に挑むことにした。今度はじわじわテンションをかけて、どうにか立てることができた。

あー良かったとホッとしていたら、またたく間に風はぱたりと止み、ふたたび無音の静寂が訪れた。三度、何なんだ、これは……と思った。吹いては止み、止んでは吹く奇妙な天候に、私は得体の知れない不気味さをおぼえた。

ここ何年か私は毎年のように北極圏を旅しているが、こんな不安定な天気は経験したことがなかった。物事には順序というものがある。風が強まるときは次第に強まるもので、これまでに経験した嵐では、風は私が次の行動を判断できる程度の余裕をのこしつつ、強まっていった。それに、ひとたび嵐になればだいたい一日以上継続し、それが終われば一週間以上は行動可能の日がつづく、といったように常識的なサイクルというものもあった。それがこの日は全然ちがった。風が吹きはじめると途端に前進不能になるほど馬鹿みたいに吹き、止んだら今度は完全無風に変わる。これではいつ行動していいのか、さっぱり分からない。

夜になるとまた風が強まり、翌朝、目が覚めるとひどい地吹雪に変わっていた。テントがばたばたと鳴る表層的な音の奥で、地割れのような重苦しい轟音が氷床全体を覆うようにとどろいている。かなり強い嵐の証拠だ。ベンチレーターから外をのぞくと、新雪が吹き飛ばされて視界を完全に遮っており、到底動ける状況ではない。急に先のことが不安になった私は、食料袋に手を突っこんで残りの量を調べてみた。小屋を出たときに用意していたのは二週間分、しかし狼肉が手に入り、夕食のおかず用だったマッシュポテトを全然使っていなかったので、それを主食にまわせば二月二十三日まで持ちそうなことが分かった。まだ十日分もある。燃料は節約すればもう少しいけそうなので、全然、焦ることはない。余裕だ、と私は意識して自分に言い聞かせた。だが、不安定な天候で先行きは一気に不透明になり、さすがに小屋を出たときのようなピクニック気分は吹き飛んでいた。

その日の晩、午後九時半頃になると風はまたぴたりと止んだ。ようやく止んだ、と私は寝袋のなかで安堵した。静かな夜となり、そのまま朝になっても風は止んだままだった。もう十二時間以上、風は止んでいた。これだけ無風ということは、さすがに天気が安定したということだ。ほれ見たことか、やっぱり嵐はそんなに長くはつづかないのだ。よし、今日は行くぞ、と気合を入れて、私は行動日用のインスタントラーメンをがっつり腹に詰めこんだ。

出発したのは十時半すぎだったが、その時間になると外はもう十分に明るく、視界は完全に確保されていた。ついこの前までは十一時でも薄暗かったのに、みるみる明るい時間が延びている。日付は二月十五日なので、氷床の上では極夜が明ける頃だ。このまま風さえ吹かなければ今日、太陽が拝めるはずである。よし、今日は太陽だ、いよいよ待ち望んだ太陽とご対面だ。と、そんなふうに私はテンションの高い状態で歩きはじめた。

ところが、行動開始からわずか一時間後には、またしても風が南のほうから吹き出した。風はすぐに風速十メートル以上の強風となり、地吹雪が立ちはじめ、はるか上空まで舞い上がる雪煙で地平線がかすんで見えなくなった。灰色の風景に呑みこまれていく世界を前に、私は暗然としていた。明らかに私は、これまでの経験では対応できない天候状態の中に足を踏み入れていた。太陽を拝めるどころか、風景はあっという間に色彩を失い、雪煙の渦の中に消え、風速十五メートルほどの強い地吹雪が吹き荒れてコンディションは最悪となった。

それでも、朝、行動日用のインスタントラーメンを食べた以上何がなんでも八時間は歩くつもりだった。食料がかぎられていたせいで、停滞日の朝食は少量のオートミールでしのぐことに決めており、行動日用の朝食であるラーメンを食べたからには、そのカロリー分は何としてでも動く必要があったのだ。午後四時をすぎると薄暗くなっていき、吹きすさぶ地吹雪と相まって急激に視界が悪化していった。大気を舞う雪煙と地面の白い雪面が混合して、境界線が融合して完璧にホワイトアウトした。事物と事物の境目がなくなり、極夜の暗黒と同じあらゆる物体同士が融合した一元的なカオスが復活し、世界は白い極夜とも呼ぶべき状況と化した。強い向かい風で橇は風下に引っ張られ、私も犬も寒さと疲労でくたくたになり、そのうち辺りは完全に暗くなって久しぶりのヘッデン行動となった。

翌朝も強風は吹きつづけた。とはいえ、また風がやんで無風になる可能性もゼロではないので、一応、停滞食のオートミールを食べて準備だけは進めておいた。だが外に出てみると風速二十メートル近い暴風が吹き荒れており、雪煙で視界はゼロである。入口から粉雪が吹きこみ、テントの中もすっかり雪だらけとなり、私は停滞を決め、テントの中を掃除して寝袋に入りこんだ。ただ停滞することにしたのはいいものの、私はこの先の天気がどうなるか不安で仕方なかった。食料と燃料は二十三日までなんとかなるので、まだ焦る状況ではない。それは分かっているのだが、一体どのタイミングで出発したらいいのかが分からないのだ。止んだと思ったら猛烈に吹きはじめ、吹いていたと思ったら今度は嘘みたいに突然止む。寝袋で休んでいる間も風は突然弱まり、もしかしたら行けるんじゃないかという期待というか疑念が高まったが、少し待つとやはり強風がぶり返して、あたりで、どどどどどーっという恐ろしい轟音がとどろきはじめた。

あまりにも先の読めない天気に耐えられなくなった私は、自分の中で禁断とされていた手段に手を染めることにした。シオラパルクで犬橇活動をつづける山崎哲秀さんにインターネットの天気予報を聞こうというのだ。脱システムだ、全部自力で判断するんだ、と格好いいことばかり言っていた私だが、いざ追い詰められたときに発見したのは、情報通信テクノロジーで判断を求めようとするシステムに捉われた現代人としての憐れな己の姿であった。しかし、もうなりふりかまってはいられなかった。

発信音がしばらく鳴り、山崎さんの声が聞こえた。

「角ちゃん、今どこにいるの?」

「そうですね、氷床を登りはじめて十キロちょい来たかな。氷河まで三分の一ぐらいのところだと思います。食料は二十三日までもつんでまだ大丈夫ですが、天気がものすごく悪くて」

「こっちもかなり吹いているわ」

「申し訳ないんですけど、ネットで天気予報調べて教えてもらえませんか」

「分かった。じゃあ、十五分後にまた電話して」

断続的に強風が吹きはじめて、すでに四日目に入っていた。正直言って、いい加減、天気が安定する頃だと思っていたので、てっきり山崎さんからは「大丈夫だよ、角ちゃん。明日には風がやむわ」みたいな、精神を安定させてくれる答えが返ってくるものだと信じていた。ところが十五分後に聞いた天気予報はそんな期待を見事に裏切るものだった。暴風は翌十七日夜までつづき、十八日夜から十九日にかけて一旦弱まるものの、二十日、二十一日とふたたび強まり、しかも今よりさらに荒れるというのだ。天気が完全に回復するのは二十二日以降だという。

目の前が一気に暗くなった。イキナ氷河の入口にたどり着きさえすれば、あとは一日の好天で海まで下りることができる。海まで下りてしまえば、どんなに天気が荒れても村への帰還は可能だが、天気予報を聞くかぎり、その氷河の入口まで無事にたどり着けるか、かなり微妙そうだ。

残りの食料を考えると、天気が安定する二十二日までには絶対に氷河の入口にたどり着いていなければならない。今の地点から氷河の入口まで、最低でも二日は必要だろう。もし予報が正しければ、行動可能な日は十八日と十九日の二日だけ、その二日間で何としてでも氷河の入口までたどり着かなければならないわけで、それを考えると私にはもう一日の余裕も残されていないことになる。それも天気予報が正しければの話で、もしかしたら延々と嵐がつづくこともあり得るし、さらにネックなのは氷河の入口だ。この氷河の入口は本当にルートが分かりにくく迷いやすいので、それを見つけるには絶対に風のない視界の完璧な日が必要なのだ。だが、そういう日が果たして本当にやってきてくれるのかは不明だった。

「角ちゃん、行ける日に一気に進んだほうがいいよ」

口ぶりから山崎さんがかなり心配している様子が感じられた。その言葉はシンプルだが、極めて重い説得力に富んでいた。というのも以前、山崎さんから、冬の氷床でひどいブリザードに遭い、テントのポールが折れて一週間閉じこめられたよ、はははは、という笑い話を聞いたことがあり、そのときは、この人は不運だな、大変な目に遭っているんだな、むごいな、としか思わなかったのだが、その山崎さんが遭遇したクラスの強烈なブリザードが今まさに自分の目の前に襲来しているのが明らかだったからである。

ざらざらとした手触り感のある死の不安がわいてきた。本当にこの風の中、氷床を突破できるのだろうか。夜の闇の中で唸り声をあげる烈風の轟音を聞いていると、そのなかに突っこむのが恐ろしくなってくる。今でさえ、これより強い風など想像できないほど強く吹いているのに、二十日、二十一日はさらに荒れるというのである。アウンナットの小屋に引き揚げたほうがいいんじゃないか、という考えさえ浮かんだ。小屋に燃料を取りにもどり、中央高地で兎を三十羽ぐらい捕まえて食料を補充する。そして改めて態勢をととのえたうえで氷床越えに再挑戦する。そんなプランが頭をよぎったが、さすがに失敗したときのリスクが大きすぎる。というかそんな非現実的プランを思いついた時点で、この恐怖の空間から逃げ出したいと弱気になっている証拠である。とにかく今や緊急事態、完全に生還のための脱出態勢となった。これからは朝だろうと夜だろうと関係ない。少しでも風が止んだら行動を起こして村に近づくしかない。そのためには少しでも装備を軽くして足を速くしなければならない。

そうだ、生還に必要な装備以外はすべてここに捨てていこう。そう思い立った私は、すぐにいらない装備をスポーツバッグにまとめはじめた。ライフルは今回の探検のために購入した新品だったが、もう必要ない（約十万円）。明るくなり、カメラも私のコンパクトカメラが使えるので、折笠さんから託された極夜用の一眼レフも不要。折笠さん、すんませんと心の中で謝罪しつつ、これも躊躇なくバッグに投入（推定二十万円）。寒さ対策で自作した思い出の海豹の毛皮ズボンも、ゴアテックスのパンツがあるので、なくても大丈夫だ（プライスレス）。その他、弾丸や予備テルモス、医薬品、双眼鏡、フリースのズボン、乾電池などを詰めこむと、バッグは十キロ以上の重さになった。そしてノートに日記をつけて、最後に一言、〈絶対に生きて家に帰る〉と書きこんだ。ユーモアの感じられない陳腐で感傷的な言葉だと思ったが、決意を固めるためにもあえて書いた。書くことによって言葉に魂が宿ると、このときは思った。

翌十七日朝になると風はさらに威力を増し、今回の嵐の中でも最大級の轟音と鳴動がとどろいた。可能なら今日、出発したいと目論んでいたが、こんな恐ろしい轟音を前にすると、出発など到底あり得ない。昨日の予報でも、明日の夜から明後日にかけて弱まるということだったから、そのタイミングで二十時間ぐらい行動して一気に氷河の入口まで行くしかないだろう……。

そんなことを考えながら寝袋から出ないでいると、しかし、風はまたしても急に弱まりだした。吹き荒ぶ風の奥でとどろく暴風時特有の地割れのような轟音が消え、氷床全体で風が終息しはじめたことがうかがえた。時計を見ると午前十一時、これまで何度も騙されたので、寝袋でじっと様子をうかがっていたが、十分経っても二十分経っても様子は変わらなかった。これは本物だ、行くか……？　また吹くのではないかという疑いを払拭できなかったが、そのまま準備をはじめ、二時間後に外に出た。やはり風はほとんどなかった。私はよし、いいぞ、と小さく声を出し、天気予報なんか関係ない、現場で判断することが大事なんだと心のなかでつぶやいた。ところが、いいぞ、いいぞ、と思いながらテントを撤収していると、やはりまた風が吹きはじめて、二分後にはテントが吹き飛ばされそうなほどの強烈な風に変わっていた。

激しくなる風と地吹雪の中でテントを畳みながら、私は、やはり自分の観天望気より天気予報を信じるべきだった……とおのれの判断をつよく後悔した。

温度計を見ると氷点下二十八度、この風だと体感温度はゆうに氷点下四十度以下だ。普通ならこんなコンディションで出発などしない。テントの中でテルモスに熱いお茶をそそいでチョコレートを食べるのが正しい午後の過ごし方である。しかし、もう半分以上出発の準備を整えてしまっていた私は、また幕営準備をするのもバカバカしく、覚悟を決めて、というか半分やけくそで出発することにした。駄目ならそこでテントを張ればいいわけで、今からテントを立て直すのも途中で立てるのも強風下という条件を考えれば同じことである。

前日まとめたライフルなどのいらない荷物をその場に捨てて出発した。総額四十万円ぐらいにはなっただろうが——といってもそのうちの半分は折笠さんのカメラだが——まったく未練はなかった。橇が軽くなったので多少速度は増したが、風と寒さは強烈だった。氷床の一番高い頂のほうから、地球上のあらゆる物体を氷結させるに足る凍てつく風が、私の顔面の露出した皮膚の部分を直接突き刺してくる。繊毛のような細かな針を顔面にぶすぶす刺されているようで、顔が痛くてしょうがない。出発から十分ほどで顔全体が凍傷に罹《かか》ったのが分かったが、どうしようもないのでこの問題にかんしてはスルーすることにした。犬も寒さで足の裏の肉球の間で汗が凍りつき、それが刺さって血を流しているが、これもスルー。とにかく細かなトラブルはなかったことにして闇雲に進んだ。立ち止まってあたりを見渡すと、氷床全体で雪煙が上空まで舞い上がり、空襲下の東京みたいな、雪の炎が世界全体を焼きつくすかのような凄惨な光景が広がっていた。ここ何日か、私は太陽を見たい、太陽を見たいとその一心で歩いてきたが、もう太陽などどうでもよかった。もはや命懸けの脱出行であり、無事に村に帰ることさえできれば何でもよかった。

ほとんど平坦な、極めて緩やかな登りがつづき、その上のほうから風は吹き下ろしてきた。幸運なことに二時間ほど歩くと、氷床の一番高い部分にさしかかり、風は次第に弱まった。氷床では風は高い所から低い所に勢いをつけて吹き下ろすため、頂の周辺が一番弱くなる。もちろん頂といっても氷床なので、一見平坦にしか見えないだらだらとした雪原がつづくだけだが、そこを通過するとどうやら緩やかな下りに入ったらしく、次第に、ああこれはもう下りのセクションに入ったぞ、と分かるぐらいの傾斜になっていった。下るにしたがって風はまたじわじわ強まってきたが、今日が勝負どころだと判断した私は一気に距離を稼ぐことにして、かまわず直進した。やがて地吹雪になり視界が霞み、薄暮時になると地平線も見えなくなって完璧にホワイトアウトと化した。夜になって太陽の光が完全にとどかなくなってからは雪も降りはじめた。顔面にたたきつける風雪が眼球に入りこみ、角膜を傷つける。眼球の痛みに耐えられなくなった私はゴーグルを装着し、ヘッドランプをつけ、照明に照らされた地吹雪と降雪の角度から進行方向を判断して、氷河の入口にむけてひたすら直進をつづけた。この一日で顔が凍傷で真っ黒になった。

翌十八日はさらに重要な勝負どころだった。今日中に氷河の入口付近までたどりつかないと、かぎりなくまずい事態になる。

この先で私は、過去に何度も氷床を往復するうちに発見した自分だけの地形上の目印を三カ所ほど持っていた。広漠としてのっぺらとした氷床上で現在位置を特定するための、自然の標識みたいなものである。今回もGPSは無いので、この三カ所の目印をきちんと確認し、そこで位置を決定できなければ氷河の入口にたどり着くことは難しい。そのため、この日はなんとしても風や靄で視界が得られないという状況にだけはなってもらいたくなかった。それに私は何としてでも旅の途中で極夜明けの太陽を見たいと望んでいた。それこそがこの極夜探検の最終目標なのである。

その願いが通じたのか、テントを出ると上空には気持ちのいい青空が広がっていた。

「おおおおおっ」

私は腹の底から雄叫びをあげてこの日の天気を寿いだ。これで地形上の目印は確認できるし、うまくいけば太陽を見られるかもしれない。

ただ、下り斜面を進むうちに、残念ながら南の空に立ちこめていた不穏な感じのする、厚い、グレーな雲が一気に上空全体を覆いつくしていった。期待していた太陽との対面はまたしてもかなわなかったが、贅沢はいってられない。風は無く、地吹雪で視界ゼロという最悪の事態だけは免れていたので何も考えずひたすら前に進んだ。

しばらく氷床を進むと、右手の彼方に小さな山々の影が見えてきた。雲にかすんで見にくいが、一様に真っ白な氷床の向こうに、たしかに不連続に起伏をなす山々の姿が望まれる。この山々こそイキナ氷河の入口へ向かう第一の目印だった。その場に立ち止まり、山の見える角度をコンパスで測り、地図の上でその方角と自分の進行方向の交点を求めた。往路では暗くてこの山はまったく見えなかったが、これこそ地図によるナビゲーションの初歩の初歩、大学時代に探検部に入って最初に教わった簡単な位置測定法である。現在位置を割り出し、おおむね推測通りの位置にいることが分かり、私の心は少し落ち着いた。このまま行けば今日中にはいいところまで行けるかもしれない。

さらに前進をつづけた。次の目印はイキナ氷河の手前にある、別の大きな氷河の源頭部の横断だ。この大きな氷河の源頭の対岸にはのっぺりと盛りあがった小さな丘があり、その丘を左側から回りこむように登っていくのが私のなかでの正しいルート取りだった。この丘こそ、三つのうちで私が一番重視している目印で、ここが分かりさえすればかなりの確率でイキナ氷河の入口にたどり着ける自信があった。

空は相変わらず曇天模様で不吉な感じの忌々しい天候がつづいた。前方のはるか彼方には丘のようなかたちの雲が地平線のすぐ上にたなびいており、その雲の低いところを目標に私は進んだ。上空の雲はさらに厚くなり、視界は徐々に悪化していった。イキナ氷河を特定するための最大のポイント、いいかえれば村へ生還するための最大のポイントが目前なのに、なぜこのタイミングで視界が悪くなっていくのか……。私は、今回の呪われた旅を象徴するかのような天気の変化を恨みながら、行進をつづけた。しかし、ずっと雲だと思いこんで目標にしていた丘みたいな雲が、じつは雲ではなく、徐々に本物の丘だということがそのうち分かってきた。もしかしてあの丘は、例の大きな氷河の対岸にある目印の丘ではないだろうか……。やがて急に地形が変化し、下り傾斜が一気に強まっていった。すぐ目の前には目指していた雲に見えていた丘があり、足元は巨大な窪地に向かって落ちこんでいる。まちがいない。大きな氷河の源頭だ。最も重要な第二の目印に到着したのだ。

この氷河の源頭は風の影響が強く、いつも雪面が風で深く抉れて全面的にぐさぐさのサスツルギにおおわれている。今回も谷に下りると足元がぼこぼこと抉れて、何度も橇が横転して苦労させられたが、サスツルギが広がっているのはルートが正しいことの証明でもあった。私と犬は裂け目と裂け目の間の平らなところを選び、目の前にある丘のやや左側を目指した。谷の中央部を越えるとサスツルギは小さく、浅くなり、斜面は丘に向かって徐々にせりあがっていった。傾斜が強まっていき、すでにこの日の行進で体力を使いはたしていた私と犬は、よろよろと、ひどく緩慢なペースで一歩一歩斜面を登った。

やがて登りは終わり、平坦部を越えて、またじきに滑らかな下り斜面に移行した。進行方向を気持ち右に切りながら、斜面を下っていくと、鈍色《にび》につつまれた沈鬱でモノトニアスな風景のなかに、ごつごつと起伏をなした岩がちな地形が足下に広がった。それは第三の目印である別の大きな氷河だった。この氷河の源頭には大きなクレバスの裂け目があり、まわりには岩壁や山々など特徴的な地形が広がっている。目指すイキナ氷河は、先ほどのサスツルギの激しい氷河と、このクレバスのある大きな氷河に挟まれ、その中間で申し訳なさそうな感じで落ちこんでいるので、あとはその方角に真っ直ぐ進めばいいだけである。

あまり左に寄りすぎると、知らないうちに目の前のクレバスの大きな氷河に吸い寄せられるので、それだけ気を付けて進み、暗くなる前にその日の行動を終了した。

テントのなかで私は心底、安堵していた。

三つの目印をすべてクリアし、正しいルートであることは確認できていた。周囲の地形から判断すると氷河の入口まであと二キロほど。ここまでくれば、あとはもう少し南に進んで適当なタイミングで右のほうに舵を切ればイキナ氷河の入口にたどり着けるはずだ。これでもう、殺人的なブリザードが発生してテントが吹き飛ばされて氷河の麓に叩き落とされでもしないかぎり、死ぬことはない。今日一日でここまで来られるとは思わなかった。余計な荷物を捨てて嵐の中を無理やり出発して正解だった。これで何とか生きて帰れそうである。

山崎さんに経過を報告すると、彼もホッとしたようだった。ただ私が電話したのは、山崎さんを安心させるためではなく、どちらかと言うと天気予報を聞くためだった。一度禁を犯してしまうと、もう予報を聞かないではいられない、ある種の中毒症状を呈していた。山崎さんによると明日の天気は曇りで、明後日は晴れ、夜から風が強まるとの予報だった。さすがに明日、明後日の予報が外れるとは考えにくく、もう二日後には村に帰還できることが確定的となった。私は、最後の最後で吹き荒れるブリザードの中をつき、自らの判断で危機を脱出できたことに冒険的な意味での満足感を得ていた。まだ太陽を見られていないのは残念だったが、村までの帰路の間に昇るかもしれない。いずれにせよ残りの食料とふたたびブリザードが吹き荒れるリスクを考えると、帰れるうちに村にもどる以外の選択肢はなかった。

外に出ると、相変わらず無風だった。もう旅の終わりは近い。規定量の一・五倍にあたるドッグフードを地面にばらまき、私は犬につぶやいた。

「いやー、長い旅だったなぁ。本当に終わっちゃうんだなぁ。こんな長い旅にも、本当に終わりというのはやって来るんだなぁ」

餌を貪る犬を横目に、私は一人で感傷に浸り、勝手にじーんとしていた。

だがそれはまだ甘かった。

＊

その夜のことだった。無風静寂の中で、ぶーんという一陣の微風がテントを揺らした。嫌な感じがした。どこかで聞いたような風の音だった。それは何か、天気予報外れますから、予定を変更してやっぱりこれから嵐でいきますから、という天からの予告を思わせる風だった。

そしてすぐに、ぶん、ぶーんと少し強い風が吹いた。

うわあ、まじかよと思った。

さらに風はぶーん、ぶぶぶーんと強まっていき、それからはぶおー、どごごっ、ぐわーっと破壊的な音になるまでさほどの時間はかからなかった。途轍もない轟音が唸り狂う中、私は寝袋で恐怖に身をすくめた。天気予報は信じられないほど完璧に、これ以上ないというぐらい美しいかたちで外れたのだ。やがて暴風でテントのポールが大きくひしゃげ、内部の空間が不自然なほど狭くなった。張り綱がゆるんだか、支点が飛ばされたのだろう。できれば厳しい現実を直視するのは避けたいところだが、そうも言っていられない。コンロに火をつけマッシュポテトを食べて、外の様子を確認するため入口の吹き流しを開けた。その瞬間、大量の雪が舞いこんできて、思わずせきこんだ。ひどい地吹雪で視界は五メートルしかなかった。犬と橇以外、真っ白で何も見えず、先日、氷床に到着してから最強だったブリザードを上まわる、とんでもない強風が狂ったように吹き荒れていた。

ゆるんだ張り綱を締め直してテントにもどったものの、風が強すぎてまたすぐにゆるんでしまう。また一大決心をして外に出て、新たに張り綱を二本結び足して、堅雪にアイススクリューを打ちこみ、これ以上考えられないほどテントを頑丈に固定して中にもどった。

昨日、安全地帯に入ったとひと安心したのは甘かった。殺人的なブリザードが吹き荒れて氷河の麓まで叩きつけられないかぎり大丈夫だ、と十二時間ほど前は余裕をかましていたのに、冗談抜きで氷河の底まで吹き飛ばされかねない風が吹きはじめた。夕方になると風はさらに猛り狂い、暴虐的なものになった。時々テントの床下に風が入りこみ、ふわっと浮かび、私をゾッとさせた。テントが吹き飛ばされる恐怖から、私はもう一度張り綱を確かめようと外に出たが、出た瞬間に自分が弾き飛ばされそうになった。烈風が肺の中に入りこみ、すべての肺胞が瞬時に膨らみ、まともに呼吸することさえできない。立っているのがやっとで、到底作業できる状態ではなく、よたよたと支点が無事なことだけ確認して這うようにテントにもどった。

テントの中も風でばさばさゆれて非常に寒かった。氷床に出てからは燃料を節約する必要性からほとんど乾かし物ができなかったため、防寒具も寝袋もずぶ濡れである。濡れた寝袋の中に入りこみ、私は轟音の恐怖に身をすくませた。天井にも壁にも床の銀マットにも霜がこびりつき、テントの内部にも白く、冷たい死の世界がしのびこんでいる。

こんな風がつづいては生きた心地がしない。私はたまらず山崎さんに電話した。一体、昨日の天気予報は何だったんですかと、親切で予報を教えてくれている山崎さんに文句を言いたい気分だった。

「こっちはすごい風です」と言うと、山崎さんも「シオラパルクもすごい風だよ」と言う。

絶対こっちのほうがすごいに決まっていると私は思った。

「予報は昨日と変わってませんか？」

「風は明日の朝まで吹いて、それからは夕方まで落ちつくみたい。夜にまたすごい風が吹くようだけど、日中の天気は良いみたいだよ」

それを聞いて少し落ち着いた。とにかく今日一日この馬鹿みたいな風を耐えしのべば、氷河を下りられる。氷河を下りさえすれば、あとはテントが飛ばされようが、食料が無くなろうが村までは生還できる。夜の闇が訪れると風はさらに爆発的に唸り、恐怖はいっそう増した。

翌日、目が覚めるとすでにあたりは明るくなっていた。ごそごそと寝袋から腕を伸ばして腕時計を見ると、すでに正午をすぎている。昨日の天気予報を聞いて以来、私はその予報を信じて、少しでも風がやむ兆候を感知するため、朝になるまでひたすら寝袋の中で爆流がテントにぶちあたる音に耳を澄ませてきたが、結局、風は一向に弱まらず、もう昼になってしまっていた。相変わらず、風は、ブリザードは、どごごごっという破壊的な音を発して大地を揺るがし、どーん、ばばばば、ぼぼぼー、ぐわーん等々、濁音で表記され得るあらゆる擬音語を駆使して私のテントを潰しにかかっていた。

一体なんだというのか。私は恐怖を通り越して半分憤りをおぼえていた。これで今回のブリザードは二日連続で天気予報を無視していた。ひと昔前にくらべてかなり精度が高くなった現代科学観測の結晶たる天気予報を無視し、いいかえれば、今の天気予報は非常に精度が高いので、それにしたがえばある程度安全を確保したうえで山行計画とか立てられますよーという現代システムが提供する野外活動のあり方を無視して、ブリザードは怒濤の衝撃波を私に浴びせつづけているのだ。まったくルールの軽視も甚だしい。こっちはもう衛星電話で毎日連絡して、しっかりシステムに組みこまれてしまったのだから、そっちはそっちでちゃんとルールを守ってくださいよと言いたい思いだった。

正直言ってここまで来ると私にはもう、極夜が自分を殺しにかかっているとしか思えなかった。一月二十六日、イヌアフィシュアクを出発したあの日、私は周囲の景観がはっきりと視認できるほど明るくなった、その世界の一変ぶりを前に、もう極夜は終わったのだと喪失感すらおぼえたが、現実には極夜はまだ死に絶えていなかったのだ。極夜は最後の最後に残っていたわずか一滴の力をふりしぼり、地吹雪を舞い上がらせ、すでに昇っているはずの太陽を雪煙により覆い隠し、天気予報無視という暴挙におよんでまでその極夜性を延長し、ホワイトアウトという疑似的闇空間を作り出して、その泥沼にふたたび私を引きずりこもうとしていた。私はこのときはじめて気が付いた。極夜の探検はまだ終わっていなかった。極夜は太陽を見るまで終わらない。今はまだ極夜の延長戦がつづいているのだと。

衰えることなくとどろく風の爆流音の中、私は寝袋の中に縮こまって耐えるしかなかった。風それ自体への恐怖もあったが、同じくらい食料と燃料が尽きることへの不安も大きかった。余裕をもって二週間の予定でアウンナットの小屋を出発したつもりでいたが、じつはこの日がその二週間目、狼肉を獲得できていなかったら食料が尽きていた頃である。私の命はかろうじて狼肉に救われていたが、その狼肉も旨すぎてばくばく食っていたせいで残りもわずかになっており、食料も、節約気味に使ってきた燃料も、あと四日しかもちそうになかった。こうなったら極夜と私の力くらべだった。いや正確に言えば、私がＩＣＩ石井スポーツに特注してアライテントが制作した極地用特殊テントのポールの強度との力くらべである。この極夜の延長戦で私にできることは、もはやポールが折れ、テントが裂けて吹き飛ばされないことを祈ることしかなかった。

午後になると急激に風上側に雪が溜まりテントを圧迫しはじめた。普通、雪はテントの風下側に吹き溜まるものだが、なぜか風上側に溜まっていった。外に出たくないので中から拳で殴って崩していたが、雪はどんどん溜まり、ちょっとおかしいんじゃないかと思うぐらい増量し、ものすごく堅くなって崩すのが不可能となり、ついにはその重みでテントがひしゃげてきた。往路の氷河で地吹雪で埋まりかけた記憶がよみがえった私は、覚悟を決めて雪かきをするために外に出た。

テントから出ると相変わらずの猛烈な風だった。しかも犬の姿が見当たらない。いつもはテントの風下側で雪の下にもぐりこんで呑気に寝ているのに、どこかにいなくなっている。

「ウヤミリーック！」

呼びかけたが反応はなかった。風と地吹雪で完全にホワイトアウトし、あたりの様子は何も分からなかった。

「ウヤミリーック！」

何度呼んでも犬は姿を見せなかった。この風で気でも狂ってどこかに消えたのか？　村までもう少しなのに、なぜ……。信じられない思いで、私は烈風の中をよたよたと風下側に押し流されるように歩き出した。十メートルぐらい進んだところで、風雪の向こうに黒い岩のような不自然な影があるのが朧気に見えた。近づくと、なぜか犬はあえて吹きっさらしの滅茶苦茶寒そうな小高いところで、うずくまって眠っていた。

というか、半分死んでいた。

「おい！　お前、何やってるんだ！　こんなところで寝てたら死んじまうぞ！」

風の轟音に負けないように犬の耳の近くで怒鳴ったが、犬はまったく反応を示さなかった。昨日はあまりの風で犬に餌をやることができなかったので、それで力尽きたのか？　抱きかかえると犬には息があったが、それでも自分で前脚ひとつ動かすことができず、すぐにその場にうずくまってしまう。風に打たれすぎて歩けないほど疲弊し、ほとんど仮死状態になっているのだ。私は犬を抱きかかえてテントにもどり、風下に寝かせて餌を一キロ近くばらまいた。餌を見るとようやく犬はぶるぶると身体を震わせてばくばくとがっつき、すべて平らげるとその場で横になりまた動かなくなった。

犬を介抱して、風上側に行き吹き溜まりをチェックした。見てみると、テントの外縁のスカート部分に載せていた重しの雪が全部吹き飛ばされ、そのせいで細かい地吹雪の雪が床下からテントの生地の三層目と二層目の間に入りこんで大量に溜まっていた。生地の間に手を突っこんで堅くなった吹き溜まりを搔きだし、それが終わると今度は飛ばされないように重たい雪のブロックを大量にテントのスカート部分に載せた。そして再度張り綱を締め直し、最後にスコップで雪をブロック状に掘り出して、それを風上側に積みあげ、やや雑ではあるが防風壁を作った。烈風に晒され、睫毛《まつげ》に氷が張りつき、前が見えず、風圧で何度も転んでへろへろになったが、どうにか六、七十センチの高さまで防風壁を積みあげ、そして転がるようにテントに避難した。

テントの中も吹きこむ風と雪煙、それに内側に張りついた霜で雪まみれになっていた。

装備もすべて雪のなかに散乱している。巨瀑の瀑心にいるかのような風の怒号は収まらず、テントの内も外も、そして私も混乱でぐったりとして、何をする気も起きず、呆けた顔でぼーっとした。

しかし、そんなときだった。嵐の真っ只中で、唐突に私は、目の前の混乱しきった状況に、何か既視感というか、どこかで同じようなことを経験したような感覚にとらわれた。そして、この嵐の現場と何の脈絡もない、ある情景を、ふと思い出したのだ。

それは三年前に立ち会った妻の出産現場の情景だった。

出産の現場も同じように混乱していた。妻は拷問のような陣痛の苦しさに手足をばたつかせ、寝台の柵を殴り、陣痛計を蹴っ飛ばし、ぶぎゃあああっと大声で喚きつづけた。その狂乱した姿と、激しい苦しみが中心軸となり、東京医科歯科大学附属病院分娩室にはまるで見えない渦が発生したかのようなカオスが生じていた。突然そんな記憶がよみがえったのは、たぶん、嵐の状況と出産時の状況に混乱というキーワードで共通する何かがあったからだろう。

しかし、それだけではなかった。出産の記憶がよみがえるのとほぼ同時に、私の頭には次のような直観的な閃きが走ったのだ。あのとき、妻の産道から生まれ出ようとしていた私の子供は、まさに闇から光を見ようとしてもがいていたのではないか。今の太陽を見ようとして混乱している私の状況は、出生しようとした子供と同じ状況にあるといえるのではないか——。

あのときたしかに出産の現場で中心にいたのは妻だった。しかし、生まれ出んとする子供もまた同時に混乱の渦の中心にいたはずだった。子供は受精してから十カ月ほどの間、私の妻の毬腹のなかで気持ちよく、ぬくぬくと順調に育ち、そして十二月二十七日夕方のあの時間、子宮という温かい羊水につつまれた原初的な暗闇のなかの楽園をあとにして、産道から飛びだすことを決めた。そのときに子供が感じていたのは、それまで慣れ親しみ、慈しみに満ちていた母体との一体的空間を離れて、完全に未知で予測不可能な外の世界に飛びだすことへのためらい、恐怖だったはずである。出生に向けて最終的な準備活動を開始して、妻のようやく開いた子宮口を通って産道に入りこんだとき、子供は、強烈で原初的な不安を感じたはずだ。そのときはじめて子供の精神には意識というものの芽が生じたのである。強烈な不安をかかえた子供は、わけが分からないまま捩《ね》じり出されるように産道を通過して、外の世界に飛びだした。それからおずおずと目を開き、眩しい光を感じた。母胎という始原の闇空間から生まれ出てはじめて目にしたもの、それは光だったのだ。

嵐のテントで妻の出産現場の情景がよみがえったとき、私の頭の中では、このときの子供の出生経験と自分の極夜の探検が根底で結びついたような気がした。自分の子供にかぎらず、出生は人間であればほぼ誰にでも訪れる普遍の経験であり、安心・安全な母胎空間から未知で危険な外の世界に飛びだすという絶体絶命の瞬間だ。つまり出生とは人間がひとしく経験する人生で最大の冒険なのである。

　この連想の末に私が思い至ったのは、極夜という暗闇の世界を旅してその果てに昇る太陽を見たいという私の衝動は、もしかしたら出生行為を追体験したいという無意識の願望の表れだったのではないかということだった。それはたしかな根拠のないことだったが、このときの私にはかなり確度の高い直観であるように思われた。

　それまで私は自分でもなぜこれほどまでに極夜という現象に惹きつけられてきたのか正直、よく分からないところがあった。極夜には未知がある、それも根源的未知を感じるなどと人には説明してきたが、それだけでは言い切れない何かがあるように思えていた。その謎がこのとき、解けた気がした。私の深層心理に眠る出生の記憶が、私をこの極夜の旅に向かわせたのだ。

　この閃きはまた別の私自身の幼少期の記憶を呼びさました。幼児期から小学校低学年の頃まで、私には、ある抽象的な映像の夢を見てはうなされるということがよくあった。それはじつに奇妙な夢で、私はうにゅうにゅとした質感のチューブのような異次元空間の内部にいて、それを内側から見ており、そして、そのうにゅうにゅとしたチューブ状空間自体が前方から回転するようにうねり、迫ってきて、ひたすら私を押しつぶすように圧迫するという、ただそれが延々つづくという夢だった。それが私には異様に不快で、いつも存在自体が脅かされているようなぞわぞわとした重苦しさを感じ、必ずうなされて目を覚ました。幼い頃はその夢が何の夢なのかずっと分からず、あまりにも抽象的な内容だったので親にもうまく言葉で説明できず、そのうちそんな夢も見なくなり、いつしか思い出すこともなくなったのだが、この嵐の氷床で子供の出産現場の光景がよみがえったとき、私のなかではこの夢の記憶も突然一緒に復活して、そしてはっきりと理解したのだった。そうだ、あの夢は出生のときに産道を通ったときの映像だったのだ。出生の記憶は意識からは消えていたが、網膜には映像として焼き付いていたのだと。

あのとき生まれた直後の私の子供は、私の腕の中で眩しそうに目を細めていた。その光は、産道を通ったときに感じた原初的な不安と混乱をかぎりなく癒し、和らげ、根源的な希望の象徴として子供の深層心理にきざまれただろう。

そして同じことをわれわれは皆経験している。時間も空間も事物の区別もなく、ただマグマのようにあらゆるものが融けあった母胎という闇の空間を旅立ち、ひどく恐ろしい産道通過という冒険を経て、ついに外界に出生したとき、人間ははじめて光を浴びる。光を見ることですべてがはじまる。人間にとって光とは出生経験の再来であり、不安と恐怖からの解放であり、だからこそ希望の象徴にもなっている。光に無言の憧憬をおぼえるのも、世界中の神話で闇と光が死と再生のモチーフとして語られてきたのも、太陽が再生の神なのも、すべて出生時の壮大な光景とインパクトの記憶が、人間の精神と肉体には刻みこまれているからにちがいない。

ブリザードの怒号と混乱の中で、私は闇と光の意味を自分なりに理解したような気がした。旅の途中の二月五日に私は四十一歳になっていたが、もし村にもどるまでに太陽を見ることがあれば、そのときは出生以来四十一年ぶり、二度目の本物の光、本物の太陽を見るということになる。今自分が最後のブリザードに耐えているのも、その本物の光を見るための過程であり、今のこのブリザードの混乱は、妻が陣痛促進剤を投入されて地獄のような痛みに大暴れしていた段階、子供の側から見ると狭い子宮口を通過して産道をぐりぬけようとしている、あの段階と同じなわけだ。小さい頃に夢で見た、うにゅうにゅとした異様に不快で圧迫的な器官の通過にひとしいわけだから、この嵐の荒れっぷりも、天気予報無視の不条理ぶりもある意味、しょうがない、と思えた。

嵐はまったく衰えることなく凶暴な爆風でテントに襲いかかった。寝袋ですくみあがりながら、本物の光を見るためにはなんと恐ろしい障害を乗り超えなければならないのか、と私は考えていた。妻がどれほどの混乱の末に子供を産み、娘や、そして四十一年前の自分自身が、どれだけの不安を克服して産道を通過したのか、私は少し分かった気がした。

そしてその瞬間はついにやってきた。

太陽

風は夕方にわずかに弱まったが、深夜からごろごろという低く、くぐもった重低音が響きわたり、氷床ではふたたび凄まじい大風が吹きはじめた。風はすぐに、前日夕方の呼吸できなかったときに匹敵する猛烈な強さに達し、このままだと吹き飛ばされるという恐怖を感じないのが不可能なほどの威圧感を、私に与えた。

暗黒の夜の闇の中で、風は、生き残った極夜は、最後の力をふり絞って私のテントに全力でぶち当たってきた。最後の攻防戦が開始されると私は予感した。ヘッドランプをつけると昼間につくった防風壁により爆風の直撃はかろうじて免れ、風の奔流はうまいことテントの上部をかすめているようだった。だが、この強さがつづけば、暴風の中で作ったあのいい加減な防風壁が一晩もつとは思えない。この爆風の中でテントが壊れずに無傷で立っていること自体が信じがたい壮挙のように思えてくる。つい先ほどの闇と光の意味を発見したときの興奮は、この爆風の激しさと恐怖で私の中からきれいさっぱり拭い去られ、太陽を見たいという願望や、太陽が見られるんじゃないかという希望も打ち砕かれていた。夕方聞いた天気予報によると、風は夜に強まって明日の午後には安定するということだった。予報には散々裏切られてきて信頼性ゼロだったが、それでも私には予報しかすがれるものはなく、とにかくテントが潰されず、吹き飛ばされず、何とかこの風を耐え忍んでくれと願うしかなかった。ただ風が怖くて仕方がなかった。

幸運なことにこの暴虐的な風はまもなくして落ち着いた。といってもまだ風速十五〜二十メートルレベルの普通のブリザードぐらいの風はあったが、先ほどの殺人的な風にくらべたら恐怖を感じるほどではなくなった。その後も風は弱まっていき、空間の奥底からとどろく氷床全体を揺るがすような轟音も消え、ただテントをゆさぶるだけの表面的な強風にかわった。

午前四時半ごろ、風は唐突にぱたりと止んだ。あたりは、先ほどまで阿鼻叫喚の混乱に支配されていたのが嘘みたいな静寂につつまれ、シーンとした。

犬がぶるぶると身体を震わせ、みしみしと雪面を踏みしめて歩く音が聞こえた。それぐらい静寂、無音となった。風の恐怖から解放されて、私は気付かないうちに眠りに陥っていた。

目が覚めるとまた風が吹きはじめており、地吹雪がざーざーとやかましい音を立ててテントをばさばさと揺さぶっていた。もういい加減にしろという気分だったが、しかし音を聞くかぎりでは行動できないような風ではないように思えた。時計を見ると午前十時、予報でも午後から天気が安定するという話だったので準備を終えた頃にはちょうど止むかもしれない。出発することを前提に私は寝袋から出てコンロに火をつけた。

ベンチレーターから外をのぞくと地吹雪で白い雪煙がまき立ち、視界は決して良くなかった。暴風時特有の空間の奥からとどろくような轟音は聞こえてこないが、風はテントを揺らしており、そこその強さであることはうかがえる。しかし、何しろここ数日は尋常じゃない暴風に晒されてきたので、ちょっとやそっとのレベルの強風はそよ風に思えてしまう。ただ、これでは出発しても視界が悪くて太陽は拝めないかもしれない。私は少し落胆したが、しかしこのときの私は、もうほとんど太陽を見ることを断念していた。

ところが、朝食のラーメンを作っている最中、外の状態に突然の変化が見られた。それまで地吹雪で白い闇に閉ざされて薄暗かったのが、急に明るくなり、テントの黄色い生地に薄い光が当たりはじめたのである。

もしかしたら太陽が出ているんじゃないだろうか。

唐突な変化に私は戸惑い、高揚した。明るさはじわじわ強まっていき、まるで世界が全体的に黄金色に染まっていくような感じになり、それに伴い、気のせいか優しい温もりのようなものまで感じられた。その温もりはコンロの火とは明らかに性質の異なる熱のあり様をしており、周辺の空気全体がまるごと柔らかいオブラートでつつみこまれたような温かみだった。もうそんな温かみがあることを、私はすっかり忘れていた。

私は興奮気味に準備をすすめた。たぶん太陽が出ている、太陽が出ているぞ、と思った。最初の太陽の光は絶対に全身で浴びたかったので、あえてベンチレーターから様子を見ることはしなかった。急いで朝食を掻きこみ、防風服を着て、ゴアテックスのパンツを穿き、靴下を替え毛皮靴をはいた。その間にもテントのまわりはますます明るくなり、眩しい光につつまれていった。コンロの火を消し、荷物をまとめ、あ、そうだ、亀川さんから最初の太陽は絶対に撮影してくれと言われていたんだ、と思い出し、コンパクトカメラの電源も入れた。そして入口の吹き流しをあけて外に出た。

その瞬間、強烈な眩さに私は顔をしかめた。

テントの前で巨大な太陽が赤々と燃えていた。地面では地吹雪が吹き抜け、白くかすんだ大地の向こうに太陽が昇っていた。

その太陽は巨大に丸かった。唖然とするほど巨大だった。こんな大きな太陽は今まで見たことがなかった。フレアする巨大な火の玉だった。そう、私にはそれはごうごうと燃えさかる火の玉に見えたのだ。大きくて、温かくて、圧倒的で、信じられないほど丸々とした美しい太陽が、猛り狂った火の玉となって、核融合してエネルギーを爆発させて、真正面から金色の光を私に注いでいた。

「わあ……すげえ……。太陽だぁ……」

私は子供のような、呆けた声を漏らした。光が私を照らし、私はそれを温かいと思った。すごい、でかい、あったかい。物質の状態を示す、これら幼児語レベルの三つのシンプルな形容詞以外、この太陽に対してはいかなる言葉も無効だった。太陽は太陽として、あるがままの姿でそこにあった。

亀川さんとの約束があったので、私はカメラを手に取り自分の気持ちを説明しようとしたが、目の前の太陽がもたらす太陽的必然の帰結として、私は途中で言葉を失った。

私も一人の物書きなので、太陽を見る直前までは、実際に太陽を見たらどんな感想を抱くのかな～と色々と想定し、そうだこんな感想を抱いたことにしてみよう、みたいな、つまらぬことを正直考えていた。完全に無防備な心の状態で太陽を見て何も感じなかったら怖いので、太陽を見たときの感想をシミュレーションし、最低限書けることの予防線を張ろうとしていたのだ。しかし、太陽はそのようなつまらぬ打算の及ばぬ存在として、天空で燃えていた。その太陽の太陽性は、どんな言葉に変換しても、とても汲み尽くせるものではなかった。別に希望を見出したわけでもなかった。癒されもしなかった。慈しみも感じなかった。闇からの解放感もなかった。前日、見出した光の意味もすっかり忘れていた。すべての言葉をはねつけ、太陽は超然と空に君臨し、質量が地球の三十三万倍ある単なる物体として猛り盛り、とくに意図もなく光を放出しまくっていた。そして私はそのような太陽にただ圧倒され、涙を浮かべていた。

それはあまりにも劇的な太陽だった。このとき、このタイミングでしか見られない太陽だった。というのも、このときは思ったより強い風が吹き、地表付近では地吹雪が舞いあがっていたのだが、それでも雪煙の高さはちょうど五メートル＋－《プラスマイナス》一メートル程度に抑えられており、太陽の光を遮るほど上空まで舞いあがっていなかった。つまり、そのナイスな高さの雪煙がちょうどいい感じで太陽の光を拡散して、コロナの輪郭線をぼかし、太陽をよりいっそう巨大に見せる効果を生み出していたのだ。時期的な面でも劇的な作用が生み出された。本来、極夜が明けて最初に昇る太陽は地平線から先っぽが短時間のぞくだけなので、全然迫力がなく、それまでの長い極夜という前段階とくらべて、何だこれ、といった程度のものでしかない。カナダのケンブリッジベイにおける一カ月間の極夜放浪で見た太陽は、そういうちょっと白け気味の太陽だった。ところが、このときはブリザードのせいで極夜明けから一週間近く経っていたため、太陽はほぼまんまるな、迫力満点の円球として地平線の上に姿を曝け出していたのである。

まったくすべてが想定外だった。この太陽は、きっとあの太陽だった。百五十年前のイヌイットが「太陽から来たのか、月から来たのか」と言ったときの、あの太陽だった。闇の物体が輪郭を失い、あらゆるものが融合してどろどろにとけあって一体化したような闇のカオスを終わらせて、世界に秩序と言葉と意味をもたらす太陽だった。

太陽を見ながら、私は報われた、と思った。色んなことがありすぎた旅だった。日本を出てから四カ月近く、村を出発してからでさえ七十八日が経っていた。やることなすことがすべて裏目に出て、呪われていると思うほど、まったく計画通りにいかない旅だった。闇の中では絶望しか感じず、もう二度と極地に来ることもないだろうとさえ思った。それにこの旅に費やしてきた四年間のこともあった。犬との出会いもあったし、海象に襲われた恐怖もあった。結婚して子供ができたという私生活での変化も思い出された。それら、この旅の試みの間に起きたすべてのことが、目の前の太陽の光に昇華されて明るく燃えていた。

長い、長い暗闇の旅路の果てに昇った太陽、おそるべき嵐に耐えて見ることができた太陽、すべての準備、すべての苦労、絶望、驚愕、歓喜、呆然が、この太陽を見るためにあったことを、私は知った。それは私の人生で出生以来二度目の本物の光であり、そしてもう二度と見ることのできない素晴らしい太陽だった。

こんなすごい太陽を見られるとは思ってもみなかった。たしかにこのとき私は太陽を見たのだ。

*

太陽の光を正面から浴びながら私は氷河への下りにとりかかった。

……というふうには、残念ながらいかなかった。この七転八倒の旅は、太陽を見たからといって、そうやすやすと私を解放してくれなかった。

太陽を見たとき、私はそのまま一時間ぐらい感傷に浸りつづけていたかったのだが、じつは地吹雪が強くて十分ぐらいで耐えられなくなり、最後に写真だけ撮ってふたたびテントの中に引っこんだ。午後から安定するという予報だったので、テントの中で様子を見て風が止んでから下ろうと考えたわけだ。

ところが予報はまた外れ、安定するどころか風はどんどん強まった。地吹雪の雪煙が上空高く舞い上がって氷床全体を覆いつくし、あたり一面白い炎に焼きつくされ、太陽の光は消し去られてテントの中は薄暗くなった。またしても疑似的極夜空間が現出したのである。そして最後の最後、これで本当に最後だったのだが、今回の旅でも圧倒的に最強で極悪なブリザードが吹き荒れた。

この風は本当にすごくてやばかった。もう私はこれまでの嵐の記述で自分のボキャブラリーをあらかた使い果たしてしまい、悲しいことにこの最後の風の凄まじさを表現する適切な言葉を持ちあわせていない。だから察してもらうしかないのだが、本当にとんでもないというよりほかない風だった。日記には〈ぶおんぶおんと神が巨大なふいごを吹いている〉とか〈断層が破壊し大地に亀裂が入ったような音が始終鳴りやまず、この世の天変地異をすべて集めたような爆音があたりに鳴り響き、終末を思わせる状況となった〉などという、もうわけの分からない表現でその凄まじさを記述しているが、それぐらいの風が吹き荒んだ。

太陽見物後、テントで様子を見ていた私は、強風から爆風に変わる風の音を聞きながら、とても行動できる状態ではないことを察し、ひとまず寝袋の中に入った。それから風は神の巨大なふいご状態となり、状況は終末的、破局的になっていった。ふたたび天気予報無視で強まる嵐を前に私はもはや抵抗しようという意志を失っていた。できることは何もなかった。前日作った防風壁は晩の嵐で吹き飛ばされていたことを、私は外に出たときに確認していた。つまりテントはこの天変地異的、世界破滅的な風の前に無防備のまま吹き曝しになっていた。ちょっと天候待ちするかと思って入った寝袋だったが、もう、それからは恐ろしくて出ることができなかった。食事をすることなど到底考えられないし、犬に餌をやることも不可能。ただ寝袋の中で風の爆音を聞き、すくみ、震え、縮こまり、時間がすぎ去るのを待った。

夜中に突然バキッという何かが破断した音が聞こえ、心臓が凍りつきそうになった。折れるものといえばポールしか思い当たらない。恐るべき疑念に捉われた私はヘッドランプをつけて確認したが、ポールは無事なまま強大な風の圧力に耐えている。だが、その音は確実に何かが破断した音であり、異変が起きているのはまちがいなかった。いったい何が壊れたというのか。壊れていいものなど私の半径五メートル以内には何ひとつ存在していないというのに。

恐怖に耐えられず、私はまた山崎さんに電話して天気予報を聞いた。もう予報以外、頼れるものはなかった。

「すごい風なんですけど……」

「止まないねー。こっちもすごいよ」

「予報はどうなってます?」

「真夜中に風は止んで、その後はよくなるみたい。でもこの季節はこういうことはたまに起きるから。角ちゃん。風は絶対止む。そのときは一気に下りたほうがいいよ」

山崎さんのその言葉を信じ、私は真夜中に風が止むことだけを祈り、恐怖に耐えた。寝袋から出ず、コンロもつけず、朝、行動用に用意した魔法瓶のお茶を二回飲んだ他は、その日は何一つ口にしなかった。寝袋の中で小さく縮こまっていると、どごごごっ、ぶおわーという世界破滅的な轟音にまぎれて何度もバキッという例の破断音が耳に突き刺さった。そのたびに私はひーと震えあがり、死を見つめた。

午前二時になり午前三時になった。風は、やむはずの真夜中の時間帯をすぎて未明に入っても一向に弱まる気配を見せず、神は飽くことなく高さ五十メートルぐらいあるんじゃないかというふいごを吹きつづけていた。もはや私には予報がまた外れたとしか思えなかった。私は覚悟を迫られていた。この感じでは、これまでのブリザードのサイクルはひと通り終わり、天気が安定しないまま次のブリザードのサイクルに入ってしまった可能性がある。おそらくそうなのだろう。そうなるとこれまでの予報はすべて覆り、これから一週間強風がつづくということもあり得る。というか、もうそうとしか考えられない。狼の肉はほぼ食いつくし、燃料もなくなりそうだった。これ以上、嵐がつづけば、犬を食べるしか残された途はないと私は思った。そして、あのときのように、また犬を殺すシーンを頭で描いていた。犬を殺して生肉を食い、水は小便に雪を入れて解かして薄めれば飲めるだろう。そうすれば一週間嵐がつづいても死ぬことはない。あとはテントが無事なことを祈るばかりだと、そう思っていた。

それからしばらくして風はついに弱まり出した。時計を見ると午前六時をすぎたところ。神のふいごがおさまり嵐の奥でとどろく轟音が消え、地吹雪があたるざーざーという表層的な風の音に変わった。しかし、それでもまだそこそこの強風が吹いていることはかわらず、前日の朝と同じ状況だった。昨日はあれから狂ったように吹き荒れた。本当にこれから風は止むのだろうか。

自力で判断不能に陥っていた私が最後に頼ったのも、結局山崎さんから聞く予報だった。山崎予報は完全に麻薬みたいなものになっており、それなしで私は精神の平静を保てなくなっていた。仮に今風がやんでも、氷河の途中でこんな風が吹いたら無事でいられるわけがない。これまでの絶悪な天気のせいで、私の中からは天気予報の確約無しで氷河を下りる勇気は失われていた。

山崎さんは村はもう天気が回復しており、すごくいい状態だと言った。

「上のほうはまだ少し風が残るかもしれないけど、下に来れば収まるから、今日下りちゃったほうがいいよ」

その言葉に背中を押されて、私はついに氷河を下る決断をした。

外に出た瞬間、前日とは一変した景観に度胆を抜かれた。テントのまわりには氷のように堅くて平らな雪面が広がっていたのに、それが昨日の午後からの風であらゆるところが鋭く削られ、氷床全体に一・五メートルほどの深く抉れた跡がミニ・グランドキャニオンのように隙間なく広がっていた。何よりも驚いたのはテントの風上側を見たときだった。テントの床下の雪も吹き飛ばされ、深く抉れており、風上側の三分の一が宙に浮いていたのである。堅雪に刺しこんでいたアイススクリュー等の支点は抜け落ち、というより刺しこんでいた雪面自体が一メートルぐらいの深さでごっそり無くなっており、三本が宙にぶら下がっている。これを見たときにはじめて、私は昨日の晩のバキッ、バキッという破断音の正体が何だったのかを知った。あれは床下の堅雪が強風で割れて、次々と剝がれていく音だったのだ。テントが無事だったのは、外縁のスカートに載せた雪が凍結して周囲と一体化していたためで、それもたぶんあと半日も吹けば終わり、私はテントごと吹き飛ばされていたにちがいない。

冗談抜きで、ぎりぎりのところで嵐が止んだことを知り、私は肝を冷やした。

＊

それから私と犬は氷河の下りにかかった。今度こそ本当に下りはじめることができた。氷点下三十四度、風はまだ七、八メートルあったが、未明までのとち狂ったような爆風にくらべれば、ちょっと冷たい爽風にしか感じない。全面的にぐさぐさに深く抉れた氷床を、橇が谷間に転がり落ちるのに苦労しながら南に進んだ。

イキナ氷河の入口は相変わらず分かりにくく、途中で右に進みすぎて四日前に越えたサスツルギのある大きな氷河の源頭が見えてきてかなり混乱した。だが、左手に方向を修正すると、次第にシオラパルクのあるフィヨルドの見慣れた光景が広がり、ようやく目指す氷河を下っていることが確認できた。風も収まり、本当に村への帰還が正真正銘、確実となって、私はついに死の緊張から解放された。

旅がいよいよフィナーレを迎え、休憩中に私は犬に素直な気持ちで語りかけた。

「本当に生きて帰れてよかったなぁ。俺はなぁ、お前を食べるところを何度も想像したんだ。じつは昨日も……。そうならなくて本当によかった。また今度、どこかに行こうな」

犬は何の反応も示さず寝っ転がっていた。

村まではそれからちょうど二日の行程だった。

空は快晴となり氷河は太陽に照らされ明るかった。ここ数日の強烈なブリザードで氷河上の雪はすべて吹き飛ばされ、むき出しの裸氷が広がっている。かろうじて雪の残った斜面を選んでゆっくり下っていくと、眼下には見慣れた山の景色や、シオラパルクのフィヨルドの凍った海が見えてきた。

村が近づき、この旅が終焉を迎えることを肌で感じながら、私はこの探検にかけた長い道程を振りかえっていた。

この四年間はデポが盗まれたり、強制退去処分を食らったり、本当にやることなすことうまくいかないことがつづいた。イヌアフィシュアクでデポが徹底的に破壊されたのを目の当たりにしたときは、ここまでやっても駄目なのかと絶望の淵に沈みこみ、これでこの探検のために費やした時間と努力はすべて無駄になった、俺の人生は何だったのかと思わず月を仰いだ。だが旅が終焉に近づくにつれ、それはまちがいだったと私は考えるようになっていた。たしかにデポという物資の面だけを見ればすべて破壊され、私の努力は水泡に帰したが、身体に刻まれた土地の記憶という面を見ると、この四年間の営為は決して無駄ではなかったのだ。

この探検のためのデポをはこぶために私はこれまでイキナ氷河を二度登り、三度下った。アウンナットとイヌアフィシュアクにも三回ずつ足を運んだ。氷床も二回越えたし、カヤックで周辺の海岸を七百キロ以上漕ぎ、ツンドラの内陸部を長靴を履いて百キロ以上歩きまわった。それだけではない。デポ食料を作るためにアッパリアスという水鳥を七百羽ほど捕まえたし、北極岩魚を刺し網で捕獲し、三頭の麝香牛と数十羽の兎を仕留めて旅の食料にした。

そんな活動をつづけるうちに私は知らず知らずこの地方の土地や海についてかなりのことを熟知するようになっていた。氷河のクレバスの位置にはじまり、氷床やツンドラのルート取り、場所ごとの地面の特徴、サスツルギのでき方、潮の具体的な動き、定着氷に海氷がのりあげてくる危険個所、麝香牛が好む場所、兎の多いエリア、北極岩魚の棲息している湖等々、挙げれば切りがないが、そうした土地の特性を目で見て頭で理解することで、私はそれらを生きた知識として血肉化していた。それらは血肉化しようと思ってされたわけではなく、通ううちに自然と血肉化されたわけだが、結局、そうした土地についての経験知があったからこそ今回の探検は可能となったのである。

それはたとえば新月の完全暗黒の時期にツンドラを越えたときの行動に現われていた。

あのとき私は橇を引いたときの重さや、足裏感覚などという普段ではあまり意識しない知覚の仕方で大地の傾斜をつかみとり位置を推測していたが、そのときに私は、過去の旅で記憶の底に残っていた地形の特徴や、地表の雰囲気を、自然と思い出していた。闇に浮かぶ山のかたちや地面の状況などを見たときに、瞬間的にふと、それらが過去の旅で見た風景と一致する。そうした断片的な記憶の蓄積が暗黒空間でのナビゲーションで決定的な役割をはたしたのである。

あるいはダラス湾に麝香牛を狩りに行くと決断したときもそうだった。結果として、麝香牛はとれなかったものの、接近可能な棲息エリアを絞りこみ、次の行動につなげることができたのは土地に関する知識があったからであり、その知識が行動判断につながっていた。帰還の際、私はイキナ氷河の入口で迷う危険を避けるために明るくなるのを待ったが、それも氷河の入口が地形的に極めて分かりにくいことを過去の旅で散々思い知らされていたからだ。このようにひとつひとつの行動の判断の裏には常に過去の旅で得た土地にたいする経験知があった。

もし経験知がなく、この土地が完全にはじめての状態で極夜世界に突っこんでいたら、私は少なくない確率で命を落としていたように思う。たとえば、このグリーンランドにはじめて来た二〇一四年の旅のとき、私は妻の出産に立ち会うために、結果的には出発を延期して一月上旬に日本を出国することに決めたが、もともとは冬至をはさんだ最も暗い時期に現地の偵察をおこなうつもりだった。もし、あのとき出産に立ち会わず、予定した時期にシオラパルクに向かっていたら、どうなっていたか、私はかなり具体的にシミュレーションできる。

　前の冬に私は北緯六十九度のカナダ・ケンブリッジベイで一カ月間、極夜世界の放浪を経験していたので、暗い中での行動に多少の自信があった。だから、おそらく十二月中旬から一カ月半ほどかけてアウンナットに向かうといった行程で村を旅立っていたはずだ。しかしケンブリッジベイと北緯八十度近いグリーンランド北部とでは、極夜の暗さのレベルもちがえば、地形の特徴もまったく異なる。この土地のことについて何も知らないまま出発した私は、イキナ氷河を登りはじめ、手がかりのないまま氷床をうろつき、そこで位置が分からず混乱したはずだ。かろうじてアウンナットまで行けたかもしれないが、小屋がどこにあるかは分からなかったかもしれない。小屋が見つからないと極夜下では正確な位置が分からないままなので、状況としてはかなり厳しい。また仮に小屋が見つかったとしても、そこから村に無事帰還することは難しかったはずだ。一月中旬の氷床はまだ暗すぎるし、土地の経験のない私は氷床で位置を特定するための目印も持っておらず、帰路ではまちがいなくイキナ氷河の入口が分からず途方にくれただろう。やむなく目の前の斜面を闇雲に下ったろうが、おそらく地形的な特徴を考えると両隣にある二つの大きな氷河のどちらかに迷いこみ、途中で雪に隠れたクレバスに落下した可能性が高い。運よく海まで下りられたとしても、この時期この地域の定着氷は氷の状態が悪く岬で切れたりしているので、まともに進むことはできなかっただろう。しかも当時の私は例のこだわりから衛星電話を所持していなかった。闇の中で焦りばかりが募り、食料が切れ、犬を殺してその肉を食い、最後は十中八九、神に呪いの言葉を吐いて野垂れ死にしていたのではないだろうか。

実際にこのグリーンランド北部で極夜の探検をおこなった今、私は、これほど暗い季節に、これほど地形的に複雑な地域を、土地の特徴を何も知らずに旅をすることは不可能だということを痛切に感じている。今回、まがりなりにも八十日間、致命的な窮地に陥ることなく、この超極北地で極夜の旅をつづけることができたのも、自分のなかに土地の知識が蓄積されており、それが行動を決める指針となったからだ。

その四年間の営為の末に、私は今回の探検を実現し、そして誰も入り込もうとしなかった地球の裏の一面を見ることができた。そして極夜の闇や、その中で頼りなく散らばる星や妖しげな月の光に命運を託すことで様々なことを感じとった。氷床で何度も北極星＝ポラリス神を仰ぎ見たときに知った信仰の原初的形態。月すら失われた真の極夜で到達した闇の意味。極夜の内院で月に翻弄されたときに体感した人と天体とのむすびつき。そして光への憧景と出生の関連。実際に出発するまで、私はこの旅が、ここまで人間と自然の始原的な関係を経験するものになるとは思っていなかったのである。

四年間の営為があり、土地についての経験知を蓄積したことが、結果的にはこのような様々な洞察をもたらす旅を可能にした。そして、そのことは旅についての新たな発見を私にもたらした。

それは土地のことを深く知ることではじめて可能になる旅のかたちがあるのだということだ。

人跡未踏の新しい土地に行って表面的に広く浅く踏査するより、ひとつの土地の中に徹底的に深く潜りこむことではじめて広がってくる世界がある。そこにあるのに見えていなかったものが見えてくる。今回の旅はそういう旅だった。そしてそれは特別な経験だった。私はこれからも探検を求めて行動をつづけるつもりだが、これほど未知の不安と興奮と発見に満ちた旅をすることはもうないかもしれない。これからの私は、今回の極夜の探検以下の探検を模索しつづけることになるだろう。だが、それは仕方のないことだとも思う。真の意味での探検など一生に一度できるかどうかであり、そう何回も次から次へとできるものではない。

たぶん、私はその一生に一度の旅を今、終えたのかもしれない。だが、その気持ちは決して悪いものではなかった。

氷河の麓の最終キャンプ地を出発して、私と犬は固い海氷の上を歩きはじめた。海氷は強風で雪が吹き飛ばされ、パソコンで色調補正したかのような現実離れした深い青色をたたえていた。フィヨルドのまわりには見慣れた山々が白く海を取りかこみ、日の出前の淡い光が空を幻想的な薄紫色に染めた。太陽が地平線に近づき、村に向かう間も風景は鮮やかに色づいて、そして空も次第に青く、明るくなって、色を変えていった。光によって現出されたこうした何気ない色彩の移ろいが、私にはとても新鮮だった。犬が私の隣で大人しく橇を引いていた。村が見え、そしてじわじわと近づいてきた。やがて村人が何人か家を出て、暖かい服を着て、氷の上に姿を現わすのが見えた。氷上の村人の影は次第に大きくなっていき、そのうちどの影が誰だか分かってきた。

ちょうどそのとき南東の空に太陽が昇った。

朝陽が村の背後の山にあたって、そこが黄金色に輝いた。

太陽は対岸の半島からゆっくり高度を上げていき、朝陽に照らされる日向の場所もだんだん広がって私に近づいてきた。

村の人が手を振り、私も手を振った。村の前にたどり着くと、山崎さんがカメラで私の帰着するシーンを撮っている。私に何か質問したが、私は感極まってうまく答えられない。村人が私を出迎えて抱擁し、おばさんがポケットからリンゴを取り出して私に手渡した。噛みしめると酸っぱい果汁が口の中に広がった。

左手のほうを見ると、ちょうど太陽が半島から顔を出し、私たちを眩く照らしていた。その光からは二日前に見た太陽ほどの力強さは失われていたが、そのかわりに優しく微笑むような温もりがあった。村人と太陽に迎えられ、私は人間の住むところに帰ってきた。

八十日ぶりにもどったシオラパルクの空は明るく、もう春のように感じられた。

極夜は完全に明けた。村はこれからみるみる明るくなっていく。そしてわずか一カ月後には、太陽が沈まない白夜の季節がはじまる。

あとがき

人生には勝負を懸けた旅をしなければならないときがある。勝負といっても誰かを相手にしたものではなく、自分自身を相手にしたものだ。自分を相手に勝負を懸けた旅とは、要するにそれまでの過去に決着をつける旅のことである。それはつまり、そのときまでに得られた思考や認識をすべて注ぎこみ、それまでの自分自身を旅というかたちで問う行動のことだ。

旅は私にとって冒険でもある。冒険である以上、命の危険があるし、また勝負を懸けるにはそこに何か新しさがなければならないので、そう毎年のようにできるわけではない。しかし何年かに一度、そういうことをやらないと私は自分が腐ってしまう気がする。どこかで勝負を懸けなければ、過去の自分がただいたずらに延長され、先の読める予定調和に堕した行為を延々とくりかえすような人間になってしまうのではないか、という恐れがある。だから自分を腐らせないために、表現主体としての自分を過去から脱皮させて未来にむけて更新するために、何年かに一度は勝負を懸けた旅をしなければならない。

この勝負を懸けた旅というやつを、私はこれまでに二度おこなったことがあった。一度目は二〇〇二年〜〇三年冬に実行したチベット・ツアンポー峡谷単独探検で、二度目は二〇〇九年〜一〇年冬におこなった、これまたツアンポー峡谷単独探検である。同じ地域での二度の単独行がそれぞれ別個の勝負を懸けた旅になったのは、目標は同じでも、この二度の旅では懸けていたものが正反対といってもいいほど異なっていたからである。

一度目は、人生にたった一つでいいから俺はこれをやったんだといえるものが欲しい、そう思いつめての旅だった。つまりまだ何も手にしていない若者による、ただひたすらでがむしゃらな行動である。それに対して二度目は、ツアンポー探検に懸けた青春に終止符を打ってしまいたいという心情からの旅だった。あのとき私は一度目の探検の成果に満足できなくなり、勤めていた新聞社の仕事を辞めて、ふたたび一人でチベットの奥深くに入りこんだのだが、とにかく納得のいくかたちでこの秘境の探検を成功させて、学生時代から十年以上にわたり固執してきたツアンポーなるものの呪縛から自分を解き放たないと、人生が新しい方向に進まない、そういう気持ちが強かったのである。

そして三回目の勝負を懸けた旅が今回の極夜の探検だ。

この極夜の探検行に私はどのような過去を懸けたのか。一番大きかったのは、三十代後半から私のなかで醸成されてきた脱システムという考えを旅のなかにぶちこんで、行動によって思想を表現したいという思いだった。現在の行動の土台を築いている様々な断片的な思考をこの旅の中身に盛りこむことで、私は、自分がここ十年ぐらいで取り組んできたあらゆることを表現し、決着できるのではないかと期待した。その意味で、この探検は、ツアンポー以後の自分を表現したものであるのと同時に、探検家として活動してきたこれまでの人生の総決算としておこなった旅でもあった。本書のなかで私は三十五歳から四十歳までが人生で一番大きな仕事をする時期だ云々と書き、ある種の仕事論について触れているが、実際に探検に出発する前はこうした年齢からくる気負いのようなものが非常に強くあった。

もう一つ大きかったのが私生活上の変化だ。この極夜の企画が具体的に動きはじめたのは二〇一二年冬、カナダ・ケンブリッジベイにおける実験的な極夜放浪からだが、じつは私が結婚したのもその年の八月のこと。つまりまったくの偶然ではあるのだが、私のなかで極夜探検と結婚生活は完全に並行してはじまっていたわけだ。しかも翌冬にはグリーンランド行と重なるようにして子供が生まれた。

日常という一方の時間では結婚と出産によって家族なるものが出現し、人生に新しい事態が生じている。もう一方の非日常の時間のなかでは犬と一緒に暗黒の世界をうろつきまわる極夜の旅の準備が進行している。このように私のなかで極夜の探検は、混乱のなかで生じつつある家族の形成とともに歩んだ試みだという意識がつよく、この二つを切り離して考えることは難しかった。とくに子供ができたことは自分史的には革命と呼んでもさしつかえないほど大きな出来事で、人生の意味を問い直すきっかけにもなった。

もっとも、家族ができたことと極夜の探検のテーマとの間に直接的なつながりはない。少なくとも今回の旅を終えるまではそうだった。グリーンランドとカナダ・エルズミア島との間の海峡は、ケーン海盆という妊婦の腹のように大きく膨らんだ海が狭い通路を通じて北極海につながっているので、もし本当に北極海まで行くことができれば、地形的には胎児が産道を通過して外界に飛び出すようなもんだなぁと、そんなイメージでこの探検と出産との関係をとらえたことはあった。だが、極夜という長い闇の後に太陽の光を見ることと、出生時に光を見ることとの間の類似性に気付くことはまったくなかった。そのため、極夜の探検と家族の形成は、私のなかでは絡みあうように進行した事態ではあったものの、テーマ的には結びつかず、もし旅が終わってそのことを本に書いても、そこで出産について触れることはないだろうと考えていた。

それが帰路の氷床のブリザードの中で、不意に妻の出産シーンを思い出したことで変わった。極夜の闇をくぐりぬけて最後に太陽を見るという行為が、じつは出生行為の追体験願望にちがいないと気付いたとき、私は、自分の行為と家族という存在が根底でつながった気がした。極夜探検と家族の形成という同時に進んできたこの二つの事態は、関係がないどころではなく、じつは同じことの違う側面の表出にすぎなかったのだ。それが分かったとき、私は震えるような思いをしたし、何でこんな、ちょっと考えれば分かるような自明なことに今まで気づかなかったのか不思議でさえあった。太陽光と出産の関係に気付いたことで、図らずも今回の探検は、家族の形成という私生活上の変化をもまきこむ旅となったわけだ。

いずれにせよ、この極夜の旅はいろいろな点でツアンポー探検以来の大きな意味をもつ旅となった。今回はあのとき以来の勝負を懸けた旅であったし、久しぶりに死地を垣間見る旅にもなった。それに真の意味で探検と呼ぶに値する行為もツアンポー以来だったと思う。私は探検家という肩書を名乗っているが、これまで本当に探検をしたと胸を張れるのはツアンポー探検だけだった。そのほかにもニューギニア島の遠征や雪男捜索やカナダ北極圏の長大な徒歩行などをおこなってきたが、それらは探検というほどのレベルには達しない、探検未満の行為ばかりだった。しかしこの極夜探検は誰の前に出しても恥ずかしくない、まぎれもなき真の探検である。この旅によって私はようやく人生二度目の探検に成功したと言える。

そして何よりツアンポーのときと同じように、今回は人生とのかかわりが濃密だった。私はこの旅が自分の人生においてどんな意味をもつのかを常に考え、自分に残された時間、つまり肉体が衰えてハードな探検ができなくなるまでの時間を常に考慮に入れながら計画を進めてきた。この計画のなかに、身体的にも思考的にも今の自分という人間にできる最高のものをこめたいという思いが強かった。それを考えると、ツアンポー探検について書いた『空白の五マイル』がある種の青春記であったのならば、この『極夜行』という本は不惑を迎え、人生のおおむね固まった男が、自分が選んだ生き方の最高到達点を模索した作品といえるかもしれない。

私は極夜を旅することで人生で最高の探検を表現しようと努力した。これだけは何としてでもやりぬきたいと思っていた。もしかしたらその気持ちはツアンポー峡谷にはじめて足を踏み入れた二十六歳の冬の決意に近いものがあったのかもしれない。この本を書き終えた今、私のなかでは、デビュー作である『空白の五マイル』の続編をようやく書くことができたとの思いが、とても強くある。

謝辞

この極夜の探検は物心両面で非常に多くの方々の支えがあり実行することができた。協力していただいた方々にあらためて感謝の意を表したい。

シオラパルクの村では大島育雄さんから自然環境や歴史、文化、旅行技術、氷河のルートや氷の状況等々じつに多くのことをご教示いただいた。探検で使用した海豹の毛皮靴や白熊の毛皮手袋、橇の取っ手なども作っていただいた。シオラパルクでは山崎哲秀さんにもお世話になった。村での生活や犬の扱い方、装備の仕入先にいたるまで実務に関するありとあらゆることを教えてもらっただけでなく、探検中は村での連絡役も引き受けていただいた。カヤックでデポを運搬する際は山口将大さんが現地まで来てくれて協力してくれた。またカヤックの装備や技術面は琵琶湖でツアーガイド業を営む大瀬志郎さんのサポートを受けた。天測については元南極観測隊長の渡辺興亜さんと、元国土地理院の測量士で南極での天測経験豊富な吉村愛一郎さんから指導をうけた。また、タマヤ計測システム株式会社の甕三郎さんが計画に大きな興味をもってくださり、同社からは極夜探検用に特別に開発した六分儀用気泡管装置を貸与していただいた。山仲間である沼田山岳会の清野啓介さんには材木の選定や提供等、橇作成について多大な協力をいただいた。日経ナショナルジオグラフィック会長（当時）で探検部の先輩でもある伊藤達生さんには今回の計画における連絡先をお願いした。

日本でマーモットブランドを展開するデサントジャパン株式会社には特殊素材を使用した防寒衣やオーバーシューズ、オーバー手袋、フリース、防風衣の開発、提供等、衣類面での援助を受けた。寝袋は株式会社モンベルから特注品の開発、提供を受けた。

皆様、どうもありがとうございました。

連載を担当していただいた文春オンライン編集部の竹田直弘さん、小田垣絵美さん、単行本の編集を担当したナンバー編集部の藤森三奈さんにこの場を借りてお礼申し上げたい。

二〇一七年十二月二十四日　角幡唯介

文庫版あとがき

極夜の探検が終わってはや四年、単行本『極夜行』が発売となってからも三年以上が経過した。

文庫化にさいして久しぶりに読みかえしたが、この本の熱量に自分でもおどろいてしまった。よくもまあ、こんな速射砲みたいな文章をひたすら書きつらねたものである。われながら読んでいて息苦しいほどだった。

思い返すと、あのときの私は、何かにとり憑かれたかのように、この本をつづっていた。執筆にとりかかったのは探検が終わった直後の、思いっきり余韻がのこっている段階だった。余韻というより、まだ興奮状態がつづいていたように思う。経験したこと、感じたこと、考えたこと、それを全部作品にぶちこみ、読者に極夜世界を無理矢理追体験させてやる、とそんな強迫観念に支配されていたので、良くも悪くもこの本はどこか過剰感というか、そういうものに充ちている。

いや、あえて過剰感をあふれさせよう、との気負いすらあった。極夜で経験したカオスをいかに文章で表現するか。それが探検のあとの私の命題だったのだ。極夜は完全に未知のカオスだった。過剰感たっぷりの世界だった。しかしカオスといったって単に暗くてよく見えないというだけの話で、客観的にみればむしろ静寂や沈黙が支配しており、どちらかといえば無に近い世界だ。しかし極夜に全身どっぷり浸かった身としては、その静寂や沈黙こそカオスを生みだしていた当事者なのだ、との実感がつよかった。

極夜の本質はカオスだ。それはまちがいない。でも、どうやればそのカオスぶりを表現できるのだろう。客観的に外形的事実を書いたところで、それは静寂や沈黙なのだから、本質たるカオスには到達できない。結局のところ極夜のカオスをカオスとして正確に知覚しえたのは私の主観である。私の内面に立ちあらわれてきた極夜こそ極夜の真の相貌だ。であるなら、それを書くことが、もっとも忠実に外側の極夜をも表現しうることになるだろう。それを書けたら、極夜だってきっと、嗚呼この人は私の真の姿を再現してくれている、と喜んでくれるにちがいない。

こうした問題意識をもって私はこの本を執筆した。感情の起伏や、とめどもなくあふれでてくる思考など内面をそのまま書きつらねたのは、そのような考えがあったからだ。それに読者によっては顔をしかめてしまうような下ネタ表現や下世話な話を多用したのも、そのほうが作品に振幅が生まれ、テーマのカオスぶりを捕捉できると考えたからである（ちなみに文庫版では、さすがにこれはやりすぎだな、と思った表現を二、三削っております）。

闇から光へ、というこの探検のテーマは、自分でいうのもなんだが、じつに崇高なものである。ほとんど宗教行為といっても過言ではない。だが崇高なだけに、それを真面目に書いてしまうとどうしても抹香くさくなり、逆に胡散臭い。私は自分の行為に崇高さをもたせたくなかったし、新興宗教〈極夜教〉の教祖になろうとしていたわけでもなかった。そこで太田のキャバクラの話などを突然挿入し、俗っぽくすることで全体のバランスをとることにしたのだった。Aちゃんは今、何をしているのだろう……との思い出に耽りながら。

と、それはどうでもよい。ここで私が書きたいのはそのあとの話だ。

探検から四年以上たち、読者はきっと、この人は今いったい何をやっているのだろう、と疑問に思っているにちがいない。私のことはどうでもよくても、犬のウヤミリックについては気になることだろう。

さて、ここから先はできれば本編を読んでから目を通してもらいたい。べつにネタバレというほどでもないが、読んでしまうと確実に本編の緊迫感はうすれてしまうと思う。

じつは今も私はシオラパルクを毎年おとずれ、新たなテーマで極地旅行をつづけている。『極夜行』の旅の翌春、私はふたたびウヤミリックをともない、前年行けなかったダラス湾より北の地域にむかった。そしてその途中でおきた、ある出来事がきっかけとなり、自分で橇を引く方法から、十頭前後の犬に橇をひかせる伝統的な犬橇に旅のスタイルを変えることにした。次のシーズンから犬の頭数をそろえ、訓練をつづけ、互いの意思疎通を高めて、土地の知識や狩りの技術も深めて、極地旅行家として一皮むけるように努力しはじめた。それは今もつづけている。修行みたいなものである。

今の私の目標は百年前のエスキモーのように、自由自在にこの土地を旅できるようになることだ。彼らはGPSはおろか、地図などなくても、土地や自然環境の特徴をたよりに狩りをしながら、とてつもなく広大な面積を移動することができた。私もその境地に達したい、そしてそこから見える風景を見てみたい。旅のやり方をかえれば、土地との関わり方もかわり、おのずと風景の相貌も変化する。その新たな相貌のなかで生きてみたい。そう思っている。本書の最後で私は、土地のことを知ることで新しい旅の地平が開けてくる云々と書いたが、今はその新しい扉をひらき、十数頭の犬とともにグリーンランド北部のことをより深く、広く知るために旅をつづけている途上である。

そして、もちろんその中心にウヤミリックがいた。

極夜のときにはわからなかったが、この犬は橇引き犬としてかなり優秀だった。犬橇をはじめた最初の年は十頭の犬でチームを作ったが、そのなかでもっとも力強く橇を引くのはウヤミリックだった。と同時に、この犬はじつに気性が荒く、ゆえに喧嘩っ早いところがあり、ほとんど狂犬、すぐに他の犬を怪我させてしまうクラッシャーでもあった。『極夜行』の中ではこの犬のことを、甘えん坊で喧嘩のできない平和主義のように書いているが、他の犬と一緒にしてみると全然ちがったのである。まあ、その点についてはかなり閉口したのだが、そこもふくめてチームのなかで圧倒的な存在感があり、二シーズン目になると、年齢的な貫禄も出てきたのか、ボス犬として君臨し、また先導犬の一頭として私の意志を体現する存在にもなった。

まぎれもなく私の犬橇チームは〝チーム・ウヤミリック〟になりつつあった。当時ウヤミリックは六歳。中年となり、力が落ちてきはじめた頃でもあったので、私はこの犬が走れなくなる前に、この犬とともにもう一度、最果ての地を目指す、そんな遠大な旅に挑みたいと思っていた。

だが、それはかなわぬ夢となってしまった。

犬橇三シーズン目がはじまる直前の昨年十二月、日本に帰国しているあいだに犬の面倒をみてもらっていた村人から連絡があった。預かっていた犬のうち二頭が九月に病死したという。その連絡をうけたとき、私の心は凍りついた。

どの犬も同じぐらい大事な犬だ、などというきれいごとをここで言うつもりはない。ウヤミリックは私にとって特別な犬であり、他の犬にくらべて圧倒的に大事な盟友だった。たとえ他の犬が私を見捨てても、この犬だけは裏切らないと信頼できる、そういう犬だったのだ。だから、その死んだ二頭というのにウヤミリックが含まれていないことを祈ったが、悲しいことにその祈りはつうじなかった。

『極夜行』はウヤミリックの墓碑銘となってしまった。これ以上、感傷的なことは書くつもりはない。ただ、この本を最後まで読んでくれた方々に、もうこの犬はいない、ということを知ってもらいたいと思い、簡単ながらここに記した。

この探検に協力してくださった方々に、あらためて感謝いたします。また、尊敬する冒険者の先達であり、すばらしい解説をよせて下さった山極壽一先生にもこの場を借りてお礼もうしあげます。単行本にひきつづき、文庫化の際も文藝春秋ナンバー編集部の藤森三奈さんにお世話になりました。どうもありがとうございます。

二〇二一年五月二十八日　角幡唯介

解説　冒険の世界に新たな可能性を探る

山極壽一

長い間、人類の夢は漆黒の夜と氷の世界を制することだった。人類の最初の祖先はアフリカの熱帯雨林で生まれ、７００万年間にわたって20種以上の人類が登場して新しい環境に挑んできた。人類が最初にアフリカ大陸を出たのが約２００万年前、火を用いて夜を制したのが約80万年前である。しかし、雪と氷の世界は人類の行く手を阻み、シベリアに到達したのは2～3万年前に過ぎない。そして、ピアリーによる北極点到達は１９０９年、アムンゼンによる南極点到達は１９１１年と20世紀になってからのことだった。

もうひとつの極点である世界最高峰エベレストの登頂はずっと遅れ、１９５３年になってやっとヒラリーとテンジンによって成し遂げられた。雪と氷に加え、険しい氷壁と高山病、酸素不足を克服するのに長い時間がかかったからである。

さて、本書はこの人類の二つの夢を同時に叶えようとした冒険の記録である。極夜というのは太陽が地平線から姿を見せない漆黒の夜である。北極の極端な場所ではその状態が半年続く。月と星が唯一の明かりだが、新月ともなれば何も見えなくなる。今まで誰も、その闇の中で極地をめざした冒険家はいなかった。太陽が出なければあたりを見渡せないし、太陽熱の暖も取れない。すべてが凍り付く闇の中で、氷の割れ目に気を配りながら手探りで極点を目指すのは危険極まりない。そんなとんでもない冒険をなぜ、著者の角幡唯介は企てたのだろうか。

極夜の世界へ行けば、真の闇を体験し、本物の太陽を見られるのではないか。そう考え続けてきたと角幡は言う。古来、太陽は万物をそこにあらしめる究極の光であり、私たち人間の肉体と精神に規律と脈動を与えるダイナミックな光であった。地球上の多くの場所で、人々は太陽を神として崇め、生きる力と喜びを得てきた。ところが、科学技術によるエネルギーを手に入れた現代の人々は自然から距離を置くようになり、まともに太陽を見なくなった。太陽と同じく、月も星も、そして闇さえも喪ったと角幡は言う。

極夜の旅は、現代に残された数少ない未知に挑む冒険である。実は、エベレストを含む地球の三つの極点への到達は国の威信をかけた国際的な競争だった。日本も１９１０年に白瀬中尉を南極に派遣したが、アムンゼンに先を越された。その後も未踏の高峰の初登頂を目指し、各国のアルピニストが挑む時代が続いた。エベレスト登頂後もより困難な登頂ルート、単独行、無酸素登頂など、方法を変えて世界初を目指す試みが続いた。しかし、国を背負って冒険に挑む風潮はしだいに影を潜め、日本でも堀江謙一のヨットによる単独太平洋横断によって終止符を打つことになる。国ではなく、自分のための冒険が始まったのである。その中で最も輝かしい業績を上げたのは、世界初の五大陸最高峰登頂者となり、犬ぞり単独行で初めて北極点に到達した植村直己であろう。光栄にも私は植村直己冒険賞の選考委員を務めているが、その定義に「冒険とは、周到に用意された計画に基づき、不撓不屈の精神によって未知の世界を切り拓くとともに、人々に夢と希望そして勇気を与えてくれた創造的な行動」と記されている。

植村と同じく、角幡も犬ぞりで極夜に挑んだ。国を背負うことなく、自分のために未知の世界に分け入った。しかし、極点を目指した多くの冒険家と違い、角幡の目的はあくまで極夜を自分の身体で知覚し、その本質を見極めることだった。単独行で頼りになるのは犬だけ。荷物を積んだ橇を見失い、六分儀を無くし、ぐるぐるまわりを強いられ、想定外の出来事が続く。私もアフリカのジャングルでゴリラを追っていて道を見失い、ひとりで夜を明かしたことがある。その時、自分が同じ場所をぐるぐる回っていたことに気づき、啞然としたものだ。人間の方向感覚は実にあてにならないものなのだ。しかし、ジャングルは昼も夜も多様な生き物たちの生気に満ち溢れている。食べられそうなフルーツや、シロアリなどの美味な虫も見つかる。私は片時も一人でいる寂しさや不安を味わうことがなかった。しかし、テントの中に閉じこもった角幡にとって外はブリザードの吹き荒れる氷の世界だ。時折聞こえるのはオオカミの吠え声で、襲われる危険がひしひしと迫る。私は同世代の冒険家である星野道夫がテントで就寝中、ヒグマに襲われて命を落としたことを思い出した。

そんな中で角幡と犬たちとの交流は実に温かい。用足しをする角幡の肛門に犬が鼻面をつけて糞を食べだす光景は思わず笑ってしまう。ゴリラだって自分や仲間の糞を食べることがある。屋久島では数が増えて食物が不足したシカたちが、サルの後をついて歩き糞を食べている。糞を汚いと思うのは人間だけなのだ。氷原で最も困難を極めるのが食料の確保である。自分だけでなく犬にも食べさせねばならない。手持ちの食料がつきた角幡は力尽きた犬の首を絞めて殺し、その肉を食らうことさえ想像した。もはや銃で獲物を撃つしか望みはなく、キツネと間違えてオオカミを撃ちそこない、麝香牛の死骸に出くわして九死に一生を得る。犬と争って死肉をむさぼり、最終的には犬の死肉を食えば生き延びられると想像した角幡は、それが犬と人間との原始融合状態だったかもしれないと言う。後をつけてくるオオカミとの戦いはまさに原始の頃を思わせる。こうした記述を読むと、人間と犬の絆の深さにつくづく感心する。人類が氷の世界を突破できたのは犬のおかげではないかと思えてくる。

漆黒の闇の中では自分の身体を見失う。それを私はジャングルで体験した。自分の手も見えない闇の中では、足を地につけていてもまるで身体が宙に浮かんだように感じる。角幡は闇の中で、光は空間だけでなく時間領域でも力を発揮し、未来を見通す力と心の平安を与えてくれることを見出した。月の動きの自在さを女性が持つ儚さ、しとやかさに見立て幻惑されながら闇を歩く。そのとき、角幡の頭をよぎったのは本書の冒頭に登場する妻の出産シーンだったのではなかろうか。難産で絶叫する妻の出産に立ち会った彼は、肉体の内側で胎児という自然をかかえこみ、自然と融合して一体化する行為に比べれば、自身の冒険がいかにも皮相なものに見えたのだ。出産の現場で男にできることなど何もない。そう感じた角幡は、自分一人で自然に向き合える機会をひたすら求めた。そのためには人間界というシステムの外へ出ることが必要であり、極夜行はその絶好の手段だったのだ。

帰路に嵐の真っただ中で、角幡は妻の体から出てきた子供を思う。闇から出ようとしてもがいている自分はあの時の子供と同じ状態なのではないか。人間にとって光とは出生経験の再来であり、不安と恐怖からの解放であり、だからこそ希望の象徴になっているのだと。もう一つ、私は付け加えておこう。冒険とは帰還してこそ意味のある挑戦となる。システムの外に出た人間が、その体験と新しく得た視点を自ら語り継がねば、それは生きた知識とならないのだ。角幡が生還できたのは妻と子供の存在が大きかっただろうが、私たちにとっても未来につながる大きな宝であり、本書はその道標になるだろう。

（総合地球環境学研究所所長・人類学者）

引用楽曲
「グッド・バイ・マイ・ラブ」
作詞　なかにし礼／作曲　平尾昌晃／編曲　竜崎孝路／唄　アン・ルイス

地図製作　シーマップ

初出　文春オンライン
単行本　二〇一八年二月　文藝春秋

文春文庫

極《きょく》夜《や》行《こう》

定価はカバーに
表示してあります

2021年10月10日　第1刷

著　者　角《かく》幡《はた》唯《ゆう》介《すけ》
発行者　花田朋子
発行所　株式会社　文藝春秋

東京都千代田区紀尾井町 3-23　〒102-8008
ＴＥＬ　03・3265・1211(代)
文藝春秋ホームページ　http://www.bunshun.co.jp

落丁、乱丁本は、お手数ですが小社製作部宛お送り下さい。送料小社負担でお取替致します。

印刷製本・大日本印刷

Printed in Japan
ISBN978-4-16-791772-2